中東の政治

高橋和夫

中東の政治（'20）

装丁・ブックデザイン：畑中　猛
s-54

まえがき

中東の政治は新しい段階に入った。その段階を新しい列強の時代と名付けよう。その重層的な構造を描きたい。それが本書執筆の動機である。

一九世紀の欧州諸国の中東進出以来、中東は列強の時代を経験してきた。それは、英仏などのヨーロッパの列強に蹂躙《じゅうりん》された時代だった。そして第二次世界大戦後にアメリカとソ連の両超大国が中東で大きな力を振るった。ソ連が崩壊すると、アメリカの一極覇権の時代を迎えた。世界においても、そして中東においても。そのアメリカの覇権が終わった。イラクでの長い戦争とアフガニスタンでのさらに長い戦争による疲弊を、その原因として指摘できるだろう。依然としてアメリカは重要な存在ながら、中東においては、もはや圧倒的な存在ではない。

その中東にロシアが戻ってきている。ソ連時代のアフガニスタンでの痛い体験を踏まえながらの復帰である。シリアにおいては、ロシアは特に大きな役割を果たしている。また二一世紀に入ると中国という新たな域外の大国が、中東で存在感を示し始めた。アメリカ、ロシア、中国という域外大国が競合している。域外国家の中東への介入の例として、最後に北朝鮮（朝鮮民主主義人民共和国）と中東の関係にも目を向けておきたい。こうした域外各国の介入が中東の国際政治の一つの層をなしている。

そして、これまでと違い地域諸国も、国際政治の主役として役割を果たしている。イラン、トルコ、イスラエル、そしてサウジアラビアに注目したい。これが二つ目の層である。そして国家以外の大きな勢力としてクルド人の問題を取り上げたい。域外大国、地域諸国、そして国家以外の勢力、この三つの層の絡み合いが新しい列強の時代を構成している。この新しい列強の時代を描きたい。ただし外交を生み出す中東各国の国内情勢にも目配りをしながらの記述を心掛けた。

さて、「まえがき」というのは不思議な用語である。というのは、言葉に反して、実は〈前〉ではなく本の本体部分の執筆後に書くからである。このまえがきも、そうである。本書に関して、筆者自身が驚いている点がある。それは「中東の政治」とのタイトルながらパレスチナ問題への言及が比較的に少ない点である。それには、既にパレスチナ問題に関しては筆者自身が多くを語ってきたという理由がある。同時に、パレスチナ問題の重要性を意識しつつも、それ以外の問題も中東には多く存在するという認識がある。「中東の政治＝パレスチナ問題」ではないという視点が、本書のメッセージの一つだろうか。

執筆にあたって考慮したのは、読み易さである。その一助としたいとの思いから、多くの漢字に振り仮名を付けた。それは筆者の漢字能力の反映でもあるし、日本語を母語としない読者を想定しているからでもある。

なお本書は独立した読み物である。だが、同時に本書を補完する形のテレビ教材が放送大学から放送されている。ぜひ機会をとらえてご覧いただきたい。本書の議論が映像として動くのを確認していただきたい。

著作の出版やテレビ番組の制作は、多くの好意に支えられた共同作業である。そのテレビ教材の制作にあたっては、草川康之プロデューサー、武谷裕二ディレクター、磯部志保ディレクターが、鋭い時代感覚で中東政治の今を切り取ってくださった。わかりやすいグラフやコンピューターグラフィックを制作してくださったのは、デザイナーの覚張正規さんである。またアナウンサーの川口由貴絵さんは、迫真の朗読で高橋の拙い語りを補ってくださった。アメリカでのロケの調整を担当されたのは、川澄朋子さんである。いずれも長年にわたり筆者のテレビ番組制作を支えてくださった皆さんである。こうした皆様に、またインタビューに応じてくださった数々の専門家に、さらにスタジオ収録でお世話になった技術スタッフの全員に感謝したい。

そして最後に本書の編集を担当された金子正利さんに御礼を申し上げたい。

二〇一九年一〇月二七日（日）

高橋和夫　国際政治学者

ＩＳの指導者アブーバクル・バクダーディの死亡のニュースに触れながら

目次

1 新しい列強の時代

「兵士諸君、このピラミッドの上から、四〇〇〇年の歴史が君たちを見下ろしている！」

ピラミッドの戦いの前のナポレオンの言葉

【中東とは？】

「中東の政治」と題した本である。まず中東とは、どこかを語る必要があろう。さて、中くらいの東の中東があるならば、近い東の「近東」や遠い東の「遠東《えんとう》」はあるだろうか。実はあるのである。近東という言葉がバルカン半島を指すのに使われた時代がある。遠東も存在する。実際には極《きょく》東《とう》という言葉が使われているが。ちなみに日本は、この極東にある。最近は、さすがに極東の人間自身が極東という言葉を使う例は少なくなった。しかし、かつては欧文文献を直接に引用したものには極東という言葉が幅を利《き》かせていた。

子供の頃は、世界地図の真ん中に日本はあるのに、なぜ極東と世の果てにあるように言及されるのか不思議に思っていた。うっかりすると極東ではなく極道《ごくどう》に聞こえそうである。もちろん近東とか中東とか極東というのはヨーロッパから見ての距離感を示している。

バルカン半島はヨーロッパから見れば近いオリエント（東）なので近東、日本などは遠いので極東となる。なるほどヨーロッパで描かれた世界地図を見ると、日本は地図の端に位置していて、ほとんど地図からこぼれ落ちそうである。中東は、その中間なので中東である。このおおざっぱな距離感は、それでは具体的には、どこを指すのだろう。

現在の国名でいうと、北はトルコ、イラン、南はアラビア半島南端のイエメンまでを含む。西地中海から東はイランまでの範囲に入る国々は、全て含まれる。この範囲にイラク、シリア、レバノン、イスラエル、サウジアラビアなどが含まれる。問題は、その外側の国々である。エジプト、リビア、チュニジア、アルジェリア、モロッコなどの北アフリカ諸国は中東に含まれるだろうか。結論から言うと含まれる。同じイラクやアラビア半島諸国と同じアラビア語圏であるし、イスラム教徒が多数の地域であるからだ。より正確には中東・北アフリカという表現が使われる。それでは、北アフリカのどこまでが、中東に含まれるだろうか。モーリタニアはどうだろ

ヨーロッパ中心の世界地図〔ユニフォトプレス〕

うか。スーダンは、南スーダンは、ソマリアは、エリトリアはどうだろうか。中東に含める見方もあれば、そうでない認識もある。

同じような曖昧《あいまい》さが中東の東側でもある。イランが中東という概念に含まれるのは明確だが、隣のアフガニスタンやパキスタンは、どうだろうか。組織により人により、パキスタンを中東に含めたりインド亜大陸に含めたりする。アフガニスタンも同様である。中東の一部だと考える専門家もいるし、中央アジアに属しているとの議論もある。

そして、その中央アジアである。二〇世紀の末にソ連が崩壊して中央アジア諸国が独立して以来、メガ（拡大）中東として、中央アジアを中東に含めて論じようとの壮大な機運も出てきた。中央アジアがイスラム教徒の多い地域だからだろうか。

これだけ書けば、もう読者は十分に混乱しただろうか。もしそうならば、それは正常な反応だろう。中東というのは、混乱し混沌とした地理概念なのである。曖昧でボンヤリとした弾力性に富んだ地域の広がりを意味している。

ところで中東の人々自身は、この概念と名称を、どうとらえているのだろうか。この自分たちが世界の中心にいるような「中」東との概念が気に入っているようである。アラビア語でもペルシア語でも、中東を意味する言葉が自らの位置する地理概念として使われている。

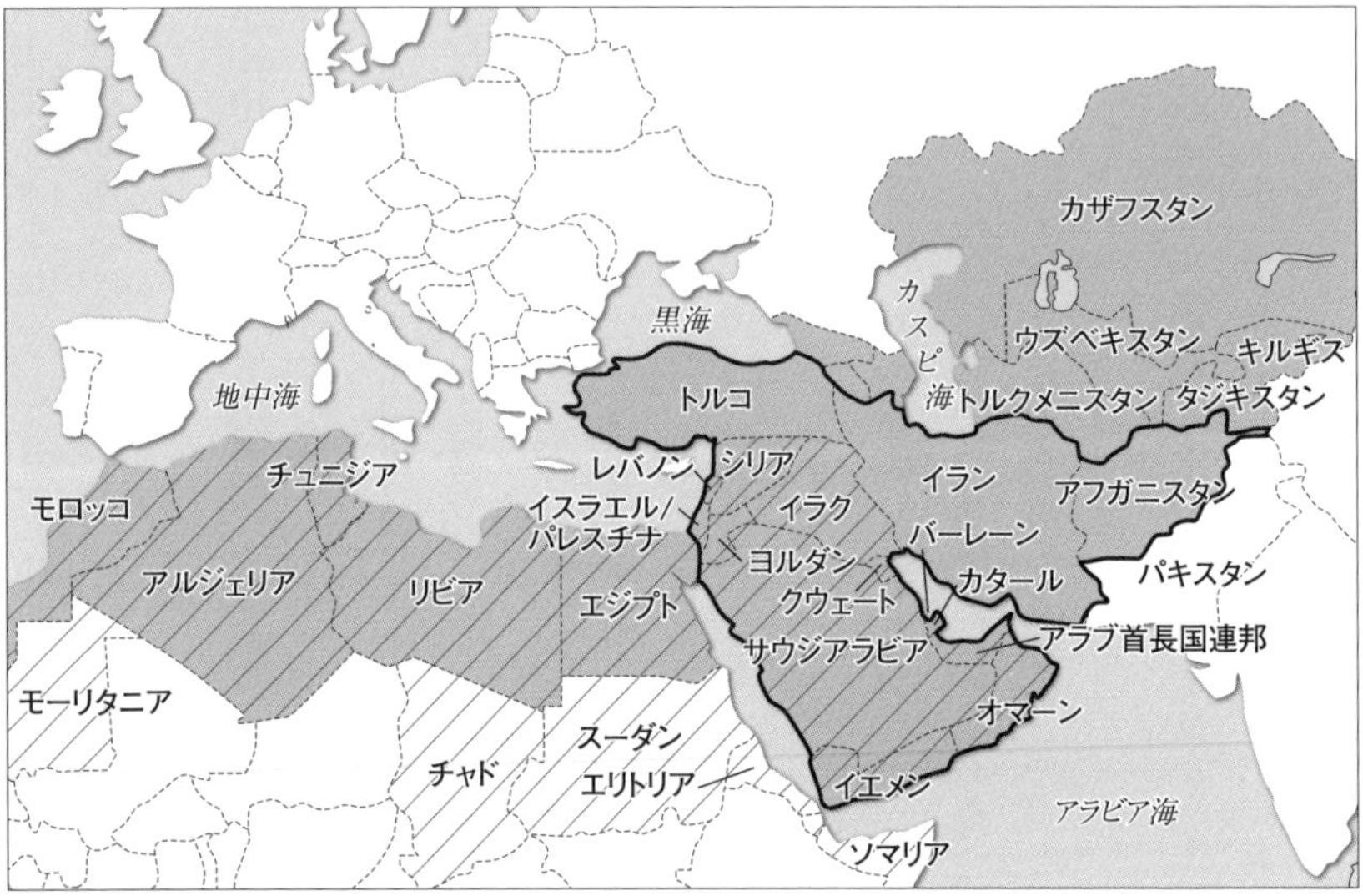

日本の外務省ホームページによる「中東」区分

アラビア語を公用語とする国

「中東」の範囲

【ナポレオンの夢】

さて、この中東を国際政治の舞台に引きずり出したのは、ナポレオン・ボナパルト（一七六九～一八二一年）という男だった。ナポレオンは中東を経由してインドに至るという壮大な計画を持っていた。

なぜナポレオンはインドへ行きたかったのだろうか。それは、その国際情勢認識に起因していた。ナポレオンの見るところ、世界のナンバー・ワンはイギリスでありフランスではなかった。なぜだろうか。国土も広く豊かなフランスが、なぜイギリスに後れを取っているのか。それはイギリスが、つまり大英帝国がイギリスのみでなく、イギリス本国と植民地から構成されているからだ。その植民地の中でも、ひときわ輝く存在がインドであった。イギリスとフランスの差は、インドであった。であるならば、フランスがイギリスに追いつき追い越す道はインドを通っている。こうした発想であった。つまりインドをイギリスから奪ってフランスのものにすればよい。

それでは、いかにしてインドに至るのか。まずフランスから地中海を渡りエジプトに上陸し、そこからインドまで陸路で東進するというのが、ナポレオンの計画であった。一七九八年、ナポレオンの率いるフランス軍がエジプトに上陸した。そして首都カイロに迫った。迎え撃ったエジプト軍とのピラミッド付近での戦闘の前に、冒頭に引用した有名な言葉をナポレオンが語ったと伝えられている。つまり「兵士諸君、このピラミッドの上から、四〇〇〇年の歴史が君たちを見下ろしている！」である。この激励に応えて、この戦いを含めナポレオンの陸軍は勝ち続けた。しかし夢は夢に終わった。それは、ナポレオンの海軍がイギリス海軍に歯が立たなかったからだ。地中海の制海権をイギリスに奪われて、ナポレオンのフランス軍はエジプトに孤立してしまった。ナポレオンの中東経由でインドに東進するという夢が砕け散った。

しかし、このエジプト遠征は学問的に大きな成果をもたらした。ナポレオンは多数の画家や研究者をエジプト遠征に伴っていた。この人々が、エジプトの魅力をヨーロッパに伝えた。ヨーロッパ人の中東への興味に火をつけた。

その成果の一つがロゼッタ・ストーンである。この遠征の際に複数の言語で記された石碑がエジプトで発見された。これがエジプトの古代文字の解読の手がかりとなった。

さてエジプトから逃げ帰ったナポレオンは、インドに到達するための新しい方策を考えた。今度は海を経由せずにインドに至る計画を立案した。これで憎いイギリス海軍もナポレオンを阻止でき

「ピラミッドの戦い」(フランソワ=ルイ=ジョゼフ・ワトー画)

〔ユニフォトプレス〕

ないだろう。それはロシアと協力して、ロシアからインドへの南下である。しかし、結局ナポレオンはロシアのツアー（皇帝）と仲たがいしてしまう。そして一八一二年に、そのロシアを討つための遠征を開始した。モスクワまで進撃したものの、ロシア側に講和を求める意志はなかった。ロシアの厳しい冬が訪れ、ナポレオンの軍隊は撤退せざるを得なかった。ナポレオンの没落の始まりであった。そして一八一五年、ベルギーの首都ブリュッセル南郊のウォータールーの戦いの敗戦で、ナポレオンの最終的な没落が決まる。一七八九年のフランス革命を機に始まった戦乱の時代が終わった。

【一九世紀の二極体制】

このナポレオン戦争後の世界は、驚くほど第二次世界大戦後の世界に似ている。第二次大戦の勝者は、ソ連とアメリカであった。ソ連は、国土のヨーロッパ部分の大半を占領されながらも反撃に出てベルリンを陥落させ、東ヨーロッパを制圧した。アメリカは、無傷の国土で生産力を飛躍的に上昇させた。そして西ヨーロッパと日本を占領していた。ナポレオン戦争後の世界は、ソ連をロシアに、アメリカをイギリスに置き換えればよい。英露の対立が国際政治の基軸であった。

ロシア軍はナポレオンを追ってパリまで進撃した。そしてイギリスはヨーロッパ大陸が戦禍を被《こうむ》る中、無傷の国土で生産力を高めて「世界の工場」となった。アメリカは、まだまだ国家の建設に手一杯で、アメリカ大陸の外に進出してくる気配はなかった。ドイツとイタリアが統一国家となるのは一九世紀末であった。日本は、まだ鎖国の中にあった。イギリスとロシアのみが、国際政治で君臨していた。そして両者はユーラシア大陸全体を舞台にして精一杯の力比べをした。それを外交史家は「グレート・ゲーム」と呼ぶ。

ロシアはナポレオンから学んだかのように中央アジアに勢力を拡大して南下した。無敵のイギリス海軍も陸には上がれないという理由でロシアの中央アジアへの進出を阻止できなかった。インドへ向かって南下してくるロシアの影響力を迎え撃つかのように、インドを支配していたイギリスは北へ北へと進出した。両者がぶつかった場所がアフガニスタンであった。

イギリスは二度アフガニスタンの制圧を試み、二度失敗した。この頃までにアフガニスタンの統一運動を進めていたパシュトゥーン人による激しい抵抗を受けたからである。またアフガニスタンの険しい山岳地形もイギリスの敵であった。ヒンズークシの山々は常にアフガニスタンの味方であった。

ちなみに、この山岳地形と住民の武勇という組み合わせに躓《つまず》いたのはイギリスのみではない。一三世紀のユーラシア大陸の覇者のモンゴルでさえ、ここでは一敗地に塗《まみ》れている。得意の騎馬戦術が山岳地形では使えなかったからだ。現代の騎馬ともいえる戦車を押し立てて介入してきたソ連も、後に見るように同じ運命を辿《たど》ることになる。

ある時には、インドから派遣された一万余の部隊が全滅させられるような、ひどい敗北さえイギリスは味わった。イギリス軍の主体はインド兵であった。ヒンズークシとはペルシア語で「インド人殺し」を意味している。この敗北では、その意味通りに多くのインド人が殺された。またロシアも、アフガニスタンに若干の影響力を浸透させたものの、支配することはできなかった。双方が失敗したことで、妥協の準備ができた。超大国同士が国境を接することは、紛争の火種になりかねない。そこで両者は、アフガニスタンを緩衝国とすることにした。一九世紀末に、ロシアとイギリス支配下のインドが直接にぶつからないようにするクッションとして、アフガニスタンの国境が確定された。

そのいきさつをよく反映しているのが、ワハン渓谷である。この渓谷の形状は、あたかも左手の人差し指で中国を指し示しているようである。そもそもアフガニスタンの国境線が確定された際に、アフガニスタンの国王はこの土地を欲していなかった。しかし、ここがロシアかイギリスの所有になれば、両超大国が国境を接することになってまずい。そこで、イギリスがこの土地をアフガニスタンに加えようとした。しかし同国王は、それを拒絶した。やむなくイギリスは補助金を出すことを約して、ワハン渓谷のアフガニスタンへの帰属を納得させた。土地を欲しがらない王様も稀《まれ》なら、土地を引き取ってもらうために金を払ったイギリスも珍しい。アフガニスタンの緩衝国としての存在を集約したエピソードであった。このワハンについては、七世紀にこの地域を旅した唐の高僧の玄奘《げんじょう》が『大唐西域記』で言及している。後の『西遊記』の三蔵法師のモデルになった人物である。以下の土地の厳しさと人々の気質に関して、遠慮のかけらもない率直さで玄奘は筆を進めている。以下のように、こっぴどい記述である。

「達摩悉鉄帝（ワハン）国はふたつの山の間にあり、旧トハーラ国の地である。東西は千五、六百余里あり、南北の、広いところは四、五里、狭ければ一里をこえない。アームー河に臨んで、まがりくねり、丘が高下し、砂石がいっぱいにひろがり、寒風がすさまじくはげしい。ただ麦・豆をうえ、樹林はすくなく、花・果実に乏しい。良馬を多産する。馬の形は小さいが、遠方まで歩くのによく耐える。人びとの間に礼儀はなく、性格はあらっぽい。容貌はいなかびて、衣に細粗の毛織物を着る。眼はたいてい碧緑で、諸国と異なる。伽藍は十余か所あり、僧徒はすくない。」（出典　桑山正進訳『大乗仏典〈中国・日本編〉』第九巻　中央公論社、一九八七年、一一八頁）

なるほどアフガニスタンの国王が、この土地を欲しがらなかったはずである。こうしたワハンのエピソードを交えつつアフガニスタンの国境線が画定されたのは一八九三年であった。この国境線のうち、アフガニスタンとイギリス領インド、すなわち現在のパキスタンとを隔てる線は、交渉に当たったイギリス人外交官の名をとってデュランド・ラインとして知られる。パシュトゥーン人の生活空間を、デュランド・ラインは国境線として切り裂いた。

しかし、それはあくまで国際法の上での話であって、実際にはこの地域ではパスポートとか通関とかいった概念はあまり尊重されていない。何のためらいも感じないで、外交官たちの決めた国境という名の架空のラインを人々はまたいでしまう。国境は決められたが、この地域では人類の発生以来このかた、パスポートなどといった紙切れとは縁の薄い世界が広がっている。国境をまたいで

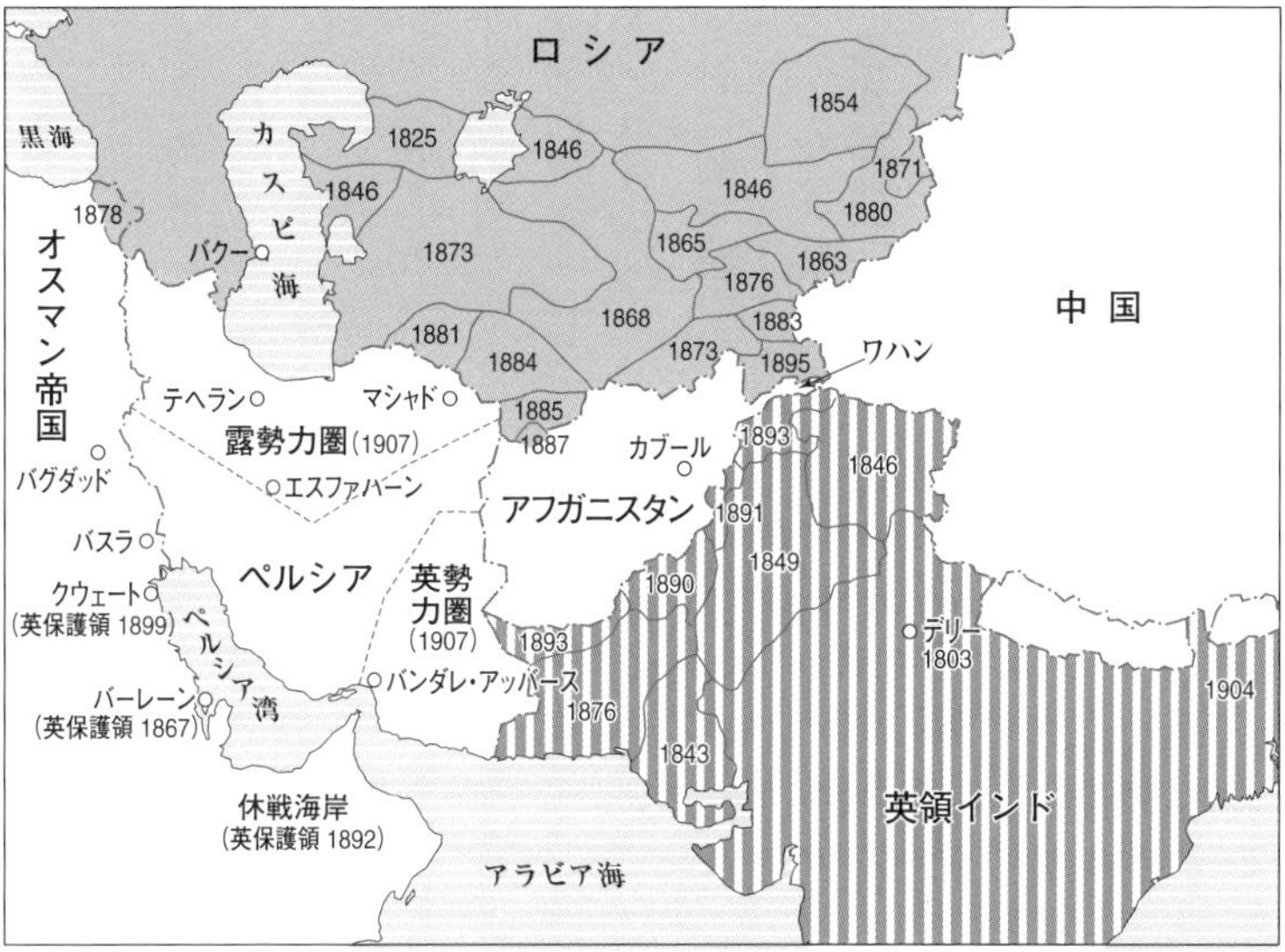

出所）Amin Saikai（1980）*The Rise and Fall of the Shah*, Princeton University Press, p.10. ただし，高橋和夫（1995）『燃えあがる海―湾岸現代史』東京大学出版会，p.37を引用。

英露の勢力圏の拡張

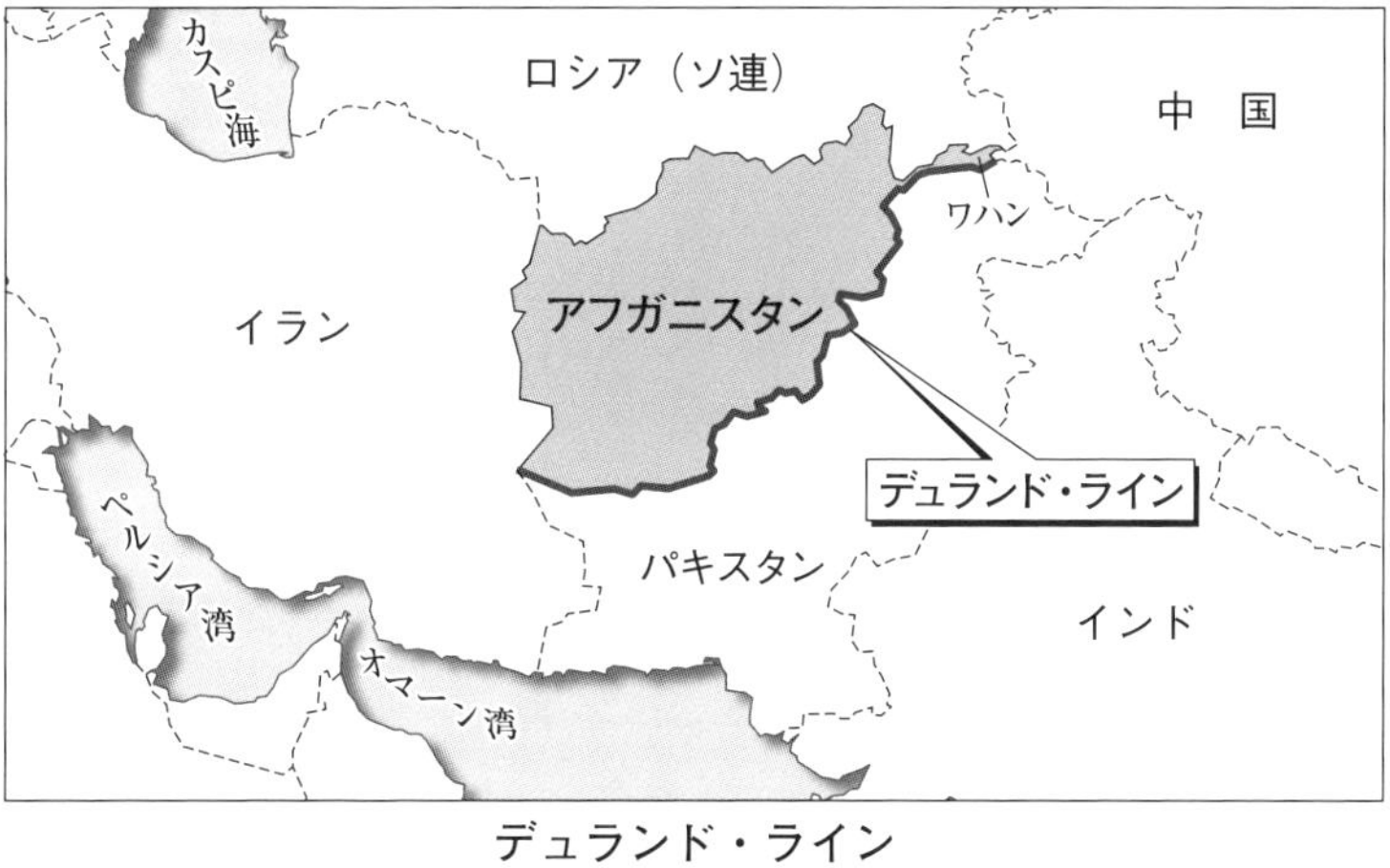

デュランド・ライン

存在する村落もあるし、そうした村では、庭が国境のアフガニスタン側に、建物がパキスタン側にある家さえある。アフガニスタンとパキスタンに住むパシュトゥーン人の間に密接な関係が続いた。

また、グレート・ゲームの一つの掟が、アフガニスタンの国境線の確定と共に定まった。つまり、アフガニスタンは緩衝国であり、南北のどちらの大国も手を出さない、という掟《おきて》であった。この掟はロシアがソ連に変わり、イギリスに代わってアメリカが国際政治の主要な役割を担うようになっても尊重された。第二次世界大戦後も有効であった。片方の影響力があまりに強くならないようにするという配慮が双方にあった。たとえば、アフガニスタンを縦貫する道路が舗装された際には、北部国境から首都のカブールまではソ連の援助が使われた。そしてカブールから南部まではアメリカが担当した。バランスへの配慮が、米ソのアフガニスタン政策の基調を成していた。アフガニスタンは緩衝国の地位を第二次世界大戦後まで維持した。少なくとも一九七九年末までは。

［国家幻想］

さて、英露の緩衝国として国境線の確定したアフガニスタンであったが、その内実は心もとなかった。というのは、アフガニスタンは多くの山国と同じく、山国ゆえに外部からの侵略には強かったが、内部の統一は難しいからである。極端な言い方をすれば、盆地ごとに様々な民族、部族、宗派が居住して、まとまりが悪かった。面積が六五万平方キロメートルで日本の約一・七倍、人口が三〇〇〇万で日本の四分の一弱のアフガニスタンの最大の民族はパシュトゥーン人である。パシュトゥーン人は、いわゆるアフガン人のことで、これがアフガニスタンという国名の由来となっている。「スタン」というのは、「～人の土地」というほどの意味を持つペルシア語である。この地域にはパキスタン、ウズベキスタンなどのスタンという名の国が多い。しかし最大民族といってもパシュトゥーン人も人口の四割程度を占めるにすぎず、ウズベク人、タジク人、ハザラ人などのマイノリティーが生活している。

武勇の伝統で知られるパシュトゥーン人がアフガニスタンの建国を主導したこともあって、この国の支配層として君臨した。しかし、政府がしっかりと掌握しているのは首都と主要都市くらいなものであった。政府は地方を支配しているふりをし、地方は従っているふりをする。緩やかな部族連合というか、柔らかな国もどきがアフガニスタンであった。そんなわけでアフガニスタンは、近代とか近代化とかとは距離のある所に位置していた。アフガニスタンという国家は、地図上に地名があるだけで、実質ではなかった。国家幻想にすぎなかった。と書けばやや極端であるが、この国の頼りなさは伝わるだろう。ロシアの南下とイギリスのインドからの北上の生みだしたアフガニスタンの風景であった。

【ペルシア湾へ】

ロシアの南下圧力はインドばかりでなくイランでも感じられた。一九世紀のイランは、まだカージャール朝ペルシア帝国（一八世紀末～一九二五年）が支配していた。このカージャール朝の滅亡の年に関しては一九二五年と研究者の間ではコンセンサスがあるのだが、樹立に関しては、一七九四年説と九六年説とあるようだ。その詳細には立ち入らない。ここでは一八世紀末というおおらかな時代把握で十分である。

南下してくるロシアを迎え撃ったカージャール朝は何度も戦争で敗れ広大な領土を失った。失った領土は現在の地名で言えば、アゼルバイジャン共和国、アルメニア、グルジア（ジョージア）、ダゲスターンである。一九世紀のことであった。多くのイラン人が忘れていない「最近の」出来事である。そして現在のイランの北の国境線が定まった。

イラン西北部の国境線

［地中海へ］

インドへ、そしてペルシア湾岸の方向へと向かったロシアの膨張運動は、地中海の方向へも向かった。長年にわたり黒海の周辺を支配していたオスマン帝国は、じりじりとロシアに押され後退を余儀なくされた。オスマン帝国から領土を奪って黒海に達したロシアは、次には、その出入り口を目指した。黒海と地中海は、二つの海峡で結ばれている。ボスポラスとダーダネルス海峡である。両方とも現在はトルコ領である。合わせてトルコ海峡との表現も使われる。ロシアは、この海峡地帯への進出を狙った。

しかしロシアの進出を防ぎたいイギリスやフランスの支援も得て、オスマン帝国は、ロシアの野心を黒海の中に何とか封じ込めることに成功する。しかし、後に見るようにロシアの野心はソ連に引き継がれ、オスマン帝国の苦心はトルコ共和国に受け継がれることとなる。

こうした長い時間をかけてのたゆまぬ膨張により、ロシアは中東諸国の隣人となった。同時に隣人たちは、つまりアフガニスタン、イラン（ペルシア）、トルコ（オスマン帝国）の三国は、このロシアに対して深い警戒心と恐怖心を抱くようになった。

ロシアの圧力を直接に感じてきたアフガニスタン、イラン、トルコを北辺諸国と呼ぶ場合もある。中東の北端にあるとの地理認識からの表現である。この三か国と、ロシアから見ると、その背後にある中東諸国のロシア認識の間には、かなりの違いがある。領土を奪われたり侵略されたりした経験のある北辺諸国と、そうでないアラブ諸国を中心とする地域では、ロシア観に違いがあって当然である。ロシアに対する警戒心や恐怖心は、この地域では、それほど強くは抱かれていない。

ロシアの膨張は実はウラル山脈を越え「極東」へも及んだ。幕末から北海道の周辺でロシアと日本の勢力圏が接触し始めた。そして、ここでもイギリスはロシアの拡大を阻止するために一九〇二年に同盟を結んで日本を支援した。日英同盟である。それが一九〇四年から一九〇五年にかけての日露戦争の背景であった。

【ドイツの台頭】

ユーラシア規模での英露の力比べに終止符を打ったのが、ドイツの台頭であった。一八七〇年から七一年にかけてのフランスとの戦争でプロシアが電撃的な勝利を収めた。そして、それまで分裂していたドイツの国々を一つにまとめた。強力な統一ドイツの出現であった。この国の台頭に対応するために、イギリス、フランス、ロシアが協力するようになった。そして第一次世界大戦（一九一四〜一八年）が始まる。アラブ世界の広い部分を支配していたオスマン帝国は、ドイツの側に立って参戦した。ということは、第一次世界大戦では連合国側が勝利を収めたので、敗戦国側に属していた。

そのオスマン帝国のアラブ世界の領土をイギリスとフランスが分割した。

国際連盟の委任統治という形で、シリア、レバノンをフランスが、パレスチナ、イラクをイギリスが支配した。そしてオスマン帝国の廃墟の中からトルコ共和国が立ち上がった。この過程でイラン、イラク、シリア、トルコ、アルメニア、アゼルバイジャンの国境地帯に生活するクルド人には国が与えられなかった。

北アフリカを見ると、エジプトは第一次世界大戦前からイギリスの強い影響下にあった。チュニジア、アルジェリア、モロッコは、同様にフランスの支配下にあった。イギリスとフランスによる中東支配が完成した。

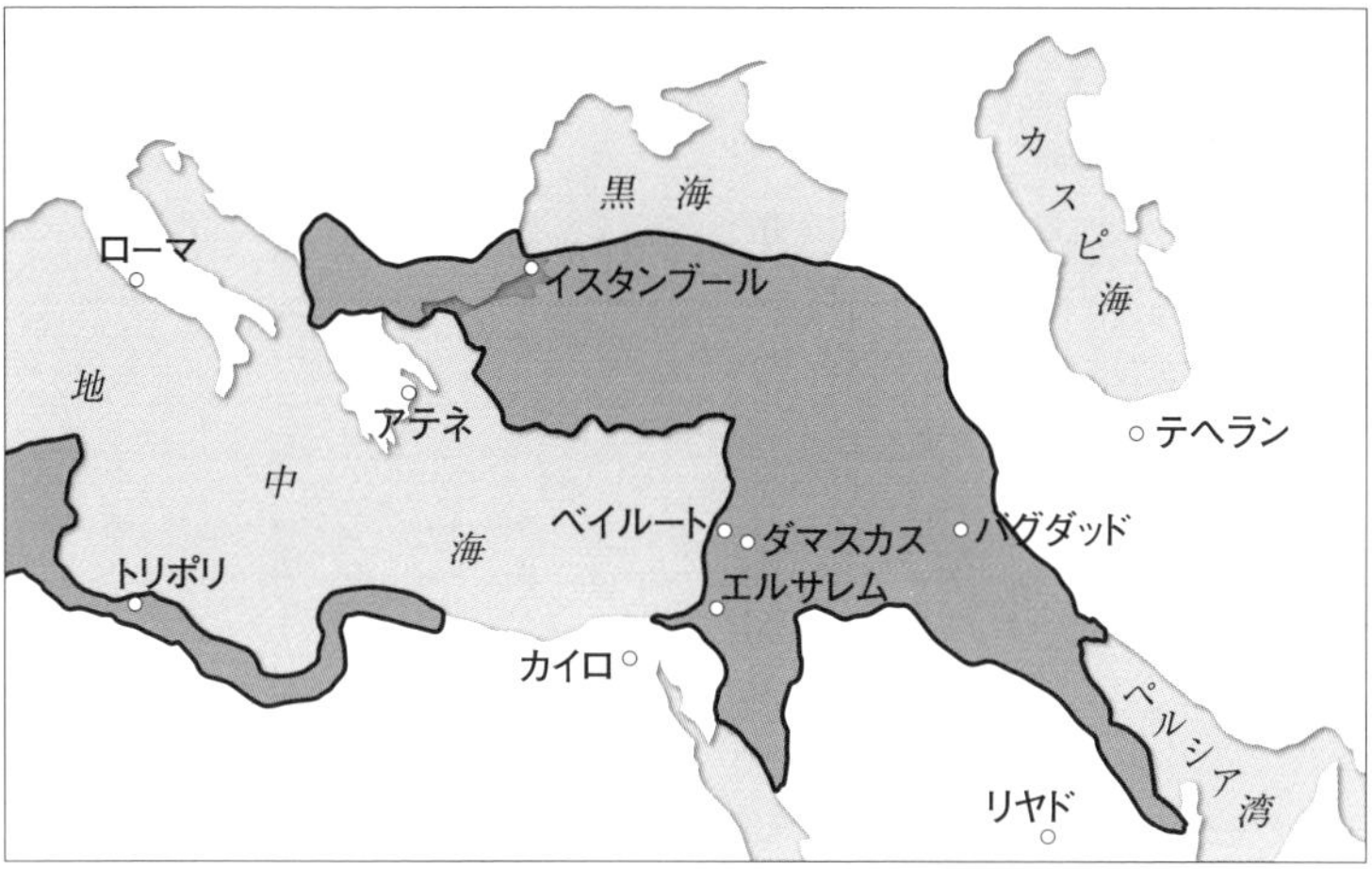

第一次世界大戦頃のオスマン帝国

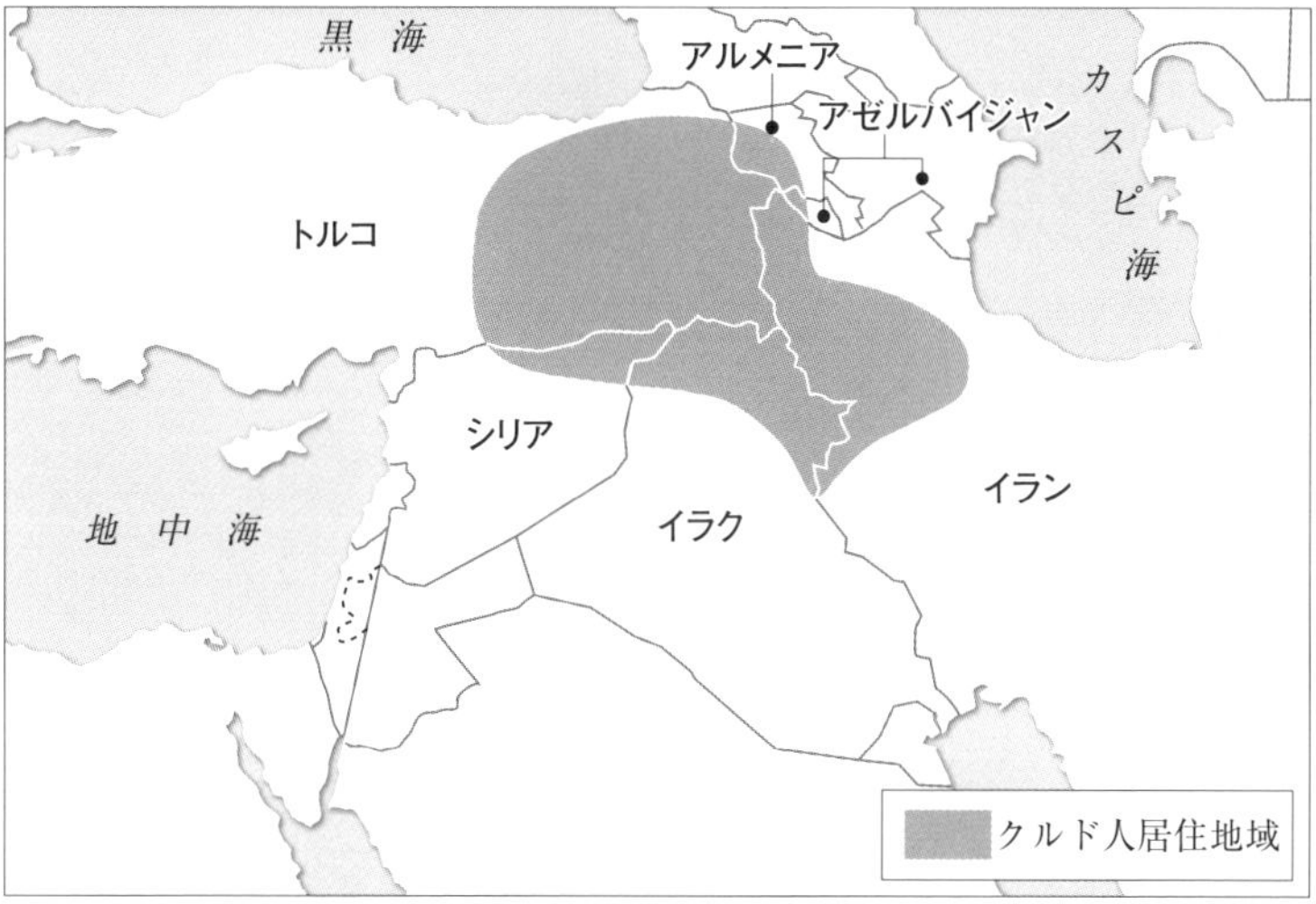

クルド人の居住地域

略年表

一七六九年	ナポレオン、生まれる
一七八九年	フランス革命
一七九八年	ナポレオンのエジプト遠征
一八一二年	ナポレオンのロシア遠征
一八一五年	ウォータールーの戦い
一八二一年	ナポレオン死去
一八七〇〜七一年	プロシア・フランス（普仏）戦争
一八九三年	デュランド・ライン、引かれる
一九〇二年	日英同盟
一九〇四〜〇五年	日露戦争
一九一四〜一八年	第一次世界大戦

2 冷戦期のアメリカの中東政策

「レセップス、レセップス、レセップス！」

ガマル・アブドル・ナセル

【自由将校団】

第二次世界大戦後に世界は米ソの二極体制に入った。これは、ちょうど前章で触れたナポレオン戦争後の国際関係の構図に似ている。イギリスとロシアが勝者として向かい合ったように、アメリカとソ連が、他を圧する超大国として、そそり立っていた。そして対立した。アメリカの国土は、ほとんど戦禍を受けなかった。そして、その生産力を飛躍的に増大させた。ソ連はヨーロッパ部分の大半をドイツに占領され、三〇〇〇万ともされる死者を出した。しかしながら、反攻に出てベルリンを陥落させた。そして第二次世界大戦が終わった時には東ヨーロッパの大半を支配下においていた。敗れたドイツは東西に分断されていた。日本は廃墟となっていた。形の上では勝者となったイギリスもフランスも国力を消耗させていた。米ソの二極体制が成立した。第二次世界大戦後の国際秩序だった。

この新しい国際秩序の成立の余波が中東にも、やがて押し寄せてくる。そして中東は、第一次世界大戦後に成立した英仏支配の時代から米ソの時代へと風景を変える。その二つの時代が交差したのは一九五六年のスエズ運河であった。本章では、まず二つの時代の入れ替わる様を描き、次にアメリカの中東政策について解説したい。

第二次世界大戦後にアラブ世界が受けた衝撃の一つはイスラエルの成立であった。一九四八年にイスラエルが成立を宣言すると、周辺のエジプトなどのアラブ諸国が介入した。新生のイスラエルを倒そうとした。だが、イスラエルが勝利を収めた。そして多くのパレスチナ人が難民となった。

このイスラエルの建国運動をシオニズムと呼ぶ。そして、その運動に身を投じた人々をシオニストと呼ぶ。この運動をシオニズムと呼ぶのは、シオンの地にユダヤ人国家を樹立しようとの運動であったからだ。シオンとはエルサレムの別名である。つまりエルサレムを中心とする聖地パレスチナにユダヤ人国家を樹立しようとする運動が、シオニズムである。パレスチナを自分たちの祖先の地であるとシオニストたちは主張した。一九四八年のイスラエルの成立によってシオニストの夢が成就した。しかし、この国家の成立時に、七〇万人以上のパレスチナ人が故郷を追われた。この民族浄化の上にイスラエルが成立した。ユダヤ人国家の樹立というシオニストの夢の成就は、故郷の喪失というパレスチナ人の悪夢の始まりであった。

さて、シオニストの手によるアラブ諸国軍の敗退は、アラブの若い世代に大きな衝撃を与えた。この世代のアラブ人たちは、敗戦の原因をアラブ諸国の支配層の腐敗に求めた。そうした青年の一人にガマル・アブドル・ナセルという名のエジプト軍将校がいた。ナセルは、一九四八年の敗北以前から軍の内部に自由将校団という秘密組織を結成していた。そのメンバーには後にナセルの後継者となるアンワル・サダトもいた。この自由将校団が一九五二年にクーデターを決行、エジプト王制を崩壊させた。権力を掌握したナセルの掲げた主要な政策の一つが、スエズ運河地帯でのエジプトの主権の回復であり、もう一つがナイル川にダムを建設してエジプトの農工業を振興することであった。スエズ運河は、フランスの技師フェルディナン・ド・レセップスの指導の下に一八六九年に開通して以来、地中海とインド洋を結ぶ国際交通の要としての役割を果たしている。その六年後の一八七五年にイギリスは、スエズ運河会社の株の過半数を買収して、その支配権を握った。スエズ運河地帯は、エジプトの中にある。だが、そこにはエジプトの主権が及んでいなかった。特殊な地域となっていた。スエズ運河は国の中の国であり、エジプトの中のイギリスであった。ナセルはこの地域への主権の回復を目指した。

しかし、イギリスはエジプトの要求に応じようとはしなかった。国際交易の大動脈であるスエズ運河地帯の防衛・管理を任せるにはエジプト軍は弱体過ぎる、というのがイギリスの言い分であった。しかし、エジプト軍を強化するために武器の購入をエジプトが申し出ると、イギリスもフランスも、そしてアメリカもこれを拒絶した。兵器がイスラエルを脅かすことを懸念したからであった。つまり、一方でエジプト軍が弱体であるからとの理由で運河地帯の返還を拒絶し、他方ではエジプト軍が強くなる道を塞《ふさ》いだ。エジプトは躍起《やっき》になって武器の供給先を探した。日本にまで秘密裏に使節を派遣したほどである。このエジプトに一九五五年、ソ連が兵器を供給した。表向きはチェコ・スロバキアが兵器を輸出する形であった。ソ連製の兵器の代金をエジプトは綿花で支払う。そうした体裁が取られた。共産圏の外に初めて大々的にソ連製兵器が流れ始めた。

【スエズ危機】

エジプトへのソ連製兵器の流入は、中東の武器市場における西側の独占を打破した。しかし、ナセルはフルシチョフを信用しきれなかった。将来、ソ連がエジプトへの武器供与を停止する事態が起こるのを懸念していた。そうした計算もあったナセルは、北京の中華人民共和国政権を承認した。いざという場合には中国からの武器輸入をも考えての措置であった。これがアメリカとの関係を悪化させた。アイゼンハワー政権は、ソ連の武器に対抗してエジプトへの大規模な経済援助を予定していた。ナイル川にアスワン・ハイダムを建設する資金を貸し付ける交渉が進んでいた。しかし、ナセルの北京政権承認を受けて、アメリカは交渉を中断させた。ナセルは、これに対してスエズ運河の国有化をもって応えた。一九五六年、エジプト第二の都市アレキサンドリアでの演説の最後で、ナセルはスエズ運河の国有化を発表した。ナセルは演説の冒頭で何度もレセップスに言及した。レセップスは、前にも述べたように運河建設を指導したフランスの技師の名前である。実は「レセップス」という言葉がエジプト軍に運河の接収の開始を命じる暗号であった。当時のラジオの音声の悪さを考慮し、聞き逃しのないように、ナセルは「レセップス」を繰り返した。運河の通行収入をダムの建設費用に充当しようとしたわけだ。しかしこれが、運河を支配してきたイギリスとエジプトとの関係を一気に緊張させた。

ナセル大統領

〔AFP / 時事通信フォト〕

イギリスは、フランスとイスラエルと共謀して、ナセルを打倒するための軍事干渉を計画し実行した。まずイスラエル軍がシナイ半島に侵入してスエズ運河に向かって進撃する。そしてイギリス軍とフランス軍が、紛争から保護するとの名目で運河地帯を占領する。この軍事干渉の衝撃でナセル政権を転覆《てんぷく》させようとのシナリオであった。フランスとイスラエルがイギリスの誘いに乗ったのはなぜであろうか。フランスは、この頃に激しくなっていたアルジェリアの独立運動をナセルが支援しているものと信じていた。それゆえ、ナセルを倒すことでアルジェリアの独立運動に打撃を与えようとしていた。またイスラエルは、エジプトがソ連製の兵器で強大になる前に先制攻撃を、と望んでいた。

こうして一九五六年の一〇月二九日、イスラエル軍がエジプト領土のシナイ半島に侵入して戦闘の火蓋《ひぶた》が切られた。独眼の将軍モシェ・ダヤンの率いるイスラエル軍は、エジプト軍を圧倒し、運河地帯へと進撃した。そして自らがけしかけた戦争から運河を守ると称して、イギリスとフランスの連合軍のパラシュート部隊が運河地帯に降下した。

しかし、アイゼンハワー・アメリカ大統領はこれを激しく非難し、三国の撤退を求めた。またソ連も侵略行為の停止と撤兵を求め、ロケット兵器の使用も辞さないとイギリスやフランスを脅迫した。この時期には珍しい米ソの一致した反発の前に、イギリス、フランス、イスラエルの三国は撤兵せざるを得なかった。

戦後の中東史を貫く三つの大きな流れがある。第一に民族主義の台頭である。アジア・アフリカ・ラテンアメリカ諸国の政治的な経済的な独立と自立を求める闘争の高まりであった。この動きが中東でも高揚した。そして第二が、既に言及したイギリスとフランスの後退である。最後の第三が、この地域への米ソの進出である。こうした三つの流れが交差したのが一九五六年のスエズであった。一九世紀以来、中東に君臨してきたイギリスとフランスの最後の軍事的冒険がエジプトへの干渉であった。スエズは、衰退過程の二つの帝国の最期の雄叫《おたけ》びであった。なお、こうした一連の展開は「スエズ危機」、「スエズ動乱」、「スエズ戦争」あるいは「第二次中東戦争」などの様々な名称で言及されている。

［ノルマンディーの英雄］

三国は、米ソ両超大国の、なかんずくアメリカの反応を完全に読み違えていた。イギリスがイスラエルの軍事干渉への参加を求め、しかも一〇月末を作戦の期日に選んだのはアメリカの反発を押さえるためであった。イギリス首相アンソニー・イーデンは、一一月初旬に予定されていたアメリカ大統領選挙を考慮すれば、アイゼンハワー大統領はイスラエルの参加した軍事行動に強い態度は取れないであろうと踏んでいた。アメリカの六〇〇万のユダヤ人の存在をアイゼンハワーは考慮せざるを得ないとの読みであった。一九四八年のハリー・トルーマンのイスラエル承認をイーデンは想起していたはずである。

トルーマン大統領のイスラエル承認について、ここで解説しておきたい。先に触れたように一九四八年にイスラエルが成立を宣言すると、トルーマン大統領は間髪を入れずに新国家を承認した。宣言からたった一一分後のことであった。イスラエルの承認に関しては、アラブ諸国との関係に考慮して国務省は反対であった。

なぜトルーマンは、これほど急いで自分の外交官たちの反対を押し切ってまでイスラエルを承認したのだろうか。それは一九四八年一一月の、つまり半年後の大統領選挙を意識しての決断だった。トルーマンは選挙によって選ばれた大統領ではない。トルーマンは、アメリカ史上で最も偉大な大統領の一人に数えられるフランクリン・ルーズベルト大統領の副大統領であった。そのルーズベルト大統領が任期半ばにして世を去った。その結果、副大統領から横滑りで、というか棚ぼたで大統領に就任した。

対立候補のデューイの「勝利」を誤報する新聞を掲げるトルーマン大統領

〔UIG / 時事通信フォト〕

選挙の洗礼を受けていない大統領だけに、政治的立場が弱いと見られていた。この年の大統領選挙ではライバルの共和党候補が優勢との見方が強かった。それゆえ、トルーマンは是が非でもユダヤ人の支持が必要だった。これが成立宣言一一分後のイスラエル承認の背景だった。実際の大統領選挙も接戦で、共和党の候補が勝利との誤報を出した新聞があったほどである。トルーマンは、やっとの思いでホワイトハウスの鍵を守った。

ハンガリー動乱
〔ユニフォトプレス〕

だがアイゼンハワーの反応は、既に見た通り、イギリスの予想を裏切るものであった。なぜアイゼンハワーはイギリスとフランスに激怒したのであろうか。それは、ちょうど一九五六年のこの時期に、ハンガリーで民衆の反ソ蜂起が発生していたからだ。ソ連の指導者のニキタ・フルシチョフは軍事力でこの暴動を鎮圧する機会をうかがっていた。逆にアイゼンハワーは、世界の目をハンガリーに集めることでソ連を牽制しようとしていた。その矢先にスエズで戦争が始まった。世界の注意が中東に移る中、フルシチョフは戦車部隊を首都ブタペストに突入させてハンガリーの反乱を押さえ込んだ。スエズでの戦争が、その煙幕の役割を果たした。

それでは、なぜアイゼンハワーには、イスラエルを巻き込んでの対エジプト軍事干渉を非難することが政治的に可能だったのだろうか。大統領選挙を直前に控えてユダヤ人の反発を心配する必要はなかったのだろうか。共和党推薦の大統領候補であるアイゼンハワーは、いずれにしてもユダヤ票の大半は当てにできない立場にあった。その理由は、伝統的にユダヤ人は民主党支持であるからだ。また現職で、しかもノルマンディー上陸作戦を指揮したアイゼンハワー将軍は、ヨーロッパ解放の英雄として国民的人気を博していた。ユダヤ人の支持がたとえ得られなくとも、再選が危ぶまれるような立場ではなかった。一九四八年のトルーマンとは全てが違っていた。こうした強い国内

ノルマンディー上陸作戦を指揮したアイゼンハワー将軍（中央）
〔ユニフォトプレス〕

的基盤がイスラエルへの強い姿勢となって現れた。そして一九五六年一一月、大差でアイゼンハワーは再選された。

実際のところアイゼンハワーは、イスラエルへの強硬な政策にもかかわらずユダヤ票の四〇パーセントを獲得している。この数字は当時のユダヤ組織の集票力が言われていたほど強くなかったことを示している。こうした苦い経験がユダヤ・ロビーの組織化に拍車をかけることになった。その中核となったのが、この事件の二年前の一九五四年に設立されたユダヤ・ロビーの代表ともいえるＡＩＰＡＣ（American-Israel Public Affairs Committee：アメリカ・イスラエル公共問題委員会）である。最初の名前はアメリカ・シオニスト公共問題評議会（American Zionist Committee for Public Affairs）であったが一九五九年にＡＩＰＡＣに改名された。そして巨大な組織に成長した。二〇一八年のデータでは、一〇万人の会員に支えられている。年間予算は三五〇万ドルである。しかし、そのインパクトは予算規模が示唆するよりは、はるかに強い。それは、このＡＩＰＡＣが、全米の五〇を超えるユダヤ人組織を束ねる役割を果たしているからだ。そのいくつかは、予算規模でも会員数でもＡＩＰＡＣよりずっと大きい。ＡＩＰＡＣは、全米のユダヤ人のエネルギーをイスラエルのために結集する世話係である。アメリカとイスラエルの関係については後に詳しく論じよう。

【三つの目標】

こうしてアメリカは冷戦期に中東に本格的に介入するようになった。この冷戦期のアメリカの中東政策の狙いは三つあった。まず第一に、ソ連の中東進出の阻止であった。第二に、石油の確保である。アメリカ人は安い石油で大きな車を運転する権利を人権の一部とさえみなしている。と書けばおおげさだが、石油の確保はアメリカの政治家にとっての一大事である。中東の石油を自国のために、また西ヨーロッパと日本という同盟諸国のためにも押さえておく必要があった。そして第三は、イスラエルの安全保障である。

三つの政策の問題点は、相互に整合性がない点であった。イスラエルへのアメリカの肩入れは、同国と対立するアラブ諸国には評判が悪かった。石油の確保のためには生産者であるアラブ側との関係の親密化が求められたのに、イスラエルとの関係がそれを妨げた。

一部には、アメリカが中東に石油の権益を確保するための足場としてイスラエルという国を樹立し支援しているのだとの議論がある。しかしながら、この議論は歴史的な事実を反映していない。イスラエルへの支持は、長い間にわたって産油国とアメリカとの関係を複雑にしてきた。

アラブ諸国の歓心を買う方法の一つに武器の供与がある。しかし、アラブ諸国の武力の強化はイスラエルの安全を脅かしかねない。アラブ諸国への武器供与に関しては、ワシントンは、それゆえ消極的であった。アラブ諸国はアメリカの態度を見てソ連へと走った。ソ連は武器の供与をテコにしてアラブ諸国との関係を深め、中東に足場を築いた。この点は既に見た通りである。イスラエルへの支援とソ連の封じ込め政策が齟齬《そご》をきたした例である。

冷戦期におけるアメリカの中東政策は、この整合性のない三つの目標の間を右往左往したといえるだろう。

［世直し］

戦後の世界を規定してきた冷戦構造が、ミハイル・ゴルバチョフの登場した一九八五年三月以降変わり始めた。ゴルバチョフが始めたソ連版の「世直し」ペレストロイカは、ソ連の国力を国内改革に傾注することを求めた。その外交面での表現が「新思考外交」であった。この新思考の新しさは、まずソ連が発展途上諸国でのアメリカとの影響力の拡張競争から手を引くというところにあった。それは、米ソによる陣取り合戦の終わりの始まりを意味していた。これまでのように発展途上の国々が米ソを天秤《てんびん》にかけて競わせるといったことができなくなった。モスクワにとって、ワシントンとの協調の方が発展途上の国々の支持よりも重要になった。冷戦はこの方面でも終わりつつあった。

新思考の第二の意味は、東ヨーロッパの親ソ政権の存続にこだわらない、ということであった。ゴルバチョフの前任者たちは、それまで力で東ヨーロッパの自由化を阻んできた。前に見たようにフルシチョフは、一九五六年ハンガリーの自由化を戦車で圧殺した。やはり一九六八年には当時のソ連の指導者のレオニード・ブレジネフが、今度はチェコ・スロバキアでの自由化運動を戦車のキャタピラで踏み潰《つぶ》した。社会主義国家を反革命から守る義務と権利がある、というのがソ連の主張であった。この議論はブレジネフ・ドクトリンとして知られる。チェコ・スロバキアの「人間の顔をした社会主義」のスローガンの下に進められた「早すぎたペレストロイカ」、つまり「プラハの春」は、このブレジネフ・ドクトリンの犠牲となった。

こうした背景の東ヨーロッパで、一九八九年、自由化への圧力が高まった。世界は固唾《かたず》を呑《の》んでモスクワの対応を見守った。ソ連は、今度は介入しようとしなかった。ブレジネフ・ドクトリンに代わりゴルバチョフの報道官ゲナディ・ゲラシモフが掲げたのは、「シナトラ・ドクトリン」であった。その意味を問われたゲラシモフは、フランク・シナトラのヒット曲『マイ・ウェイ』を指摘した。つまり、東欧は自らの選ぶ道、「マイ・ウェイ」を歩む自由があるというものであった。ソ連が事態を静観することが明らかになると、それまでの東ヨーロッパのためらいがちな自由化への歩みが疾走になった。象徴的には一九八九年のベルリンの壁の崩壊をもって冷戦は終わった。そして一九九〇年には東ヨーロッパから共産党の独裁政権が姿を消し始めた。さらに、一九九一年末にはソ連そのものが崩壊してしまった。

この冷戦構造の崩壊期に起きたのが湾岸危機であった。一九九〇年八月、イラクがクウェートに侵攻した事件であった。なぜイラクは、この時期にクウェートに侵攻したのか。イラクの指導者サダム・フセインが冷戦の終結が侵略戦争を行う好機と見たからだ、そうした議論が流通した。著者は、この意見には与《くみ》しない。イラクが動いたのは、これまでイラクの野心の暴発を抑止してきたイランの軍事力が低下したからである。イラン・イラク間の軍事バランスの崩壊がイラクの動きを可能にした。両者の軍事バランスがイラクに優位となったのは、一九八〇年から一九八八年にかけて八年間にわたって戦われたイラン・イラク戦争において、アメリカに主導された各国がイラクの軍事力の強化に努めた結果であった。

世界の経済を動かすエネルギーを世界に送り出すペルシア湾岸地域は、世界を人体にたとえると心臓に当たる。そしてペルシア湾岸から送り出される石油や天然ガスは血液にたとえることができる。この世界の心臓を考える際のポイントの一つは、イランとイラクという二つの国家の間の軍事バランスである。このペルシア湾岸における軍事バランスについては、本書の後の章で再び論じる場面があるだろう。

さて、いずれにしろ、その湾岸危機は、一九九一年にアメリカに率いられた諸国のイラク攻撃で湾岸戦争に転じた。戦闘はアメリカ側の圧倒的な勝利で終わった。イラク軍がクウェートから排除された。

長年イラクと親密な関係にあったソ連は、この問題ではイラクの側には立たなかった。アメリカのイラク攻撃には参加こそしなかったが、アメリカと協調してイラクにクウェートからの撤退を求め続けた。また撤退しないイラクへの軍事力行使を容認する決議が、国連の安保理で成立するのを妨げなかった。安保理の常任理事国としてソ連は拒否権を有していたのに、である。米ソ協調は、冷戦の終結がもたらした国際政治の新しい風景であった。

そして前述のソ連とソ連圏の消滅によって、世界では唯一の超大国としてアメリカが君臨することとなった。そして中東はアメリカの一極覇権の時代に入った。覇権とは、圧倒的な国力で他国に圧力を掛け従わせる状況を指す。もはや、この覇権国家で唯一のスーパーパワーつまり超大国アメリカに挑戦するものは、いなくなった。かに思われた。

略年表

一八六九年　スエズ運河の開通
一八七五年　イギリス、スエズ運河会社の支配権を握る
一九四八年　イスラエルの成立
　　　　　　アメリカのイスラエル承認

一九四八年　トルーマン大統領の当（再）選
一九五二年　自由将校団のクーデター、エジプト王制の崩壊
一九五四年　アメリカ・シオニスト公共問題評議会（American Zionist Committee for Public Affairs）設立
一九五五年　ソ連製兵器のエジプトへの供給
一九五六年一〇月　スエズ危機起こる
　　　　一一月　ソ連軍のハンガリー制圧
一九五九年　アイゼンハワー大統領の再選
　　　　　　アメリカ・シオニスト公共問題評議会がＡＩＰＡＣ（アメリカ・イスラエル公共問題委員会）に改名
一九六八年　ソ連、チェコ・スロバキアへ軍事介入
一九八〇～八八年　イラン・イラク戦争
一九八五年　ペレストロイカの開始
一九八九年　ベルリンの壁の崩壊
一九九〇年　湾岸危機
　　　　　　湾岸戦争
一九九一年　ソ連の崩壊

3 アメリカの一極覇権

「任務完了！」

ジョージ・ブッシュ（息子）大統領
二〇〇三年五月のイラク戦争の「勝利演説」の中の言葉

【11／9から9／11へ】

冷戦が終わり、ソ連が崩壊すると、アメリカの中東政策は非常に楽になった。ソ連の封じ込めを考える必要がなくなったからである。石油とイスラエルの安全保障の確保の二つが政策目標として残された。両者間の調整には依然として困難が付きまとった。しかし、冷戦期の厳しさとは比べものにならなかった。冷戦後の時代は、アメリカにとって悪くなかった。

この悪くなかった時代を、つまり冷戦後の時代を終えたのが二〇〇一年九月一一日のアメリカ同時多発テロであった。この頃の国際政治の切れ目は9と11に縁があった。ベルリンの壁が崩れ冷戦後の時代を開いた日が一九八九年の一一月九日だった。そして冷戦後を閉じた日が二〇〇一年の九月一一日だったわけだ。振り返ると冷戦後という時代は11／9から9／11の間に存在した。

二〇〇一年九月一一日後の時代を、つまり冷戦後の次の時代を、ここでは仮に対テロ戦争の時代と呼ぼう。この時代のアメリカの中東政策について語りたい。だが、その前に、同時多発テロの衝撃を語ろう。

【5Mとネオコン】

その衝撃を理解するためには、アメリカの力の源泉を押さえておく必要があるだろうか。その力の源泉を軍事評論家の田岡俊次《しゅんじ》氏は「3M」と表現する。すなわち、Military 軍事力、Money 経済力、そしてMedia メディア、つまり自らの主張を言いふらす力である。アメリカの圧倒的な軍事力については多言を要しない。アメリカ軍の基地のネットワークは世界を覆《おお》っている。その軍事予算は世界一である。また、その経済規模も世界で一、二位を争う。メディアに関して言及すれば、アメリカの衛星テレビ放送であるCNNは世界で視聴されている。また週刊誌の『タイム』は世界各地で印刷販売されているし、『ニューヨーク・タイムズ』や『ワシントン・ポスト』のような日刊紙も世界で広く読まれ引用されている。

あるいはツイッター、ユーチューブ、フェイスブックのようなインターネットを通じた情報発信のツールであるSNS（ソーシャル・ネットワーキング・サービス）系のプラットフォームもアメリカの会社によって提供されている。この文のカタカナ比率の高さにアメリカ英語の影響力を肌で感じる。

この三つのMに、筆者はさらに二つのMを加えたい。一つはMessage メッセージであり、もう一つはManpower マンパワーである。メッセージとは、メディアに載せるソフトと言い換えることができるだろう。それは、アメリカ的な文化であり、生活様式であり、ファッションであり、ジャズやロックのような音楽であり、政治・経済制度である。具体的にはマクドナルド、ミッキーマウス、マイケル・ジャクソン、民主主義や市場経済の制度である。こうした情報をメディアに載せてアメリカは世界に発信している。

Manpowerマンパワーとは、Womanpowerウーマン・パワー、すなわち女性を含む「人材」である。世界の先進工業国の中では、アメリカは人口の増えている数少ない国の一つである。また単に総人口が増えているだけでなく、優秀な人材を世界から引き寄せている。誰の目にもよく見えるのがスポーツである。大谷翔平のような日本を代表する野球選手はアメリカを活躍の舞台に選んでいる。その他の分野でも外国生まれの人物の活躍が目立っている。リチャード・ニクソンとジェリー・フォード両大統領の国務長官であったヘンリー・キッシンジャーはドイツ生まれであるし、ビル・クリントン大統領の時に初の女性国務長官となったマデリーン・

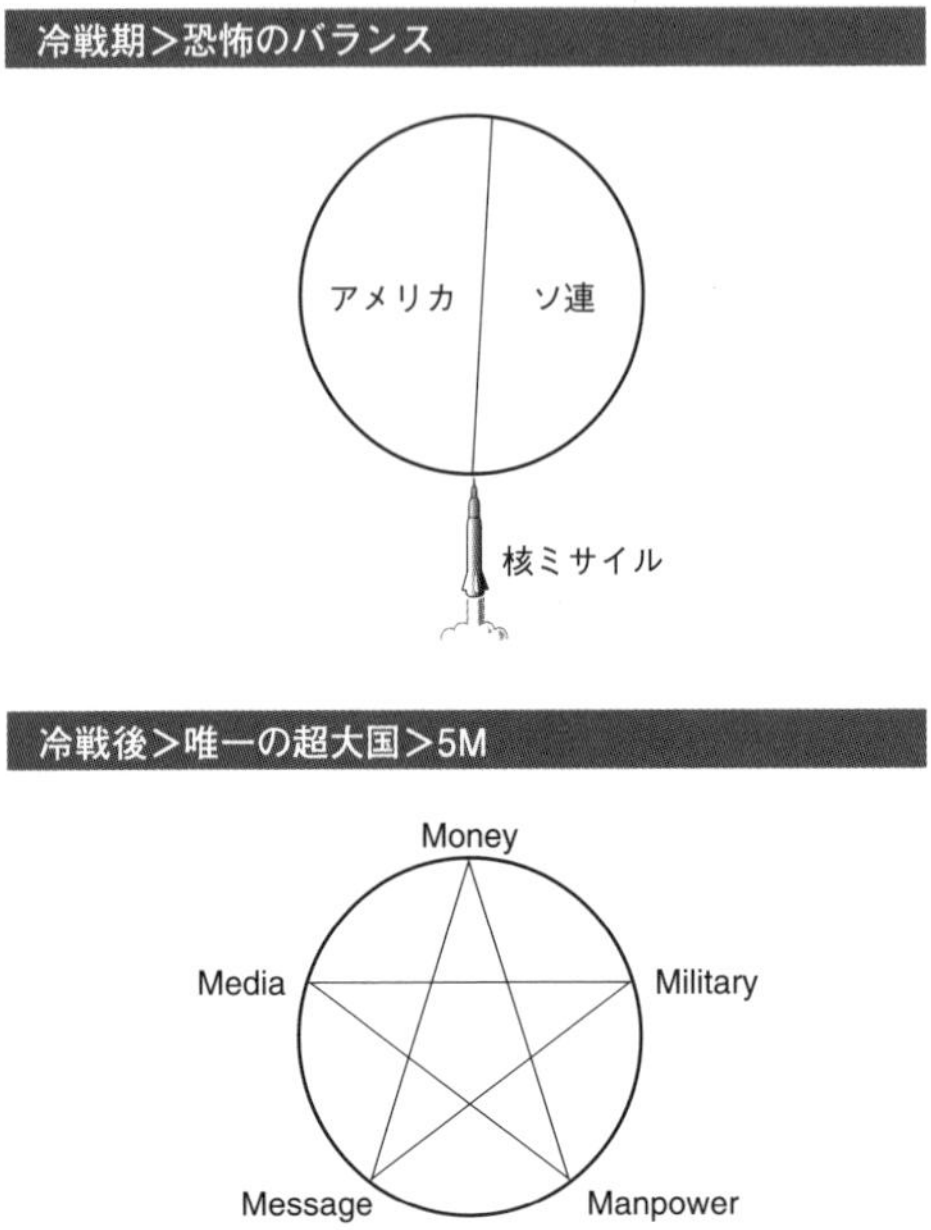

恐怖のバランスから対テロ対策へ

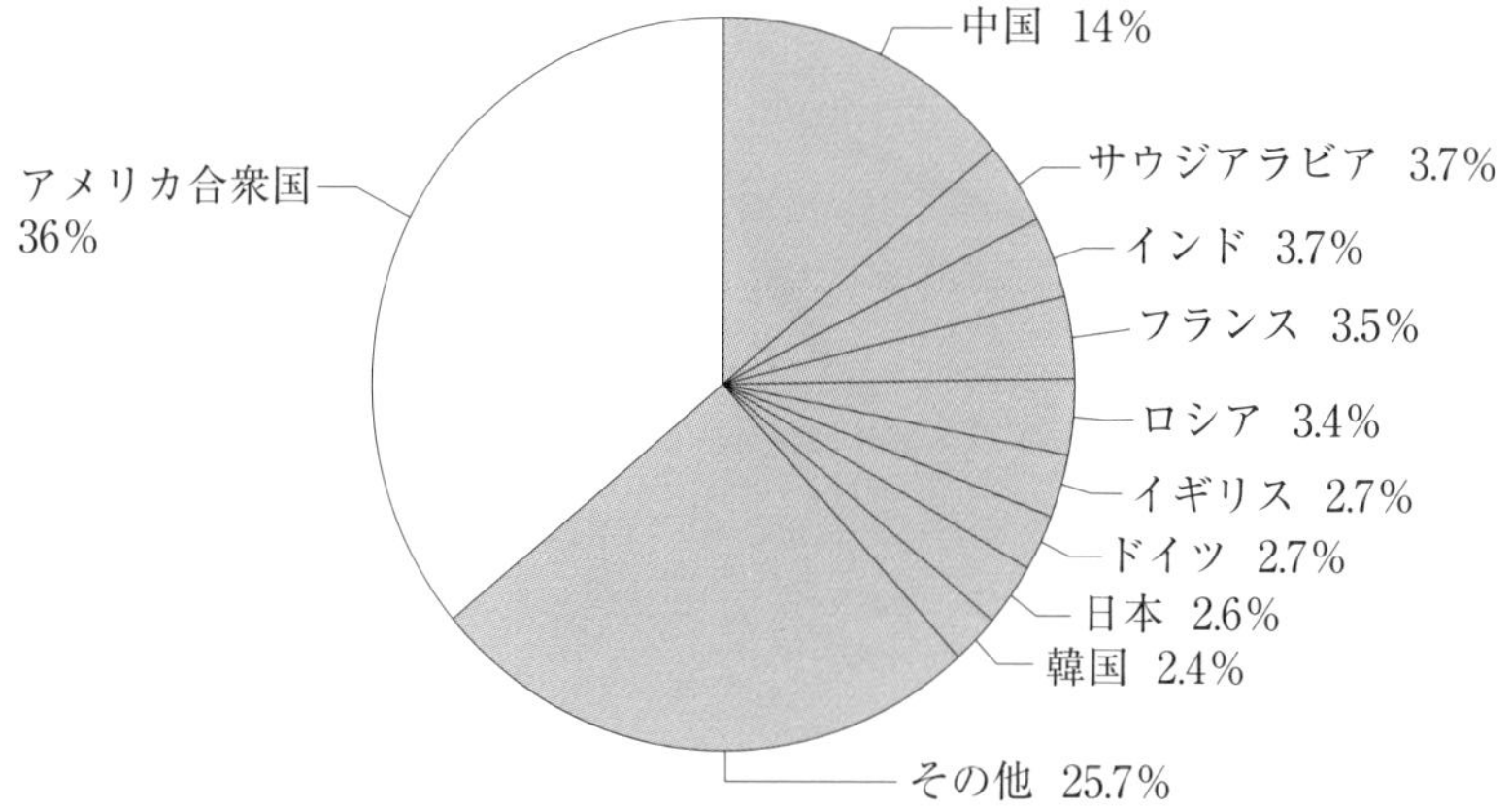

出所）ストックホルム国際平和研究所 *Trends in World Military Expenditure, 2018* より。

世界の軍事支出（各国の割合）2018年

オルブライトはかつてのチェコ・スロバキアの生まれである。二人とも難民としてアメリカに到着して成功を収めている。Military 軍事力、Money 経済力、Media メディア、Message メッセージ、Manpower 人材、この五つのMが合わさって、超大国アメリカの力の源泉を構成している。

アメリカの力が他国に比べていかに卓絶しているかは、たとえば軍事費の支出を見るとよくわかる。上のグラフを参照されたい。ストックホルム国際平和研究所がまとめた数値である。二〇一八年では世界の軍事支出の三分の一以上はアメリカの国防予算である。つまり軍事費である。軍事予算の拡大が伝えられる中国の予算は、その三分の一強である。

問題は、この隔絶した国力をいかに使うか

である。一方にあったのは、次のような議論であった。つまりソ連という脅威が消滅した以上、アメリカはアメリカに戻って内政に軸足を移すべきであるとの声であった。他方では、アメリカはその力を行使して世界を変えるべきであるとの考えも存在した。両者のバランスはどちらかと言えば、前者に有利に傾いていた。二〇〇一年九月一一日までは。

二〇〇一年九月一一日の同時多発テロは、そそり立っていた唯一のスーパーパワー（超大国）アメリカの力の象徴を直撃した。特にアメリカの力の源である三つのMが突然の攻撃を受けた。アメリカの経済力を象徴する世界貿易センター・ビルと軍事力を象徴するペンタゴン（国防総省）をハイジャックされた旅客機が直撃した。そして、その直後にメディアには炭疽菌《たんそきん》がばら撒《ま》かれた。炭疽菌に関してはアルカーイダの犯行ではない可能性が高い。その詳細には触れない。しかし、いずれにしても三つのMがほぼ同時期に攻撃されたという意味で象徴的であった。残る二つのうちのもう一つのMである人材の面でも、間接的にアルカーイダはアメリカに打撃を与えた。この事件以来、治安上の配慮もあって、アメリカは外国からの人の流入に神経質になった。その分だけ、かつてならアメリカに渡ったであろう優れた学生が留学先に他の国を選ぶ例も増えている。

2001年9月11日以降＞超大国 対 テロ組織

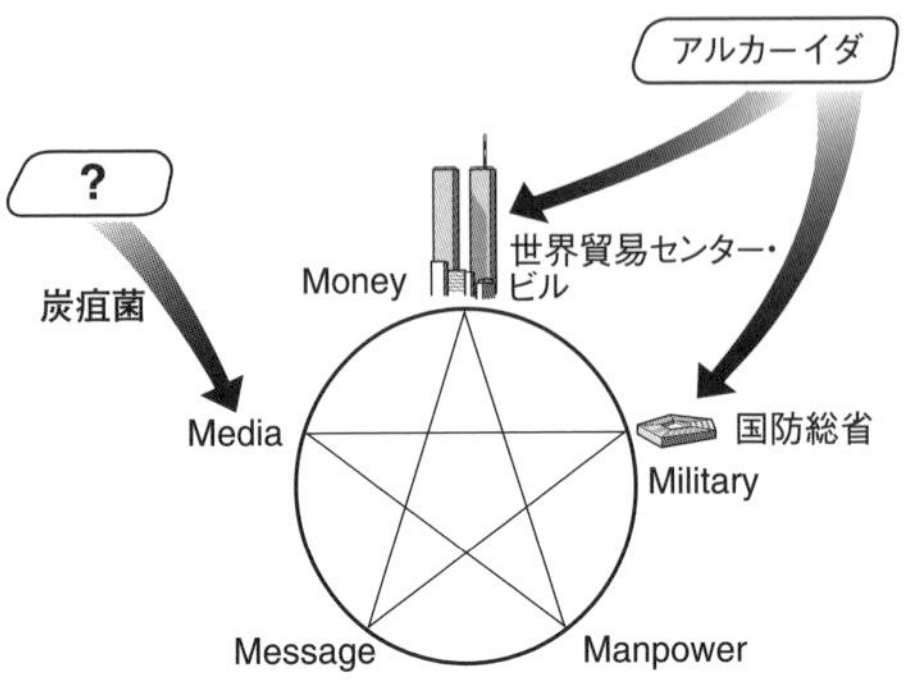

アルカーイダの挑戦

二〇一六年に当選したトランプ大統領の排外的な反移民的な言動が気にかかるのは、一つにはアメリカの力の源泉である人材の流入を妨げるからである。このトランプの大統領選挙での勝利の遠景にあるのは、後に説明するようにアフガニスタンとイラクの戦争であった。と考えれば、この二つの戦争の必要性をアメリカ国民に売り込む大義名分となった同時多発テロが、トランプ大統領誕生の一要因であった。そうした議論も可能だろうか。

ここで触れておきたいのは、反移民的な言動の背景は、アメリカが多くの移民を受け入れているという事実がある。トランプを批判するのは容易だが、移民を受け入れない国には、それに伴う痛みを想像するのが難しい。

【対テロ戦争と民主化】

いずれにしろ、同時多発テロは、アメリカ国民の世界認識に深い影響を与えた。そして、アメリカの外交を変えた。アメリカでは外からの攻撃に反応する形で対外政策の新しいコンセンサスが生まれた。この新しい時代においては、テロ組織アルカーイダの壊滅が中東政策の最優先の目標となった。九月一一日の事件を契機に現れた二つ目の中東政策の目標は、大量破壊兵器の拡散の阻止である。コンドリーザ・ライス大統領補佐官（後の国務長官）、ディック・チェイニー副大統領、ポール・ウォルフォヴィッツ国防副長官（後の世界銀行総裁）といったブッシュ政権の中心的人物は、テロリストに大量破壊兵器が渡る可能性を指摘した。九月一一日の攻撃に、もし核兵器、化学兵器、生物兵器、核汚染物質が使われていたとすれば、被害は途方もない規模になっていただろう。テロと大量破壊兵器の結合が最悪のシナリオとなった。アメリカの中東政策と世界戦略が重なった。中東政策がアメリカの世界戦略の中核を占めた。中東政策の、そして世界戦略の最大の目標はテロ組織の壊滅と大量破壊兵器の拡散の防止となった。そして、以前から継続しているイスラエルの安全保障と石油の確保を合わせると、アメリカの中東政策の目標は四つになった。以下に繰り返しておこう。

（1）国際テロ組織の壊滅
（2）大量破壊兵器の拡散の阻止
（3）イスラエルの安全保障
（4）石油の確保

このような背景の中で、先制攻撃という議論が生まれた。攻撃を受けてから対処するのでは間に合わないという議論がライス補佐官らによって展開された。キノコ雲がマンハッタンに上がってからでは遅すぎるというわけである。

しかしながら、サダム・フセインのイラクがアメリカに対して大量破壊兵器を使うというような事態は想定されたのだろうか。それは必ずやアメリカの報復を招く自殺行為である。フセインは、それほど愚かだろうか。その疑問に対して、イラクへの先制攻撃を主張した人々は、仮にイラク自身が使用しなくとも、それをアルカーイダなどのテロ組織に渡す可能性があると論じた。

こうした認識と「正当化」に基づいて対イラク戦争が戦われた。結局は、大量破壊兵器は発見されなかった。またアルカーイダなどのテロ組織とフセインの関係も存在しなかった。だが、戦争の支持者は、サダム・フセインという脅威を取り除いたのはよかった、と先制攻撃を正当化した。

また、ブッシュ大統領を囲む人々は、アルカーイダのような反米テロ組織の出現の原因として、中東における民主主義の欠如を挙げた。非民主的な体制が、偏向した教育によってテロリストを生み出している。また経済の自由化と発展を妨げて、テロの温床となる貧困の背景となっている。こうした発想から出てきたのが、中東の民主化という政策である。また民主化を求める声は中東諸国の内部からも起こっている。という認識を背景に、ワシントンは中東各地で選挙を求めた。

結果を見ると、中東各地での選挙ではイスラム勢力の、つまり、多くの場合、反アメリカ勢力の躍進があった。二〇〇五年六月のイランの大統領選挙では、最も反アメリカ的なマフムード・アフマドネジャドが当選した。念のために付言すると、イランの大統領選挙はアメリカの中東の民主化構想とは関係なく行われた。同年一二月のイラクの議会選挙では、シーア派の政党が第一党となった。反アメリカではないものの、親イランの政党である。二〇〇六年一月のパレスチナ評議会の選挙では、イスラエルの正統性の承認を拒絶するハマスが勝利を収めた。反イスラエル・反アメリカ感情の強いイスラム世界で民意を問うたのであるから、当然の結果といえる。自由な選挙を求めたアメリカは民意を受けて成立したハマス政権への援助を打ち切るなどの自己矛盾に直面した。

つまり、9／11以降の新しいアメリカの中東政策は、テロ組織の壊滅と大量破壊兵器の拡散の阻止を主要な目標としていた。先制攻撃や中東の民主化は、そのための手段としてとらえられていた。テロ組織の壊滅を目指す政策が二〇〇一年に開始したアフガニスタン戦争であり、先制攻撃の例が二〇〇三年のイラク戦争の開戦である。

【国内政治のダイナミクス】

ソ連の封じ込め、石油の確保、対テロ戦争、大量破壊兵器の拡散の防止などのアメリカの中東政策の目標に関しては、外交的な合理性で説明がつく。唯一、外交的な合理性だけでは理解できないのは、イスラエルの安全保障への肩入れである。それが、アメリカの他の外交目標を阻害するからである。にもかかわらず、アメリカがイスラエルへの支持を続けたのは、国内的な要因があるからである。一つには、アメリカのユダヤ人の政治力ゆえであった。この点に関しては前の章で簡単に触れた。ここでは、もう少し詳しく見ておこう。

アメリカのユダヤ人の政治力を数字に語らせよう。アメリカのユダヤ系市民の人口は、現在では五五〇〇万程度と推測されている。アメリカの総人口三億三〇〇〇万の二パーセントにも満たない。しかし、その投票率の高さゆえに、実際にはその二倍程度の、つまり四パーセント程度の重さを持っているだろう、というのが専門家の意見である。

議員の数を見れば、人口比以上にユダヤ系の市民の政界での成功がわかる。二〇一九年二月の時点で上下両院を合わせると三四名がユダヤ系の議員である。アメリカの連邦議会では上院の定数が一〇〇議席、下院が四三五議席である。つまり五三五名の連邦議員がアメリカには存在する。そのうちの三四名となると、六・四パーセントとなる。ユダヤ人の人口比を二パーセントとしても人口比の三倍以上の比率で連邦議員となっている計算だ。落選したとはいえ、二〇〇〇年の大統領選挙では、民主党が副大統領候補にユダヤ教徒のジョー・リーバーマン上院議員を指名している。また二〇一六年の大統領選挙で民主党の指名をヒラリー・クリントン元国務長官と最後まで争ったバーニー・サンダースもユダヤ系である。アメリカの政治の頂点にユダヤ系市民が近づいた出来事であった。また現在の上院の民主党の院内総務、つまりトップはニューヨーク州選出のユダヤ系議員のチャック・シューマーである。ちなみにサンダースとシューマーは同じ高校の出身である。

ユダヤ系の連邦議員三四名のうち八名が上院議員で、二六名が下院議員である。定数一〇〇の上院だけで見ると、ユダヤ系の議員が八パーセントを占めている。総人口の二パーセントにも満たないエスニック・マイノリティーは政治的に大変な成功を収めているといえるだろう。

その結果がアメリカのイスラエル支援につながっている。たとえば、二〇〇六年に発表されて話題となったシカゴ大学のジョン・ミアシャイマーとハーバード大学のスティーブン・ウォルトの両教授の共著の論文「イスラエル・ロビーとアメリカの外交政策」（*The Israel Lobby and U.S. Foreign Policy*、ネット上で検索可能、また単行本としても出版され、その翻訳も二〇〇七年に講談社から出版されている）によれば、一九七〇年代以来アメリカの対外軍事・経済援助の二割がイ

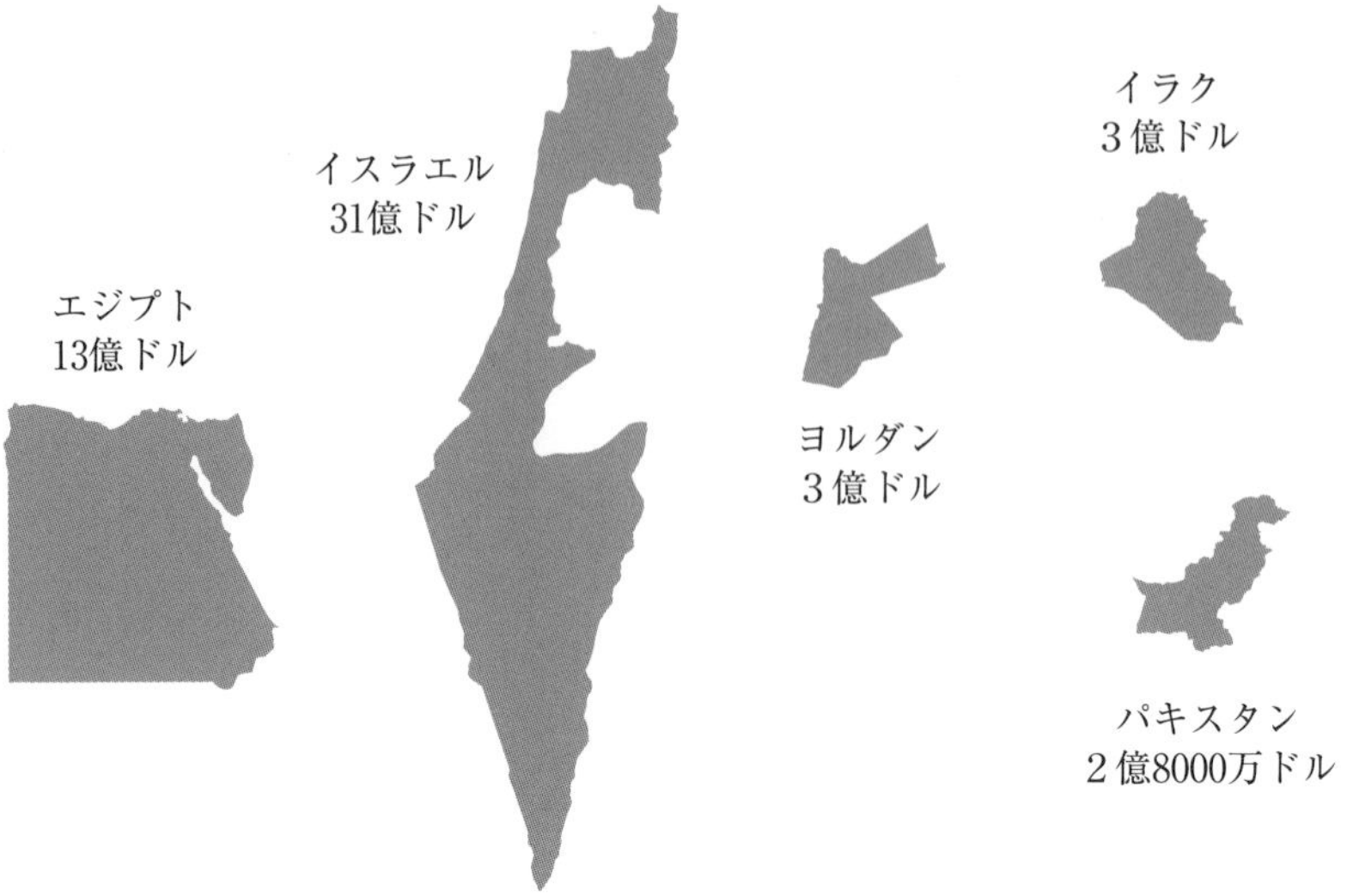

出所）howmuch.netより一部抜粋し加工作成。

アメリカの対外軍事支援額（上位5か国：2014年）

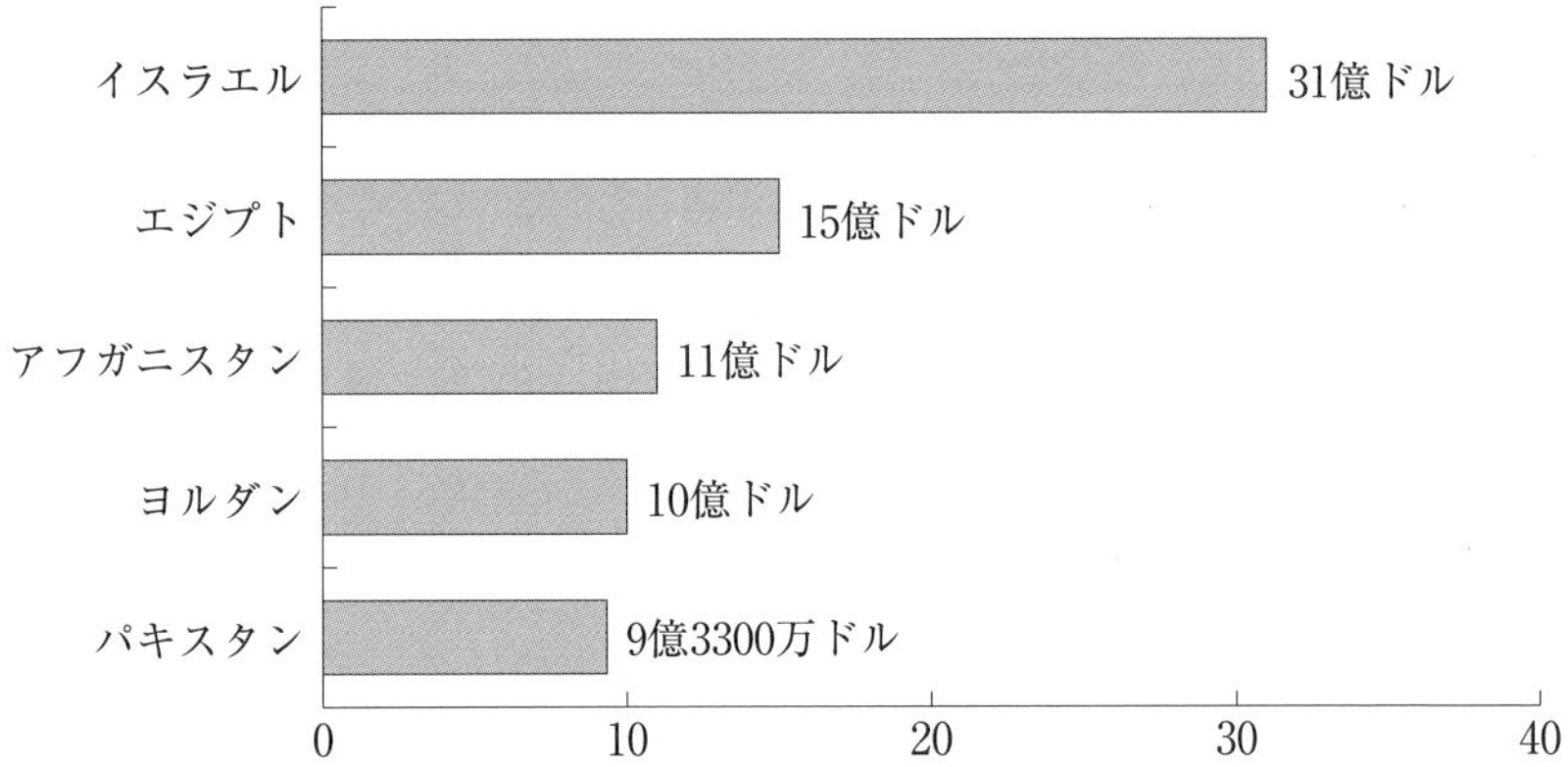

出所）*Foreign Assistance Report*より一部抜粋し加工作成。

アメリカの対外支援額〈軍事支援額を含む〉（上位5か国：2014年）

スラエルに与えられている。

たとえば二〇一四年だけを取ると、右の図のように五九億ドルのアメリカの軍事援助の七五パーセントはイスラエルとエジプトに与えられている。イスラエルが三一億ドル、エジプトが一三億ドルである。エジプトが比較的に優遇されているのは、イスラエルと平和条約を結んだからである。親アメリカで親イスラエルのエジプトの政権の安定のためである。右上の地図が、両国のアメリカの軍事援助を受け取る額の大きさを示している。額を国のサイズに反映させてある。

支援総額（右下図）に関しても同じような傾向が見える。イスラエルとエジプトが目立っている。

［影響力の秘密］

数字は、ユダヤ系市民の強力な政治力を語っている。だが、アメリカのユダヤ系市民は、前述のようにわずかである。投票率が高いとはいえ、それにしても限られた数である。数の力に頼れないとすると、その影響力の強さはどこからくるのだろうか。

第一に、ユダヤ人の教育水準の高さに注目したい。ジャーナリスト、評論家、研究者、大学教員を数多く出しており、マスコミにおいてその発言力が強い。またメディア企業そのものを所有している例もある。たとえばアメリカを代表する新聞『ニューヨーク・タイムズ』紙はユダヤ人の所有である。また教育水準の高さは経済的な成功にもつながっている。

そしてユダヤ系の市民たちは、その経済力をイスラエルのために使ってきた。シェイクスピアの『ベニスの商人』に代表されるようにユダヤ人は「守銭奴《しゅせんど》」であるというのが、キリスト教徒の作り上げてきた偏見である。しかし、アメリカの政治家の間では、ユダヤ人は気前のよさで知られている。ビル・クリントンが最初の大統領選挙の際に集めた政治資金のうちの個人献金の実に四割がユダヤ系市民からのものであったと報道されている。テレビ広告で相手候補を攻撃することが常套《じょうとう》手段のアメリカの選挙では、テレビ広告を買うための膨大な資金が必要となる。選挙戦の早い時期に十分な軍資金を集めることが重要である。でなければ長い選挙戦を勝ち抜くことができない。また資金が十分でない候補には、寄付はますます集まらない。寄付をする方は、何らかの見返りを期待しているのであるから、候補者が負けてしまえば寄付金が捨て金になるからである。それに豊富な選挙資金を持っているとなれば、潜在的なライバルに立候補を断念させることもできる。要するに早期の多額の資金集めがアメリカの選挙戦術のポイントの一つである。

ユダヤ・ロビーは、早期に支持候補を決めて資金を流し込む。候補者にとって資金集めが一番重要で、かつ一番難しい時期の資金提供で政治家に恩を売る。結果として、ユダヤ人たちの寄付は、その額以上のインパクトを持ちうるのである。ユダヤ人の多くは伝統的に民主党を支持しているので、同党の政治家にとってはユダヤ人の支持を得ることが肝要である。クリントン大統領にとってもそうであったし、その後継者たらんとしたアル・ゴア副大統領にとっても事情は同じであった。さらには二〇〇八年の大統領選挙で民主党の指名を激しく争ったヒラリー・クリントンとバラク・オバマの両上院議員にとってもユダヤ系の人々の支持は重要であった。

もう一つ、ユダヤ人の政治面での影響力を拡大させている要因に、その人口分布がある。大統領選挙の勝敗を決する人口の大きな州にユダヤ人は集中しているからである。アメリカの大統領選挙制度では、各州などに人口に応じて大統領選挙人が割り当てられており、それぞれの州の最高得票者が各州の選挙人を独占する。最大はカリフォルニア州の五五人、最少は首都のあるワシントン特別区の三人である。選挙人の総数は五三八人である。そして選挙人の過半数以上を、つまり二七〇人以上を得た候補者が当選する。したがって人口の、つまり大統領選挙人の数の多い州が特に重要となる。具体的には「ジューヨーク」と冗談混じりに言及されるニューヨーク市を擁するニューヨーク州、中西部最大の都市シカゴを擁するイリノイ州、カリフォルニア州、そして二〇〇〇年の大統領選を決した因縁のフロリダ州などである。ちなみにJewジューは英語でユダヤ人を意味する。ユダヤ人の人口の多い州と大統領選挙人の多い州は、ほとんど重なっている。その分だけユダヤ票は重みを増す。特に接戦の際には。

こうしたユダヤ人の政治力がアメリカの中東政策に最初に大きなインパクトを与えたのは、一九四八年のことであった。この年のイスラエルの成立宣言とトルーマン大統領の同国の承認については前章で触れた通りである。そのおかげでトルーマンは、一九四八年秋の大統領選挙の接戦を制した。

最後に見落とされがちであるが、一番重要なポイントを指摘しておきたい。それは、ユダヤ人以外で中東地域に強い興味を有している、よく組織された集団が存在しなかった点である。アメリカの人口の大半を占めるキリスト教徒は、聖書の舞台である中東にそれなりの興味は抱いていた。しかし、それは強烈な興味ではなかった。「強烈な」というのは、アメリカの中東政策をある方向に向けるためにお金を使ったり、デモに行ったり、政治家に手紙を書いたりするほどの興味である。大半のアメリカ人が大した興味を示さないのであるから、少数の熱烈なイスラエル支持者がアメリカの中東政策を引っ張れた。

しかし、他の集団が興味を示せば状況は一変する。たとえば、一九八〇年代にサウジアラビアに最新の戦闘爆撃機をアメリカが売却する案が浮上した際には、それがイスラエルの安全保障を脅かすとしてユダヤ・ロビーは激しく反対した。しかし、防衛産業の利害、それに防衛産業に従事する人々の雇用のかかった問題であったために、ユダヤ・ロビーの反対にもかかわらず輸出が行われた。アメリカ人の多くが熱心な興味を示す問題に関しては、ユダヤ・ロビーとて無敵ではない。

もう一つ例を挙げよう。中国とイスラエルの軍事技術協力が注目を集めている。イスラエルが中国にハイテク兵器を輸出している。たとえば、中国に空中給油技術を供与したのはイスラエルであると広く信じられているが、この技術によって中国空軍の行動範囲が拡大された。台湾の問題を巡って中国と向かい合うアメリカの第七艦隊にとっては脅威である。アメリカとその同盟国が保有しているのに、中国が保有していない軍事技術は多い。そうした一つが空中警戒管制システムと呼ばれる技術である。航空機に巨大なレーダーとコンピューターを搭載したもので、地上に配備されたレーダーよりも格段に遠い目標を捉え、味方の航空機などを支援できる。イスラエルがこの技術を中国に輸出する予定であったが、これにはアメリカ国内に強い反対が存在した。もし将来、台湾海峡の上空で中国空軍とアメリカ空軍が衝突した場合、イスラエルが供与した技術によってアメリカのパイロットが命を落とす可能性が出てくる。アメリカの親イスラエルの議員までがこの輸出に反対した。その結果、ついに二〇〇〇年七月、イスラエルはこの二億六〇〇〇万ドルの契約の破棄を発表した。繰り返そう。ユダヤ人以外のアメリカ人が興味を示す案件ではユダヤ・ロビーも無敵ではない。ユダヤ・ロビーが中東問題で強い第一の理由は、他のアメリカ人が普通は強い興味を示さないからである。

もちろんアラブ系の人々やイスラム教徒の組織も育ちつつあるが、まだまだ資金力にしても動員力にしても問題ではない。たとえばアメリカ連邦議会にはイスラム教徒の議員は、まだ三名しかいない。ユダヤ・ロビーに対抗できるようになるには、今しばらく時間が必要なようだ。

そうした中で一九八〇年代以降に、中東に興味を抱く大きな集団が登場した。それは、どういう集団なのか。そして、その意味と意義について次章以下で語りたい。

略年表

一九八九年	一一月	ベルリンの壁の崩壊
二〇〇〇年		大統領選挙で、民主党が副大統領候補にユダヤ教徒を指名
二〇〇一年	九月一一日	アメリカ同時多発テロ
	一〇月	アフガニスタン戦争の開始
二〇〇三年	三月	イラク戦争の開始
	五月	ブッシュ（息子）大統領のイラク戦争での「勝利」宣言
二〇〇五年	六月	イランの大統領選挙でアフマドネジャドが当選
	一二月	イラクの選挙でシーア派が勝利
二〇〇六年		パレスチナ評議会の選挙でハマスが勝利
二〇一六年		トランプ、大統領に当選

4 オバマ

「もし握り締めた拳《こぶし》を開くなら、我々も対話の手を差し伸べよう」
バラク・フセイン・オバマの二〇〇九年一月の大統領就任演説

【馬鹿げた戦争】

二〇〇九年に二期八年のブッシュ（息子）大統領の任期が終わった。この大統領の始めたアフガニスタンとイラクでの戦争の後始末が、その後を継いだバラク・フセイン・オバマ大統領の課題となった。

大統領候補者だったオバマによれば、イラクの戦争は馬鹿げた戦争だった。イラクがアメリカを攻撃したり脅かしたりしたわけではなかったからだ。ということはアフガニスタンの戦争は、そう馬鹿げてもいなかった。アフガニスタンに拠点を置くアルカーイダというテロ組織がアメリカ同時多発テロを引き起こしたからだ。そして、そのアルカーイダを、当時アフガニスタンを支配していたターレバン政権が受け入れていたからである。

アフガニスタンの情勢を振り返っておこう。アフガニスタンを根拠にしているオサマ・ビンラーディン率いるアルカーイダがアメリカでの同時多発テロを実行したとして、ブッシュ政権はその引き渡しをアフガニスタン政府に求めた。当時のアフガニスタンを支配していたのはターレバンと呼ばれるイスラム勢力であった。ターレバンが要求を拒絶すると、アメリカはアフガニスタンを攻撃した。二〇〇一年九月のアメリカ同時多発テロの翌月の一〇月のことであった。そして、その年末までにターレバン政権を崩壊に追い込んだ。この時がターレバンを壊滅させる好機であった。しかしブッシュ政権は、すぐにイラク戦争の準備を始めた。そして、ターレバンに止《とど》めを刺す前に対イラク戦争を始めた。

ターレバンは息を吹き返した。そしてアメリカが擁立した政権を脅かし始めた。そのアフガニスタンにおいて、オバマは兵力を増派して平定作戦を実施した。しかし限定的な兵力の増強と限定された期間での作戦は、功を奏しなかった。アフガニスタンでは、じりじりとターレバンが支配地域を広げている。

オバマ大統領

〔ユニフォトプレス〕

ブッシュが成し得なかったのに、オバマが成功したのは、ビンラーディンの発見と殺害である。パキスタンのアボタバードという都市に潜伏していたビンラーディンを発見し特殊部隊を送り込んで殺害した。少なくともオバマはアメリカ同時多発テロの仇《あだ》を討った。

イラクにおいては、ブッシュのイラク戦争を批判したオバマは、二〇一一年にはイラクからアメリカ軍を撤退させた。その背景にあったのは、ブッシュ（息子）政権末期にイラクの平定作戦が一応の成功を収め、治安が安定したからであった。またイラク議会が、アメリカの求めた地位協定を否決したからでもあった。地位協定というのは、イラクに駐留するアメリカ兵が犯罪に巻き込まれた場合に裁判権がイラクにあるのかアメリカにあるのかなどの法的な詳細を規定する法律である。アメリカとアメリカ軍の受け入れ国の間の国際的な合意である。地位協定で合意できなかったので、アメリカ軍がイラクからいなくなった。

ところが二〇一四年に突如としてＩＳ《アイエス》（「イスラム国」）が台頭し、その脅威に直面したイラク政府やイラク北部のクルディスターン自治政府の求めに応じて軍事顧問団をオバマは再派遣した。

オバマの中東外交にとっての新たな試練は、二〇一一年の「アラブの春」と呼ばれたアラブ諸国での民衆の民主化を求める運動であった。ブッシュ時代のアメリカからの押し付けではなく、アラブ社会の方で自然発生した運動であった。

まず二〇一〇年末に北アフリカのチュニジアで国民の民主化を求める運動が始まり、二〇一一年の初めには長年の独裁者だったザインアーベディン・ベンアリ大統領が亡命を迫られた。そして、それがエジプトに飛び火した。さらにはエジプトとチュニジアの両国に挟まれたリビアでも同様の動きがあった。さらには、民衆の運動はイエメン、バーレーン、シリアへと波及した。

アメリカの理念としては、民衆の求める民主主義の側に立たねばならなかった。しかし、独裁政権が内政を安定させているという事実があった。そして、中には国民に不人気な親アメリカ政策を維持してくれている指導者もいた。民衆の側に立つということは、こうした忠実な下僕のような独裁者たちの忠誠への裏切りを意味している。しかも、その後に出てくる政権が親アメリカ政策を続けるという保証はない。

アメリカは理念を選ぶのか、あるいは短期的な安定の維持という「国益」を重視するのか。そうしたジレンマが鮮明だったのがエジプトであった。オバマは、この理念と国の利益の間のジレンマに苦しんだ。結局は、長年の同盟者であり独裁者であったホスニ・ムバラクを見捨てて理念を選んだ。しかし、それは実質上のムバラクの同盟者でアメリカの同盟国であるイスラエルやサウジアラビアの不興を買うことになった。選挙の結果、必ずしも親アメリカ的でないムスリム同胞団が権力の座についた。しかし二〇一三年にエジプト軍がクーデターを起こした。民主的に選ばれた政権を倒して実権を握った。エジプトはムバラク時代に戻ったようなものである。利益を犠牲にして理念を選んだのに、理念も吹き飛んでしまった。

エジプトと同様にリビアも後味の悪い結果となった。リビアでは長年、ムアマル・カダフィの独裁体制が続いてきた。そのカダフィに対して民衆が立ち上がった。東部の都市ベンガジが、その拠点となった。これに対してカダフィの軍隊が襲いかかろうとした。このままではベンガジの反カダフィ派が虐殺されてしまう。そうした危険を察知した国連安保理は欧米の人道的な緊急軍事介入を認める決議を採択した。これを踏まえてアメリカと西ヨーロッパ諸国がベンガジに迫ったカダフィの軍隊を空爆し反カダフィ派を救った。その後もアメリカと西ヨーロッパ諸国の軍隊は爆撃を続け、結局はカダフィの体制を崩壊させた。カダフィ自身も殺害された。

そして、その後のリビアで何が起こったのか。カダフィ後のリビアを安定させる統一政権は未だに登場していない。リビアは混乱し分裂してしまった。その混沌を象徴するような事件が二〇一二年のベンガジのアメリカ領事館を訪ねていた駐リビアのアメリカ大使の殺害であった。リビアは混乱しており、アメリカは状況を理解も掌握もしていなかった。

もう一つのカダフィ政権崩壊が引き起こしたのは、リビア経由でのヨーロッパへの難民の流れであった。多くがリビアから地中海を渡りヨーロッパに上陸しようとしている。リビア人ばかりでなく、他の国々からの人々も、まずリビアを目指すようになった。そして地中海を渡ろうとする。その過程での溺死も珍しくない状況である。カダフィの独裁が堅固な間は、少なくともリビアからの大規模な人の流れはなかった。独裁を倒した結果の難民の流入であった。このリビアへの軍事介入に関しては、後のロシアの章で再び解説したい。

【砂漠の「赤い線」】

オバマが最も批判されたのは、しかしながらリビアやエジプトに対する政策ではない。シリア政策である。シリアでも既に触れたように二〇一一年に国民の間で民主化を求める大規模な運動が始まった。しかしながら、多くの識者の予測に反し、政権は倒れなかった。独裁が終わったチュニジアやエジプトやリビアと違い、政権は現在も健在である。

ここでは、シリア情勢の展開を振り返り、アメリカのシリア政策を見ておきたい。最後に、なぜ政権が生き残ったのかを論じたい。

シリアでは一九七〇年からハーフェズ・アサドの独裁体制が続いていた。そして二〇〇〇年にハーフェズが死亡した。息子のバシャール・アサドが後継者となった。しかし代が替わっても独裁体制は変わらなかった。この支配体制を揺さぶったのは、既に触れた「アラブの春」と呼ばれる現象だ。これはチュニジアに始まった民主化を求める運動で、二〇一〇年末に始まり二〇一一年にはチュニジアとエジプトで長年の独裁政権を倒した。この動きはシリアにも波及し、シリアでも大衆の民主化運動が発生した。

エジプトでは、デモが大規模になり、警察の力では対処しきれなくなると、軍が出動した。しかし兵士がデモ隊に発砲せず、体制が倒れた。シリアでも軍隊の出動までは同じであった。しかし、チュニジア軍やエジプト軍は発砲しなかったが、シリア軍は発砲した。そして政権は倒れなかった。シリア各地で、同じような光景が繰り返された。やがて民衆が武装して蜂起を始めた。シリアは内戦状態に陥った。

二〇一一年に始まった内戦は、やがて膠着《こうちゃく》状態に入った。アサド政権には反政府勢力を鎮圧する力はなかった。逆に、反政府勢力にもアサド政権を倒す力はなかった。そして二〇一四年に入ると、反政府勢力の内部で大きな動きがあった。反政府勢力の一部が、アブーバクル・バグダーディという指導者をカリフにいただくＩＳ（「イスラム国」）の成立を宣言した。

この「イスラム国」には、その英語のIslamic Stateの頭文字を取って、ここではＩＳ《アイエス》として言及しよう。ＩＳは、シリア東部とイラク西部の広い部分にわたって支配地域を広げ、世界に衝撃を与えた。そして、第一次世界大戦後にイギリスやフランスが自らの都合で引いた、中東各国を分ける国境線の無効を宣言した。つまりシリアとイラクの国境線を消去したわけだ。

この章の目的は、アメリカのシリア政策の解説である。しかし、イラクの情勢の紹介なしには、それは難しい。ＩＳの消したイラクとシリアの国境を越えてイラクへ寄り道をしよう。

さて、このＩＳの急激な勢力の伸長の背景は何だろうか。その第一はイラク情勢の展開である。もっと詳しく語れば、イラクにおけるシーア派の政権によるスンニー派地域の統治の誤りである。その失政の理解を助けるために、二〇〇三年のアメリカのイラク侵攻以降の情勢を足早に振り返っておこう。二〇〇三年三月に攻撃を開始したアメリカ軍は、四月には首都のバグダッドに突入してサダム・フセイン体制を崩壊させた。そのスピードに世界が驚いた。そしてアメリカのイラク統治が始まった。

情勢は、しばらくは落ち着いていたものの、やがてイラク各地でアメリカ軍に対する抵抗運動が始まった。またイラクのシーア派とスンニー派の間での衝突が多発するようになった。そして国境を越えて多くの過激派がイラクに流入し状況を悪化させた。二〇〇六年末頃には、イラクは内戦状況であり、手のつけられないほどに治安が悪化していた。

こうした状況で、ブッシュ大統領はアメリカ軍のイラク増派を決定、イラク派遣軍司令官に対ゲリラ戦の専門家として知られるデービッド・ペトレイアス将軍を任命した。ペトレイアスは、不満の高かったスンニー派地域でスンニー派の部族の若者を治安要員として雇用するなどの懐柔策で、治安の回復に成功した。詳しくは拙著『現代の国際政治〈三訂版〉』（放送大学教育振興会、二〇一八年）の第一〇章を参照されたい。また同書と対応する放送大学のテレビ番組の第一〇回を視聴されたい。

しかしながら、二〇一一年にアメリカ軍がイラクから撤退すると当時のヌーリー・マリキ首相は、スンニー派の要員の大半を解雇するなどの政策でスンニー派地域での不満を高めた。シーア派のマリキは、「シーア派でなければ人にあらず」といった政権運営で批判を浴びた。スンニー派地域では不満が充満していた。ＩＳの運動にイラクで支持が集まった背景であった。

このＩＳがシリアで勢力を伸ばした理由については、バシャール・アサド政権の戦術を指摘できる。二〇一一年以来のシリアの内戦は、まずアサド政権側と反アサド政権側の対立である。その反アサド陣営は、実は一枚岩ではない。比較的に穏健とされる自由シリア軍とイスラム急進派に二分される。アサド政権は、内戦においては反アサドの陣営の中の自由シリア軍に対して攻撃を集中させてきた。

その証拠に、ＩＳの収入源とされた石油関連施設はシリア空軍の爆撃を受けなかった。石油関連施設が空爆に弱いにもかかわらずである。それはシリア政府が、ＩＳを本気で叩《たた》くつもりがなかったからである。そればかりか、ＩＳの石油の「密輸出」の相手の一つはシリア政府であった。こうしたシリア軍の戦略を背景にイスラム急進派は勢力を拡張させた。こうして見ると、ＩＳとはイラクの混乱を父として、そしてシリアの内戦を母として生まれた鬼っ子ともいえる。

さて焦点をＩＳからシリアの内戦そのものに戻そう。エジプトのホスニ・ムバラク政権やチュニジアのベンアリ政権のようにアサド政権は早期に崩壊するだろう。これがアメリカの多くの識者の見方であった。そしてオバマ政権内部では、反政府派を支援しての本格的な介入を主張する声が強かった。しかしオバマ大統領自身は慎重であった。それでも、もし化学兵器が使われれば、それは越えてはならない一線である。「赤い線」であるとしてアサド政権に警告を発していた。

ところが二〇一三年にアサド政権が化学兵器を使用したと非難される事件が発生した。オバマはどう対応したのか。それまでのオバマの発言からすれば、シリア政府による化学兵器の使用がアメリカの軍事介入を引き起こすと予想された。しかしオバマは動かなかった。ロシアと協力してシリアの化学兵器を廃棄させるという外交的手段に訴えた。

これがアメリカへの信頼を失わせたとして、多くの専門家がオバマを批判した。しかし、オバマの反応は、自分はイラクとアフガニスタンの戦争を終わらせるために雇われた大統領である。シリアへの軍事介入で新たな戦争へアメリカを巻き込むのは自分の仕事ではない、であった。

オバマは、シリアでは大規模な軍事介入は避けた。だが、ブッシュ時代とは違う新しい形での軍事介入を強化した。それはドローン（無人偵察機）の利用である。二〇〇一年にブッシュ政権がアフガニスタンで戦争を開始した際には、アメリカ軍は一〇〇機以下しかドローンを使っていなかった。しかし、その三年後には一〇〇〇機以上を運用していた。

現在、アメリカ空軍が訓練している「パイロット」の過半数は、実際に飛行機に乗るのではなく、無人機を遠隔で操縦する。無人機ではパイロットが生命の危険を冒す必要がない。これが無人偵察機の最大の利点である。飛行機自体は事故で墜落するかも知れない。撃墜されるかもしれない。無人偵察機のコンピューターがハッキング（乗っ取られる）され、飛行機が敵の手に落ちる可能性もある。しかし、飛行機に何が起ころうがパイロットは安全である。

現在、アメリカ軍には二〇〇〇名を超えるドローン・パイロットがいる。軍と契約している民間の軍事企業も相当数のドローン・パイロットを雇用している。この新しい兵器をオバマは使った。

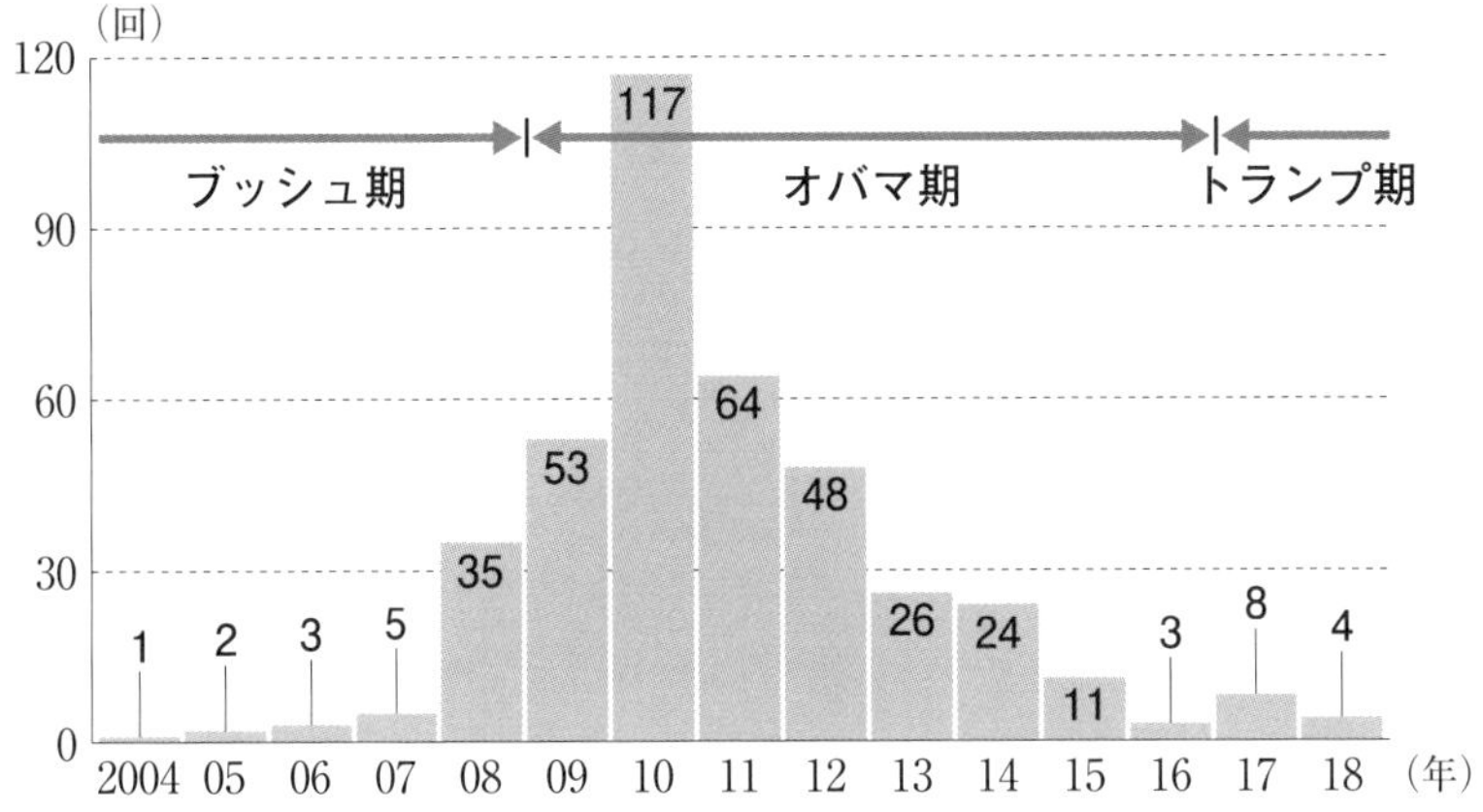

出所）*Foundation for Defense of Democracies*

パキスタンにおけるアメリカ軍によるドローン攻撃（2004－2018）

ドローンは多くのテロリストを殺害した。また、多くの民間人が誤爆の巻き添えとなって死傷した。オバマをひと言で表現すれば「ドローン大統領」という言葉がふさわしいだろうか。

【核合意への道】

オバマ期のアメリカの中東外交の最大の成果を指摘するとすれば、それはイランとの核合意であろう。

暗い話題の多い中東で、二〇一五年に異常な事件が起こった。それは、重大な問題の外交的な解決であった。つまり、イランの核問題が平和的に「解決」された。長年アメリカは、イランが密かに核兵器を開発しようとしていると主張してきた。だが、その証拠を公開しようとはしなかった。ところが二〇〇二年、イランの核開発施設の衛星写真が公開された。暴露されたと表現すべきだろうか。公開したのは、イランの反体制組織のモジャヘディーネ・ハルクであった。

この写真の公開は大きな事件であった。それまでアメリカが主張していたように、イランが密かに核開発を行っていた事実が明らかになったからである。イランは、核開発は平和利用のためであると説明した。だが、アメリカなどは、その軍事転用の意図を疑った。この問題を巡ってアメリカなどの各国とイランが対立した。一方で、国連の安保理は次々とイランを非難する決議を可決した。他方イランは、核の平和利用は各国に与えられた権利であるとして核開発を続けた。

緊張が高まり、アメリカあるいはイスラエル、あるいは両者によるイランの核関連施設に対する爆撃さえ議論されるようになった。中東は新たな戦争の危機に直面していた。

そうした中、二〇〇八年のアメリカ大統領選挙でオバマが当選した。二〇〇九年一月の大統領就任直後からオバマは、この問題の外交的な解決に取り組んだ。まず就任演説の中でイスラム世界の指導者に訴えた。「イスラム世界の人々よ、相互の利益と尊重に基づいて新しい道を探し関係を前進させたい。紛争を引き起こしたり社会の問題を欧米のせいにしようとしたりする世界の指導者に言いたい。人々は何を建設したかであなた方を判断するでしょう。何を壊したかではなく。腐敗とごまかしと弾圧で権力にしがみついている人々に言いたい。反対を力で押さえつけている人々は、あなたがたは歴史の間違った側にいるのを理解すべきだ。しかし、もし握り締めた拳《こぶし》を開くなら、我々も対話の手を差し伸べよう」（筆者訳）と語った。就任演説を始めてから十数分後の言葉であった。

拳を握り締めている指導者は誰か。その一人は間違いなくイランの当時の大統領のマフムード・アフマドネジャドであると多くが考えた。アフマドネジャドはイランの革命防衛隊の出身で対外関係において強硬なイメージを打ち出していた。たとえばイスラエルを激しく批判した。そして、第二次世界大戦中のナチス・ドイツによるホロコースト（ユダヤ人の大虐殺）が本当にあったかどうか研究しようと提案したりなどして、世界の心ある人々の反発を買っていた。オバマは、その前のモハマッド・ハタミ大統領が穏健派とされていたのとは、鮮明な対照をなしていた。オバマは、その人物に交渉しようと呼び掛けたわけだ。

さらにオバマは、就任から二か月後の二〇〇九年三月に、イランの指導者と国民に向けたメッセージを動画サイトにアップした。その中で、まずイランに対してイラン・イスラム共和国という正式名称で言及した。そしてイラン人の古代からの文明への貢献を讃《たた》え、最後にイランの有名な詩人サーディーを引用した。「人間というのは同じ土塊《つちくれ》から創られたのであるから、皆が同胞である。もし他人の痛みに心が動かないようであれば、その人は人間の名に値しない」との有名な詩である。そして最後にオバマは「エイデ・ノールーズ・モバーラク（新年おめでとう）！」とペルシア語の新年のあいさつで結んだ。その後、毎年オバマの二期八年間に合計で八回繰り返された新年のメッセージであった。動画閲覧サイトを

アフマドネジャド大統領
〔ユニフォトプレス〕

使ったのは、イランの検閲を避ける配慮だったのだろうか。さらにオバマ大統領はイランのアリ・ハメネイ最高指導者に何通かの親書を送った。

アメリカ国務省も、ペルシア語のツイッターを開始してイラン国民に直接に話かけようとした。そればかりかペルシア語の報道官を任命した。国務省の報道官は英語で内外のメディアにアメリカの政策を説明する。ところが、それとは別にペルシア語でペルシア語世界向けに説明する担当者を置いたわけである。具体的にはイラン、アフガニスタン、タジキスタンはペルシア語が公用語として使われている。イントネーションや微妙な言い回しの違いはあるが、相互に十分な意思疎通が可能である。それ以外にも、アラブ諸国にもペルシア語話者は少なくない。クウェートやドバイなどのペルシア湾岸の諸都市にはイランからの移民の子孫が多いし、イラクにもフセインの圧政を避けてイランに亡命していたシーア派のアラブ人やクルド人が多い。難民としてイランでペルシア語を身に着けた者も少なくない。国務省のペルシア語報道官は、こうした人々に対して直接に話しかける。その最優先の対象は、もちろんイランの指導層と国民である。

初代のペルシア語報道官に任命されたのは、アラン・エアという外交官である。イランに行った経験は一度もないものの、巧みなペルシア語でアメリカの政策を説明した。ことわざや詩を多く引用してイラン人を驚かせ喜ばせた。この人物は、日本のメディアで活躍する漢字の四文字熟語を連発する外国人タレントを思い起こさせる。アラン・エアのペルシア語は流暢《りゅうちょう》ではあるが、アメリカ訛《なまり》が残る。アメリカにはイラン系の移民が多い。その中から全く訛のないペルシア語の使い手を報道官に選ぶのも可能であったろう。しかし、アメリカ訛のペルシア語で話かける方が「本当の」アメリカ人が話かけているような感覚を聞き手のイラン人に引き起こす。そうした効果を狙ってのアラン・エアの抜擢《ばってき》だったのだろうか。

オバマ大統領は、イランの強硬派のアフマドネジャド大統領とでも交渉しようとした。しかしオバマ政権の政策は、その矢先から困難に直面した。二〇〇九年六月にイランの大統領選挙があった。この選挙では、現職で二期目を目指すアフマドネジャド大統領に改革派のミールホセイン・ムサビ元首相などが挑戦した。

選挙結果は、アフマドネジャド大統領の圧勝であった。しかし、それは組織的な不正行為の結果であるとして、改革派を支持する若者を中心とする大規模な抗議行動が起こった。そのスローガンは「私の票は、どこへ行った」であった。これに対して体制側は、大規模な弾圧で応じた。多くの死傷者の血で汚れたアフマドネジャド大統領の二期目の始まりだった。

強硬派とでも交渉する用意があったのだが、さすがにオバマ政権も躊躇《ちゅうちょ》せざるを得なかった。相手は、強硬派であるばかりでなく血に汚れてしまったのだから。イランの大統領の交代が待たれた。

待っている間にアメリカはイランに対する圧力を強めた。特に効果的だったのは、金融制裁であった。アメリカ財務省が主導して、イランと取引をする金融機関はアメリカの支配するドル決済のシステムから排除する政策が実施された。これで世界の金融機関の大半はイランとの取引から手を引いた。イランとの貿易が極端に困難になった。

同じように有効だったのは、イラン原油の輸入停止であった。アメリカは同盟諸国をはじめ各国にイラン原油のボイコットを求めた。アメリカや西ヨーロッパはもちろんのこと、日本、韓国、インドなどがイランからの原油の輸入量を削減した。これがイラン経済を苦しめた。

［ロー「ハニー」大統領］

金融制裁と原油ボイコットにより経済的に痛めつけられたイランで、二〇一三年にアフマドネジャド大統領の二期目の任期が切れた。その後継者として登場したのがハサン・ローハニであった。ターバンを巻いたイスラム教の指導者であり、革命以来ずっと体制の中核にいた人物である。そのローハニがイランの現状を批判した。その現状とは、どこにいても秘密警察が国民を監視している。イランはそのような国であってはならない。そのような変な国ではイランはないはずだ、と発言した。体制内部の人間の体制批判であった。そして自分こそが対外関係を改善しイラン経済を救う鍵だと国民に訴えた。そして大統領に当選した。二〇一三年六月のことであった。そして同年八月にローハニ政権が発足した。

ローハニ大統領

〔ユニフォトプレス〕

この人物の体制批判を、どう理解すべきだろうか。経済制裁下で国民の不満が高まる中で、最高指導者のハメネイは、ある程度の批判の表明は必要だと考えたのだろうか。そして経済制裁の解除のために、こうした体制内の体制批判者の台頭を許したのだろうか。そしてアメリカとの交渉を担当させようとしたのだろうか。

ローハニが経済制裁の解除のために国際社会との交渉を託したのはモハマッド・ジャヴァード・ザリーフ外相であった。アメリカで高等教育を受け、イランの国連代表を務めるなど、アメリカ生活の長い人物である。

ザリーフの交渉戦略は、イランがまともな国であると訴える点にあった。フランスやイギリスの核兵器が心配で夜眠れないアメリカ人はいない。なぜだろうか。それはフランスやイギリスがまともな国だからだ。変なことをするような国ではない、という信頼感があるからである。そうであるならば、イランが「まともな」国だと世界を説得できれば、イランの核開発に対する懸念を緩和できるだろうという読みであった。アフマドネジャド前大統領のホロコースト否定ともとられかねない発言などは、この面からは最悪の議論であった。

ザリーフが最初に始めたのはソーシャル・メディアの利用であった。具体的にはツイッターを開始した。二〇一五年九月の事であった。それは、たまたまユダヤ教暦の新年に当たっていた。ザリーフは世界のユダヤ教徒にツイッターで新年のあいさつを送った。イランの外務大臣がユダヤ人に語り掛けるというのは異例であった。すぐにアメリカの女性からツイッター上で反応があった。ツイッター名が「ｓｆペロシ」という女性であった。ペロシは「新年のあいさつをありがとう。しかし、イランがホロコーストを否定しなければ、新年は、もっと楽しいのに」とリツイートした。これに対してザリーフは「イランがホロコーストを否定した事実はありません。否定していたと思われていた男は、もういません」と返した。つまり、あの男はもういない、というわけであった。「あの男」とはアフマドネジャド前大統領を指していた。

このツイッター上の対話は、それだけでも興味深い。そしてｓｆペロシなる人物が、さらに面白い。ｓｆはカリフォルニア州の都市San Francisco（サンフランシスコ）の頭文字である。つまりサンフランシスコのペロシという意味である。アメリカの政界に詳しければ、すぐにナンシー・ペロシ下院議長の親族だろうかと想像する。ナンシー・ペロシはカリフォルニア州選出の下院議員で女性として初めて連邦下院議長となった。サンフランシスコを、その選挙区とする超大物議員である。実のところ、ｓｆペロシは、その長女のクリスティーン・ペロシである。つまりイランの外務大臣とアメリカの下院議長の娘がツイッターで対話したのだ。

イランという国のイメージはアメリカではよくない。極端に悪いと言った方がよいくらいである。イラン革命が親米の王制を打倒した。革命が成就したのが一九七九年の二月であった。そして同年の一一月にテヘランのアメリカ大使館が占拠された。しかも大使館員が人質とされた。この異常な事態は一九八一年の一月まで四四四日間にわたって続いた。アメリカ人の深層心理に反イラン感情を鋭く刻み込んだ事件であった。これ以降、アメリカのメディアはイランには厳しくなった。そしてアフマドネジャド大統領のホロコーストを否定したと取られるような発言があった。イランに対してアメリカのメディアは、さらに厳しくなった。ザリーフが主要メディアではなくＳＮＳで、つまりソーシャル・ネットワーキング・サービスを使って、アメリカ国民と世界のユダヤ人に直接に訴えかけようとした背景であった。

もう一つの、こうした努力の例が動画投稿サイトのユーチューブを使ったザリーフの訴えである。二〇一三年一一月にアップされた動画の中でザリーフ外相が静かに英語で世界に向けて語り掛けた。

動画は、静かな音楽が背景に流れる中、ザリーフ外相が古い美しい建物に入って行く。イランが伝統のある文化と文明の国であると視聴者に伝える演出である。その応接室のソファに腰かけたザリーフ外相が静かな声で優しく語り始める。他の国が行っていることをイランだけが禁止されている。そうした場面に直面したら、どのように対応するだろうか。圧力を受けたからといって、正当な権利を放棄するだろうか。他の国々が原子力の平和利用を許されているのに、イランだけが禁止されようとしている。どの民族にだって誇りがあるだろう。イランもそうである。と淡々と静かに語りかけた。イランがまともな国であることを示し、核の軍事転用の意志のないことを明言し、核の平和利用の権利を主張した。

ザリーフを外相に起用したローハニ大統領自身も西側との対話に力を尽くした。たとえば、自らも英語のツイッターを開始し、その中でユダヤ教徒への新年のあいさつを送った。強硬派のイメージを前面に出していた前任者のアフマドネジャドとは打って変わった微笑戦術であった。ローハニならぬロー「ハニー（ハチミツ）」大統領であった。

【核合意】

こうしてアメリカ側の熱意とイラン側の姿勢の変化が、両者間の交渉を準備した。両者は、まずオマーンの首都マスカットで水面下の接触を行った。実はローハニの大統領当選以前から、両者はマスカットで感触を探り合っていた。オマーンはユニークな立ち位置の国である。サウジアラビアを中心とするアラビア半島の君主制国家の連合であるGCC（Gulf Cooperation Council：湾岸協力会議）のメンバーである。ちなみにGCCの加盟国は、サウジアラビアとオマーン以外には、クウェート、バーレーン、カタール、アラブ首長国連邦である。

ところがオマーンはサウジアラビアと対立するイランと密な関係を維持してきた。現在の支配者のスルタン・カーブースは一九七〇年にクーデターで父親を追放して権力を握った。当時オマーン南部のドファールでは左翼ゲリラの活動が活発であった。カーブースは、その鎮圧のために当時のイラン国王に軍の派遣を要請した。そしてイラン革命で国王が倒れてからも、オマーンはイランのイスラム革命政権と関係を保持してきた。ペルシア湾岸の対岸の大国を無視できないという健全な現実感覚に裏打ちされた外交である。そのためイランと交渉する際の窓口になりえた。アメリカとイランが、この窓口で接触した。

交渉への感触をつかんだ両者は、Ｐ５＋１対イランという交渉の枠組みを選択した。Ｐ５とは安保理の常任理事国五か国であった。Ｐは常任を意味する英語のパーマネント permanent の頭文字である。具体的にはアメリカ、イギリス、フランス、ロシア、中国の五か国である。そしてプラス１はドイツである。伝統的にイランと深い関係にある国である。この枠組みを設定することで、アメリカもイランも両国間だけでの交渉への国内急進派の反発を和らげる狙いがあったのだろう。

ローハニ政権の登場を受けて始まった二〇一三年末からの本格的な交渉は、二〇一五年七月に、ついに包括的な合意に達した。その骨子は、一方でイラン側は核開発の継続は許されるものの、厳しい査察を受け入れて、その透明性を高める。また保有するウランの濃縮度を引き下げたりして、軍事転用の懸念を払拭《ふっしょく》する。他方で大国の側はイランに対する経済制裁を解除する、であった。

イランの核武装を阻止するために、イスラエルあるいはアメリカによる武力の行使もあり得ると見られていただけに、この問題の外交的な決着に世界が安堵のため息を漏らした観があった。

【アイスクリーム屋の熱い闘い】

一発の弾丸を撃つこともなくイランの核武装を外交によって阻止した。これがオバマ政権の認識であった。問題はアメリカ議会の反対であった。そもそも議会は交渉自体に消極的であった。議会を説得するためにオバマ政権は、交渉が成立した場合には、その内容を議会に審議させると約束していた。議会の過半数は、イランとの合意に反対であった。したがって議会は合意に反対する法案の可決が可能であった。もし、そうなればイランとの合意は潰《つぶ》れるのであろうか。

アメリカ国内政治は複雑である。たとえ議会が可決した法案でも大統領が署名しなければ、法案は法案に留まり、法にはならない。この署名拒否を大統領の拒否権と呼ぶ。オバマ大統領は、拒否権の行使を明言していた。となればオバマ政権は議会の反対を恐れる必要はなかったのだろうか。それが、あったのだ。というのはアメリカの政治は、さらに複雑だからだ。議会が可決した法案に大統領が署名して、通常は法案が法律に変わる。既に述べた通りである。しかし、仮に大統領が法案への署名を拒否しても、それで話が終わらない場合もある。というのは、大統領が署名を拒否した法案を議会が再度三分の二以上の賛成で可決すると、法律になる。つまり議会は時として大統領の拒否権を乗り越える力を持つのである。この三分の二以上の多数をスーパー・マジョリティーと呼ぶ場合がある。

ということは、このスーパー・マジョリティーの成立を阻止するには、三分の一以上の議員の核合意への賛成を取り付ければよい。オバマ政権と議会の反対派の力いっぱいの綱引きが始まった。

議会の動向を考える上でのポイントに、一つはイスラエルの意向である。イスラエルのネタニヤフ首相は、この合意を「歴史的な誤り」と呼んで批判した。アメリカの議員に合意に反対の投票をするように求めた。

これまでは、イスラエル政府の呼び掛けに対して、アメリカのユダヤ人社会は一致団結して支持するのが普通であった。アメリカのユダヤ人社会は、イスラエルにとっては心強い応援団である。ところが、この時は様子が違った。合意の拒否は戦争につながりかねない、とユダヤ人の間でオバマ外交を支持する声が高かった。そうした議論の先頭に立ったのが、『ベンとジェリーのアイスクリーム』というブランドで知られている企業の創設者である。ベンとジェリーというアイスクリーム会社は一九七八年にアメリカ東北部バーモント州のバーリントン市で始められた。その後、急成長し全米で第三位のアイスクリーム会社となった。二〇一八年八月現在で、日本を含め世界三〇か国以上で五七五店舗を展開している。

ベンとジェリーのアイスクリーム
〔2015年9月　筆者撮影〕

創設者のベン・コーヘンとジェリー・グリーンフィールドは、どちらもユダヤ系である。二人はリベラルな組織ムーブオン・オルグを通じて呼びかけを行った。その結果、その会員のうちの二万五〇〇〇名以上が、核合意に反対した議員には寄付を行わないとの誓約に署名した。

こうした動きも受けて、合意支持派が票を伸ばした。そして、支持が三分の一を超えた時点で勝負がついた。投票そのものが行われなかった。アメリカ議会の反対派は核合意の成立を阻止できなかった。それはアメリカの合意承認を意味する。アイスクリーム屋の熱い闘いの勝利でもあった。オバマにとっても大きな政治的な勝利となった。アイスクリーム屋の二人の働きが象徴したのは、アメリカのユダヤ社会の新しい流れであった。つまり、イスラエルの将来を本当に思うのであれば、それは盲目的な支持ではなく、批判的な姿勢が時には必要であるとの考え方である。

［オバマ政権のイラン「人脈」］

イラン核合意成立の記述の最後として、イランとの交渉を進めたオバマ政権のイランとの人的な関係に触れておこう。まず核問題という高度に技術的な分野なので、エネルギー庁長官のアーネスト・モニーズがアメリカの交渉団に加わった。モニーズはスタンフォード大学から核物理学で博士号を取得し、長らくマサチューセッツ工科大学で教員を務めている。

同じようにイランの交渉団にも原子力問題の専門家がいた。アリーアクバル・サーレヒであった。イランの原子力機関の長官であるサーレヒは、マサチューセッツ工科大学で博士号を取得している。マサチューセッツ工科大学に縁の深い二人が、イランとアメリカの核交渉のテクニカルな面を担ったわけだ。

縁と言えば、アメリカ交渉団の長であったケリー国務長官も、イランとつながりがある。というのは、ケリーの娘で医師のヴァネッサの夫がブライアン・ナーヘッドというイラン系の医師だからだ。ナーヘッドの両親はイラン生まれでアメリカに移民している。つまりケリーの娘婿《むすめむこ》はイラン移民の二世である。

そして最後にオバマ大統領自身の間近にもイランとかかわりの深い人物がいた。ヴァレリー・ジャレットという補佐官である。オバマに最も近い、つまり大統領に一番影響力のある補佐官とされていた人物である。オバマとジャレットの縁は二人のシカゴ時代にさかのぼる。

ジャレットがシカゴ市役所の幹部で、オバマがシカゴ大学で教鞭《きょうべん》をとっていた時代である。ある時、シカゴ市が新しい弁護士を採用することがあった。その担当がジャレットであった。

ジャレットの下に面接に現れた弁護士の一人が、ミシェル・ロビンソンというハーバード大学の法科大学院出身者であった。ジャレットは、この弁護士が気に入り採用を決めた。そのミシェルの婚約者が、シカゴ大学で法律を教えている背の高い男であった。そして男の名は、バラク・フセイン・オバマであった。オバマとジャレットは、馬が合ったようで、すぐに打ち解けた関係になる。

このジャレットがオバマをシカゴ政界に導くこととなる。オバマが政治家への道を歩き始めた頃からジャレットはオバマを支えてきた。オバマに影のように寄り添った補佐官であった。

この二人の波長が合ったのは、なぜだろうか。二人は同じような経験を共有していた。二人は長い時間をイスラム文化の中で過ごしている。オバマが少年期をインドネシアで過ごした事実は広く知られている。帰国した際にはイスラム文化圏からアメリカの文化に溶け込むのに苦労したであろう。ジャレットも同じように親の仕事の関係でイラン南部の古都シーラーズで生まれ育っている。古代アケメネス朝の首都の遺跡であるペルセポリスの近くである。

こうして見ると、国務長官の娘婿はイラン系のアメリカ人であり、大統領の親密な補佐官はイラン生まれであった。オバマ政権内部には、イランに親和的な心象風景が広がっていたといえるだろう。核合意の人間的な背景であった。

略年表

一九七〇年　　オマーンのスルタン・カーブースの即位
一九七九年　二月　イラン革命
　　　　　一一月　テヘランのアメリカ大使館占拠
一九八一年　一月　テヘランのアメリカ大使館員の解放
二〇〇一年　九月一一日　アメリカ同時多発テロ
　　　　　一〇月　アメリカのアフガニスタン攻撃
二〇〇九年　一月　オバマ、大統領に就任

二〇〇九年　六月　イランでアフマドネジャド大統領が再選
二〇一〇～一一年　「アラブの春」
二〇一一年　アメリカ軍のイラクからの撤退
二〇一二年　リビアでアメリカ大使の殺害事件
二〇一三年　イランでローハニが大統領に当選
シリアでアサド政権による化学兵器使用
二〇一四年　ＩＳの台頭
二〇一五年　イラン核合意の成立

5 「アメリカ・ファースト」の時代

「アメリカ・ファースト！　アメリカ・ファースト！　アメリカ・ファースト！」
ドナルド・トランプの二〇一七年一月の大統領就任演説

【四分の一と四分の三】

トランプの中東政策は評判が悪い。しばしば非合理的だと批判される。しかしながら筆者は、トランプの行動が非常に「合理的」だと考えている。その理由を、例を挙げながら説明しよう。そして、次にトランプのエネルギー政策の衝撃を解説したい。なぜならば、それが中東をはじめとする産油国に強い影響を及ぼしているからだ。さらに最後にトランプが選挙キャンペーンで掲げた「アメリカ・ファースト！」というスローガンの意味と意義を考えたい。

トランプの「合理性」を示す事例として、在イスラエルのアメリカ大使館のエルサレム移転問題をまず取り上げたい。二〇一七年一二月に、トランプはイスラエルに置いているアメリカ大使館をテルアビブからエルサレムに移転させる決断を発表した。これが大きな注目を浴びた。

この件に関して第一に考えたいのは、発表のタイミングである。なぜ、このタイミングなのだろうか。この点から問題を論じたい。なぜならば、このタイミングこそが、その理由を理解する鍵だからだ。

その前に、そもそもエルサレムの問題とは何か。エルサレムは、第一次世界大戦中の一九一七年にイギリスが占領した。そのイギリスが一九四八年にパレスチナから撤退すると、イスラエルが独立を宣言した。これを認めない周辺のアラブ諸国とイスラエルが戦った。後者が勝利を収めて、ユダヤ人国家の生存を守った。これが第一次中東戦争である。

トランプ大統領（中央）**は就任演説で「アメリカ・ファースト！」を強調した。**

〔ユニフォトプレス〕

砲声が途絶えた時には、イスラエルがパレスチナ全域の約七八パーセントを支配していた。残りの二二パーセントのうちのガザ地区をエジプトが、さらにヨルダン川西岸地区をヨルダンが押さえていた。エルサレムに関して見ると、西半分をイスラエルが、東半分をヨルダンが確保していた。

この東半分に歴史的な市街が残されており、そこにユダヤ教の聖地の嘆きの壁とキリスト教の聖地の聖墳墓教会、さらにはイスラム教の聖地の岩のドームなどが位置している。それぞれの聖地の存在ゆえに、三宗教の信徒にとっては、エルサレムは心の故郷のような位置を占めている。

さてイスラエルはエルサレムを首都と主張したが、国際社会はこの都市の国際法上の地位が未確定であるとして、それを認めなかった。主要国は大使館をエルサレムではなく、つまり西エルサレムではなく、地中海岸の最大都市のテルアビブに置いた。

そして一九六七年の第三次中東戦争があった。イスラエルがアラブ諸国を圧倒し東エルサレムを占領した。その後、一九八〇年にイスラエル議会が、両エルサレムを合併して統一エルサレムとする法案を可決した。もちろん国際社会は、それを認めていない。

さらに一九九五年にアメリカ議会がイスラエルの首都としてエルサレムを承認し、同国の大使館をエルサレムに移転するように求める法案を可決した。しかし、この法には「抜け穴」がつけられていた。つまり大統領には安全保障上の必要があれば、法の実施を半年延期できる権限が付与されている。この権限によって、それまで、その実施が先送りされてきた。歴代の大統領は半年ごとに安全保障上の必要を認定し大使館を移転させなかった。

そしてトランプが二〇一七年一月に大統領に就任した。その前月の二〇一六年一二月にオバマがエルサレムをイスラエルの首都と認定する法の実施延期を決めていた。オバマにとっては、最後の延期であった。トランプに最初の機会が二〇一七年六月に訪れた。この時にエルサレムをイスラエルの首都と認定することができた。もっとも、そのつもりであれば、この実施延期の期限の到来を待たずして、就任の日からでも大統領令で大使館の移転を決断できたはずである。しかしトランプは動かなかった。実施の延期を決定した。

そして二〇一七年一二月に二回目の実施延期かどうかを決断する機会が訪れた。この機会は見逃さなかった。冒頭のようにエルサレムを首都と認めて大騒ぎを引き起こした。なぜトランプは、このタイミングで大使館の移転を決断したのか。何が前回と変わったのか。

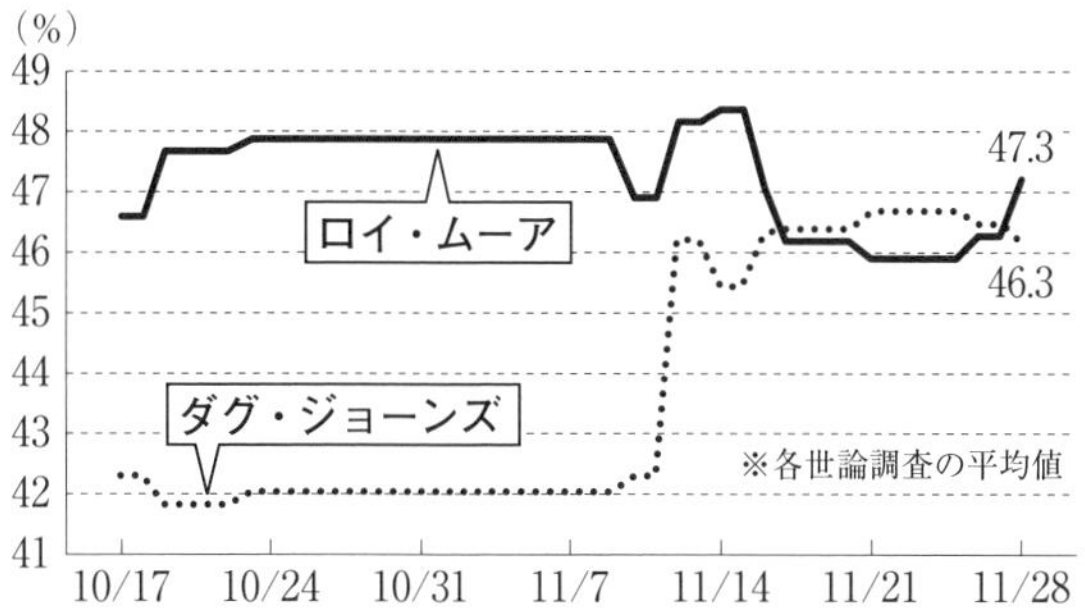

出所）リアル クリア ポリティクス

アラバマ州上院議員候補者の支持率

二〇一七年六月と一二月の違いは、アラバマ州の上院議員の補欠選挙の情勢である。トランプ大統領は、アラバマ州選出の上院議員ジェフ・セッションズを司法長官に任命した。そのためセッションズが任期半ばで上院を辞した。その後任を決める選挙が二〇一七年一二月一二日に行われた。共和党の地盤の州なだけに、この選挙でも共和党候補のロイ・ムーアの圧勝が予想されていた。ところが、選挙運動期間中に、このムーアが、かつて複数の十代前半の少女たちに不適切な行為に及んだとの嫌疑が浮上した。宗教的に熱心な有権者の多いアラバマ州だけに、これで選挙の行方が見えなくなった。民主党のダグ・ジョーンズに勝算が出てきた。前頁のグラフを見ていただきたい。民主党のダグ・ジョーンズ候補の支持率の急騰と共和党のムーア候補の急落があった。そして選挙は接戦となった。

共和党の一部が、ムーア候補から距離を置き始めた。しかし二〇一六年の大統領選挙の早い時期からトランプ支持を打ち出していたムーアを大統領は見捨てなかった。アメリカを再び偉大にするためにムーアが上院議員として必要だ、とトランプは有権者に訴え始めた。そして、この時期にトランプがエルサレムをイスラエルの首都と認定した。

エルサレムとアラバマに何の関係があるのだろうか。それはアラバマなどの南部にはキリスト教福音派の信徒が多いからである。同教福音派の人々が、しかも、熱烈にイスラエルを支持しているからだ。それゆえ福音派の信徒は、エルサレムのイスラエルの首都としての承認を求めてきたからだ。この人々は、キリスト教右派とか宗教保守派とか、あるいはクリスチャン・シオニストとか、はたまたキリスト教原理主義者などの様々な名称で言及される。名称は何にしろ、ある意味ではユダヤ人以上にイスラエルを支持している。

世論調査で知られるピュー研究所によれば、二〇一四年の数値では、アメリカ国民の四人に一人が福音派に属している。アメリカの総人口が三億二〇〇〇万人であるので、実数にすると福音派の人口は八〇〇〇万になる。そして、その四分の三が白人である。実数でいうと六〇〇〇万人である。そのうちで投票した者の八〇パーセントがトランプを支持した。

この層の支持がなければ、トランプはホワイトハウスには入れなかっただろう。この層に見捨てられれば、ムーアの当選はおぼつかないだろう。原理主義者たちをムーアに引き留めるための切札が、二〇一七年一二月六日のトランプの突然のエルサレムの首都認定だった。ちなみに六日後の同月一二日の選挙の結果は、この首都認定にもかかわらず、僅差で民主党のジョーンズ候補が当選を果たした。

いずれにしろ、この内政に軸足を置いた「政策」がアメリカの外交を狂わせている。なぜならば中東和平の核心の一つがエルサレムの地位であるからだ。交渉の前にアメリカがイスラエルの首都と認定したのでは、アラブ側は和平の席には着けない。

【なぜ福音派はイスラエルを支持するのか？】

なぜ福音派がトランプを支持するのかを見た。それはトランプが福音派の求めるように対イスラエル政策を動かしエルサレムをイスラエルの首都と承認したからだ。二〇一七年一二月に在イスラエルのアメリカ大使館の移転を発表し、二〇一八年には大使館をテルアビブからエルサレムへ移転させた。もっとも実情はテルアビブにあったアメリカ大使館の看板を領事館に変え、エルサレムにあったアメリカ領事館の看板を大使館に変えただけなのだが。この看板の掛け替えによってアメリカは、エルサレムがイスラエルの首都だと公式に承認した。

ここで福音派がトランプを支持する内政的な理由を付け加えておこう。福音派は、妊娠中絶や同性愛者の結婚などに強く反対している。前者は殺人であり後者は神の意志に反している、との見解である。こうした問題に関する法的な議論に最終的な判断を下すのは、連邦最高裁判所である。となると誰が最高裁判所の判事となるか、が重要になる。判事の推薦権は大統領にある。トランプ大統領は福音派の見解に近い考えの保守的な人物を既に二名推薦した。そして、この二名が既に議会の承認を得て就任した。最高裁の判事に任期はない。したがって、トランプの推薦した二名の判事は、長期にわたって最高裁で保守的な判断を支持し続けることになるだろう。福音派にとっては、この面でもトランプは公約通りの仕事を実行している大統領である。

さて福音派がトランプを支持している理由を述べた。その一端はトランプのイスラエルへの政策である。それではキリスト教福音派は、何ゆえにイスラエルを支持するのだろうか。それは次のような理由からだ。その世界観によれば、「イスラエルの再生は神による奇跡である。来るべき世の終わりが近づいている証である。したがってキリスト教徒の責務は明らかである。イスラエルを助け、その全パレスチナのユダヤ化を支援すべきである。そうすれば世の終わりが訪れ、すべてのユダヤ教徒はイエスを救い主として受け入れる。つまりキリスト教に改宗する。そして、キリスト教に改宗しない者には永遠の滅びが待っている」という解釈である。

つまり、単にイスラエルを支持するばかりでなく、国際法上の違法行為である占領地へのユダヤ人の入植を支援しているのである。この解釈によれば、世の終わりまでは、ユダヤ教徒は存在を許されるわけだ。

【もう一つの親イスラエル勢力／キリスト教福音派】

人口的には少数だが、他にパレスチナ問題に強い興味を抱いている人々が少ないので、ユダヤ人はアメリカの中東政策に強い影響を与えてきた。前にそう説明した。ところが一九八〇年代頃からキリスト教福音派と呼ばれる人々が、アメリカの中東政策の形成に影響を与えようとし始めた。

この人々に関しては既に触れたように、いろいろな呼び方がある。キリスト教右派、キリスト教保守派、キリスト教原理主義などである。ここではキリスト教福音派として言及しよう。

1ドル紙幣（裏面）

アメリカについてはハリウッド映画に反映されるような歓楽的なイメージが一部の日本人には抱かれているだろうか。だが、この国には実は宗教的な面が強い。そもそも理想のキリスト教徒の社会の実現を夢見てイギリスから移住してきた人々の子孫が建国したアメリカであれば当然かもしれない。神を信じ、教会に定期的に通う人々の割合が、ヨーロッパの主要国などに比べて、アメリカでは突出して高い。政治と宗教の分離が建前とはいえ、宗教はアメリカの政治に濃く深い影を落としている。たとえばアメリカの全ての紙幣の裏には、「IN GOD WE TRUST（我ら神を信じて）」との言葉が印刷してある。

福音派は、原理主義者（Fundamentalist／ファンダメンタリスト）とも呼ばれる。原理主義者とは、聖書を文字通り真実として受け入れる人を指す。原理主義者の主張は、進化論を否定し、同性愛を拒絶し、妊娠中絶を殺人とみなすなどである。こうした勢力の強い地域では、進化論は仮説の一つとしてしか教えられていない。聖書によれば、神が天地と万物を創造した、人間は神の姿に似せて創られたのであって、進化などというプロセスでできた上がったのではない、人間と猿の祖先が共通であるなどの説は、受け入れられない、まだ犬になった猫はいないし、猫になった犬もいない、進化論が正しいのであれば、人間は歴史上で進化の過程を目撃しているはずである、と原理主義者は論ずる。化石をもって進化の証拠とする議論に対しても、懐疑的である。

シカゴにフィールズ博物館という自然史博物館がある。数多くのミイラなどの膨大な陳列で知られる博物館だが、ここに一九九〇年代から「スー」という名のついた世界最大級の恐竜の化石が展示されている。これはアメリカ中西部で発見された化石を、一〇億円以上の大金でウォルト・ディズニー社とハンバーガー・チェーンのマクドナルド社が購入し、同博物館に寄付したものである。この博物館で、化石をつなぎ合わせて巨大な恐竜の骨格を再現する作業を見学したことがある。案内の方は、いかに恐竜が子供たちに人気かと得意気に話してくれた。恐竜など信じないという人はいないのかと尋ねると、やはり聖書に記述がないので信じないという客はいる、との答えが返ってきた。

福音派の別の解釈によれば、恐竜は存在したのだが、ノアの箱船に載せてもらえなかったので大洪水で絶滅した。これならば、化石の存在と神による天地創造という信仰の間には矛盾がない。

さて福音派の一部は、進化論ばかりでなく、『ハリー・ポッター』など聖書にない魔法使いのお話の本などを学校の図書館に置くのにも反対する運動を展開している。かつてニューヨークで有名なバーンズ・アンド・ノーブル書店の五番街店を訪れた際に、店内に発禁処分を受けた本のコーナーを見つけた。ここに『ハリー・ポッター』も並べられていた。もちろんキリスト教福音派の動きをちゃかしての展示コーナーだったが。

福音派は、共和党の支持基盤の中核をなしており、現在のアメリカの政治で大きな発言力を持っている。ブッシュ（息子）は、この勢力の支持を受けて二〇〇〇年と二〇〇四年に当選した大統領である。また大統領自身が三九歳の時に、カリスマ的な大衆伝道師のビリー・グラハム（一九一八～二〇一八年）の指導で「ボーン・アゲイン」を経験したとされる。ボーン・アゲインとは「再度生まれる」という意だが、日本語の「生まれ変わる」に近いニュアンスだろうか。「霊的な再生」との訳語が専門家によって当てられている。この経験によってブッシュは享楽的な生活を終え、政治の道に入ることになった。その周辺にも信仰心の深い人物が多かった。またホワイトハウスのスタッフには、朝の祈禱会《きとうかい》への出席が期待されているとの報道もあった。それほど福音派的な信仰心の強い人たちの政権であった。

そして民主党のオバマ政権の二期八年の時が流れた。オバマが決して宗教的ではないというのではない。熱心なキリスト教徒である。しかし、福音派的な世界観からはオバマは距離を置いていた。

二〇一七年に福音派の支持を受けた大統領がホワイトハウスに戻って来た。ドナルド・トランプ政権が発足した。トランプ自身は二回の離婚経験と数知れぬ不倫の疑いに包まれた人物である。とてもキリスト教徒の鏡と呼べるような存在ではない。

しかし福音派の支持者は、全てを許す神は御業《みわざ》を行う手段としてトランプのような人物を選んだと考えているようだ。いずれにしろ、エルサレムのイスラエルの首都としての承認は、外交的な合理性には乏しいが、福音派の票を固めるためには有効な方策であった。内政的には合理的な動きだった。

［シェール革命］

トランプの政策で中東に一番大きな衝撃を与えているのは、実は中東政策ではない。国内政策である。具体的にはエネルギー政策である。基本的にはトランプは、オバマ大統領期まで存在した様々な規制を撤廃する方向で動いている。これが、アメリカ国内での石油、天然ガス、石炭の生産への強い追い風となっている。その結果、二〇一八年の統計では、アメリカがサウジアラビアを抜き世界最大の石油生産国となった。石油とガスの生産量の合計でも、ロシアを抜き、アメリカが世界最大のエネルギー生産国となった。

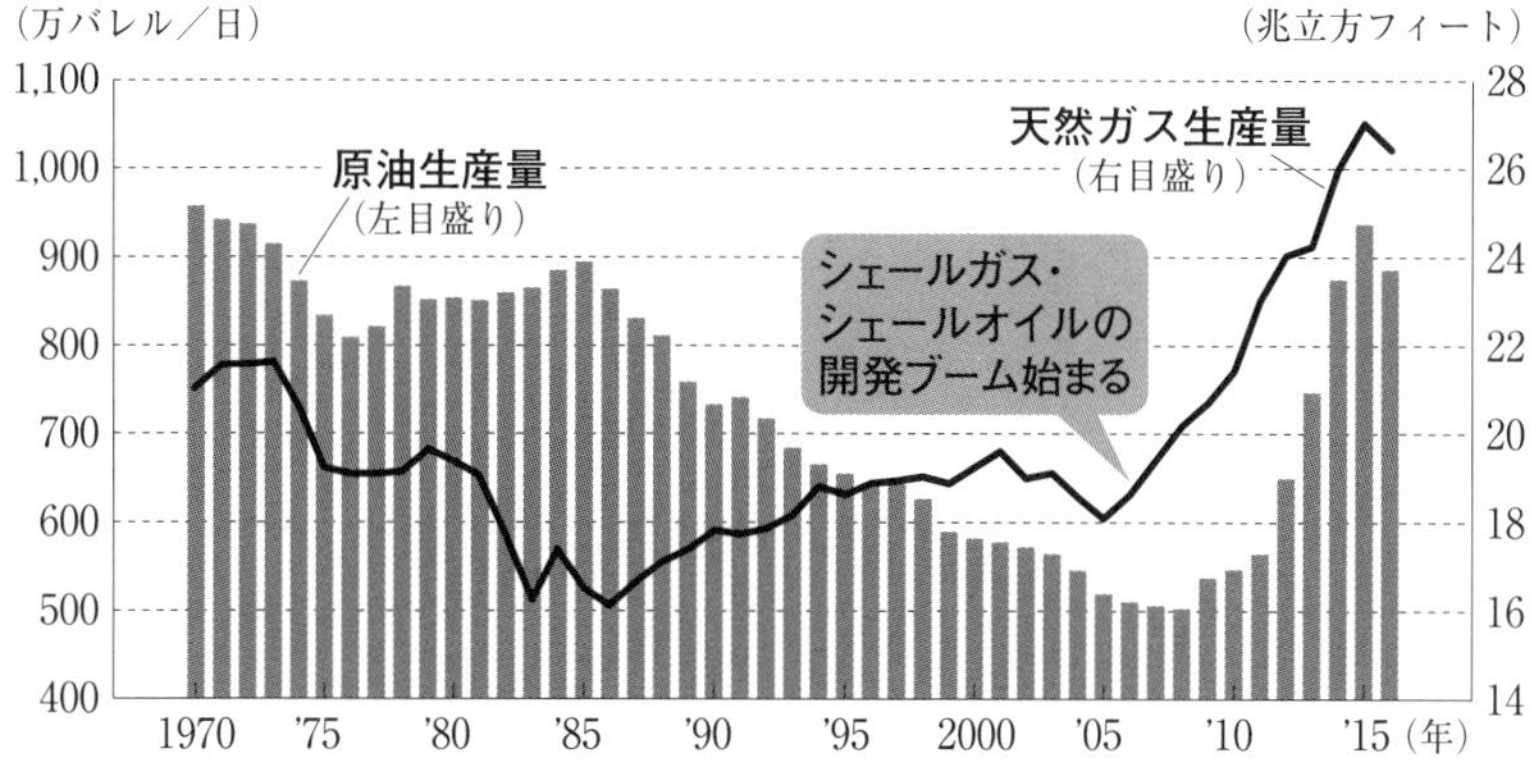

出所)米国エネルギー省エネルギー情報局(EIA)統計

アメリカの原油・天然ガス生産量の推移(1970―2016)

アメリカがエネルギーの大生産国となったことで、世界のエネルギー価格に天井が掛けられた。これ以上は価格が上がらないというレベルが設定されたわけだ。

このアメリカのエネルギー生産の拡大を支えているのが、シェール石油とシェールガスである。オバマが大統領に就任した二〇〇九年から、アメリカで石油と天然ガスの生産が増え始めた。その理由はシェール層に眠る石油と天然ガスの生産が経済的に可能になったからである。南北アメリカ大陸には広い範囲にわたってシェール層と呼ばれる地質構造が存在する。お皿を重ね合わせたような構造である。紙を重ね合わせたようにも見えるところから日本では頁岩《けつがん》と訳されている。頁岩の「頁」はページの訳語に使われてきた漢字である。このシェール層の開発がアメリカを北米のエネルギー大国にした。あたかもサウジアラビアが、もう一つ出現したかのようである。「サウジ・アメリカ」の出現である。このシェール革命によって石油市場の需給が緩んだ。

ノースダコタ州のシェール石油生産地帯
〔2017年9月　筆者撮影〕

オバマ時代に起こったシェール革命にトランプが拍車を掛けた。もはやアメリカは中東の石油を必要としないとの認識が広く共有されるようになった。

それは、アメリカの中東政策の目標からの〈石油の確保〉の脱落である。黒い石油のために中東でアメリカ兵の赤い血を流す、という発想が希薄になった。

［「アメリカ・ファースト」のルーツ］

そうしたアメリカの中東観を象徴していたのが、二〇一八年一二月のトランプ大統領の「突然の」シリアからのアメリカ軍の撤退の発表であった。これに驚いた人はトランプがわかっていなかった。驚いてはいけない。なぜならば、多くの「突然の」決断と同様に、この決断にも兆候があったからだ。たとえば二〇一八年三月の記者会見で、同大統領は「もう、そろそろアメリカ兵をシリアから帰国させる頃だ」と発言している。そして、ドナルド・トランプという人物は、アメリカの海外での軍事的な関与に、そもそも懐疑的である。であるので、この決断は、決して突然でもなければ唐突でもない。その背景には孤立主義の脈々と流れる思潮がある。その根は思いの外に深い。そのルーツを辿《たど》る前に、この決断を巡るアメリカ国内での議論を見ておこう。なお、この決断の意味に関しては、最後の章で語る機会を設けたい。

発表当時、シリアに駐留するアメリカ将兵は特殊部隊を中心に二二〇〇名であった。主としてクルド人の訓練やクルド人部隊への空からの支援にあたっていた。

さてトランプの決断への反対は、いくつかのレベルで存在する。まずシリア現地でクルド人と一緒に戦ってきた特殊部隊の間では、反対がある。対ＩＳ戦での六万人のクルド人部隊の善戦を間近に見てきた人々にとっては、これはクルド人に対する裏切りであり、勇敢な同盟者の切り捨てである。

またトランプ大統領周辺にも反対が強い。たとえばポンペイオ国務長官や当時のボルトン国家安全保障問題補佐官である。その主張は、この撤退はシリアをロシアとイランに引き渡すことになる、という議論である。

逆に、トランプの決断を歓迎したのは、アメリカの伝統的な孤立主義の系譜につながる保守派の一部である。さらにリベラル派の中にも、トランプの発表を支持する声が上がった。二二〇〇名のアメリカ軍ではシリアの情勢に大きな影響力は行使できない。逆にアメリカをシリア内戦の泥沼に引きずり込んでしまうという議論であった。

クルド人に対する裏切りという議論に関しても、これほど予想された「裏切り」はない。クルド人自身が、いつまでもアメリカ軍が駐留を続けるとは予想していなかったはずだと論じる。

さて振り返って見ると、論じてきたように、トランプは「アメリカ・ファースト」というスローガンを掲げて二〇一六年の大統領選挙での勝者となった。アメリカ・ファーストとは何か。それは「アメリカが一番で中国が二番」というような意味ではない。その意味は、アメリカの国益が最優先という意味である。国益の具体的な内容は何か。その重要な部分は、アメリカ自身の防衛以外ではアメリカ人が死なない、ということである。アメリカの死活的な利害がかかわらない限り、自国民が血を流すことはないという意味である。

このスローガンを振りかざして、前回の大統領選挙では、トランプは海外へのアメリカの軍事的な関与を批判して支持を集めた。特に重要だったのはイラク戦争批判であった。この戦争を批判したトランプが、共和党の最有力候補と考えられていたジェブ・ブッシュを退けて同党の指名を獲得した。フロリダ州の元知事のジェブ・ブッシュは、兄のジョージ・ブッシュ大統領が始めたイラク戦争を支持した。そして他の共和党の候補者も少なくとも開戦時はイラク戦争を支持していた。イラク戦争が馬鹿な戦争だと批判したのは、共和党の有力候補ではトランプだけであった。

アメリカは二〇〇一年のアフガニスタンのターレバン政権を攻撃して以来、今日まで一八年間も戦い続けている。銘記しなければならない点である。対テロ戦争はアメリカ史上最長の戦争である。

この国は、アフガニスタンばかりでなく、イラクで、そしてシリアで戦ってきた。その総費用は既に数兆ドルともいわれている。戦死者は七〇〇〇名、負傷は数万人である。想像して欲しい。七〇〇〇名といえば、たとえば大相撲の名古屋場所の開催される愛知県体育館をほぼ満席にする数である。数万人といえば東京ドームが満席になる。それだけの血をアメリカという国は流し続けてきた。

ワシントン郊外のアーリントン墓地の風景

〔2012年7月　筆者撮影〕

しかも五体満足で帰還した兵士の多くも精神的な後遺症を負っている。その数は三〇万人から五〇万人と推定されている。推定ではなく、数値として確認できるのが帰還兵の自殺者の数である。アメリカ政府によれば、二〇〇八年から二〇一七年の一〇年間に少なくとも六万人の帰還兵が自殺している。これはベトナム戦争でのアメリカの戦死者五万八〇〇〇人を上回る数値である。帰還兵の自殺が続いている。

終わりなき戦争への疲労感を背景に、トランプがアメリカ・ファーストという言葉を使ってホワイトハウスの鍵を手にした。シリアからの撤退を決断して何の不思議があるだろうか。何の驚きがあるだろうか。トランプはアメリカ・ファーストの公約を実行したに過ぎない。

このスローガンに関して重要な点は、これを言うのはトランプがファースト、つまり初めてではないという事実である。筆者の知る限り、トランプは少なくとも三例目である。最初にアメリカ・ファーストという言葉を使ったのは、一九四〇年から四一年にかけて存在した、アメリカ・ファースト委員会である。この委員会の目的は第二次世界大戦へのアメリカの参戦の阻止であった。一九三九年九月のドイツのポーランド侵攻で第二次世界大戦が始まると、当時のアメリカのフランクリン・ルーズベルト政権は様々な形でイギリスを支援した。

チャールズ・リンドバーグ

〔ユニフォトプレス〕

同委員会は、それがアメリカを戦争に巻き込むとして反対した。その主要なメンバーであったのが、チャールズ・リンドバーグであった。リンドバーグは、一九二七年に初の大西洋単独無着陸横断飛行に成功し、国民的英雄となった。「翼よ、あれがパリの灯だ！」の名言で知られる人物だ。国内の反戦ムードにルーズベルト大統領はてこずった。一九四一年末の日本の真珠湾攻撃が、反戦運動を吹き飛ばすまでは。

二人目のアメリカ・ファーストを唱えた人物はパット・ブキャナンである。保守派の論客でレーガン大統領のスピーチ・ライターなどを務めた人物である。このブキャナンが一九九二年の大統領選挙で共和党の指名を求めた。当時の共和党には現職のブッシュ（父親）大統領がいた。湾岸戦争と冷戦の勝者であった。湾岸戦争の直後には支持率が九〇パーセントに達していた。この人気の現職の大統領にパット・ブキャナンは挑んだ。

そのスローガンがアメリカ・ファーストであった。海外の戦争での勝利を大統領は誇っているが、一般のアメリカ人の生活は良くなっていない。政府は国力を国内に傾注すべきだ、と外交の大統領ブッシュを批判した。経済が不況局面に入っていた時期だったので、ブキャナンは予備選の始まった段階ではニューハンプシャー州などで善戦した。結局はブッシュが現職の強みで指名を獲得したものの、経済を争点とする同候補の共和党内での反乱は本戦に向けての不吉な兆候であった。

そして本選挙では「問題は経済でしょう。お馬鹿さん！」のスローガンの民主党ビル・クリントンに敗れた。振り返って見ると、ブキャナンは一九九二年のドナルド・トランプだった。ちなみにブキャナンも移民の制限を訴えていた。

トランプのアメリカ・ファーストも、このリンドバーグやブキャナンの主張と同根である。スタイルこそ違えトランプは、オバマのシリアへの不介入政策を基本的には受け継いでいる。トランプはクリントンやオバマと同様にブッシュ親子の否定形である。多量の出血を伴う介入には消極的である。

思い出すのは、二〇一七年と二〇一八年のシリアに対するアメリカの攻撃である。これはシリアのアサド政権による化学兵器の使用に対応したものだった。トランプは、オバマと違い、「赤い線」をアサド政権が越えたので軍事力を行使したといわれた。前章で見たように、二〇一三年に実際に化学兵器が使用された際に、オバマは軍事力を行使しなかった。アメリカへの信頼を揺るがしたと批判された決断だった。

それに比べるとトランプは、たとえば二〇一七年四月の攻撃では、シリアに対して五九発のトマホーク・クルーズ（巡航）ミサイルを発射した。オバマとの鮮明な対比であるとの解説があった。しかしである。トマホークの特徴は無人兵器である。つまり、まかり間違ってもアメリカ兵は死傷しない。トランプは、アメリカ将兵の流血を避けるという一点においては、オバマとは何の変わりもない。オバマから一歩踏み出した振りをしただけで、実は半歩も前に出ていなかった。オバマでさえ無人殺人飛行機のドローンを多用している。両者に違いがあるだろうか。

トランプの本質は、たとえば北朝鮮への対応に出ている。激しいレトリックの後の金正恩《キムジョンウン》委員長との会談にアメリカ・ファーストの本質が出ていた。ドナルド・トランプという人物は、アメリカの歴史に脈々と流れる強い保護主義と孤立主義の底流の最新の表出である。そのスタイルに騙《だま》されてはならない。シリアからの撤退の発表にトランプという人物の個性以上のものがかかわっている。アメリカの本質が、かいま見えた瞬間だった。

略年表

一九一八年　ビリー・グラハム、生まれる
一九三九年　第二次世界大戦始まる
一九四〇年　アメリカ・ファースト委員会の発足
一九四一年　日本の真珠湾攻撃
一九四八年　イスラエル成立
一九六七年　第三次中東戦争
一九八〇年　イスラエル議会によるエルサレムの「統一」
一九九二年　大統領予備選でブキャナン候補が善戦
一九九五年　アメリカ議会がエルサレムをイスラエルの首都と「承認」
二〇一三年　シリアで化学兵器の使用
二〇一六年一一月　トランプ、大統領に当選
　　　　一二月　オバマ大統領、在イスラエルのアメリカ大使館のエルサレム移転を半年「延期」
二〇一七年　一月　トランプ、大統領に就任
　　　　　四月　アメリカのシリア攻撃
　　　　　六月　トランプ大統領、在イスラエルのアメリカ大使館のエルサレム移転を半年「延期」

二〇一七年一二月　トランプ大統領、在イスラエルのアメリカ大使館のエルサレム移転を
発表
　　　　一二月一二日　アラバマ州での上院議員の補欠選挙
二〇一八年　二月　ビリー・グラハム死去
　　　　五月　在イスラエルのアメリカ大使館のエルサレム移転
　　　　一二月　トランプ大統領、シリアからの撤兵を発表
この年、アメリカが世界最大のエネルギー生産国に

6 ロシアとイスラム世界

「草原よ　草原よ　広い草原よ
英雄達が草原を行く
赤軍の英雄達が」

『ポーリュシカ・ポーレ』（ソ連の軍歌）

【マトリョーシカとクレムリン】

ロシアのお土産にマトリョーシカがある。大きな木製のお人形を上下に引っ張ると、その中に同じデザインの人形が入っている。そのお人形を空けると、また同じ人形が入っている。入れ子細工と呼ぶのだろうか。それが三重にも四重にも五重にも、そして時には、それ以上になっている。通常は、可愛いロシアのお嬢さんが描かれている。

これを少しちゃかして指導者のマトリョーシカというのもある。一番外側が現在の指導者である。現在ならウラジミール・プーチン大統領で、その中がボリス・エリツィン、その中がミハイル・ゴルバチョフとなっている。ゴルバチョフ時

マトリョーシカ
〔ユニフォトプレス〕

代にモスクワの赤の広場で買ったものは、外側がゴルバチョフで、レオニード・ブレジネフ、ニキタ・フルシチョフ、ヨセフ・スターリン、ウラジミール・レーニン、ロシア皇帝のツアーとあって、最後にツアーの人形を空けるとモンゴル人が出てくる。そんなマトリョーシカがあった。なぜモンゴル人なのか。

一三世紀から一五世紀にかけてロシア人は、ユーラシアのステップ地帯を支配していたモンゴル系の王朝の支配下にあった。そして、この王朝の人々はイスラム教徒であった。この時代は「モンゴル・タタールのくびき」として知られる。一五世紀にモスクワのイヴァン三世がモンゴル軍を破って独立を達成した。これが現在のロシアの起点となっている。つまりロシアは、イスラム教徒との戦いの中で生まれ育ってきた。天然の要害の少ない広大なステップ地帯において、頼りになるのは城塞と火力と人の数であった。帝政ロシアの時代も、その後のソ連の時代にも変わらない地理的な現実であった。

クレムリン
〔ユニフォトプレス〕

日本ではロシア民謡として紹介され愛の歌としてヒットした、『ポーリュシカ・ポーレ』という曲がある。実はこれは、ソ連赤軍の軍歌である。草原で戦う兵士を賛美する歌である。ロシア人は常にユーラシアの無限とも思える広い草原で戦ってきた。ロシア帝政の時代もソ連の時代も。その草原にロシア人は城塞のネットワークを建設して国土を広げた。城塞には大砲を配置し、そしてひとたび国難があれば国民を総動員できる強い権力をツアー（皇帝）が掌握していた。国民の総動員の体制と集権制度が、国家の生い立ちからロシアのＤＮＡに染め込まれた。遊牧のイスラム教徒たちの脅威に備えるためであった。そして最大の城塞（クレムリン）都市がツアーの住むモスクワであった。

そのロシアはオスマン帝国と戦いを繰り返しながら黒海へ到達した。そして次には、その黒海と地中海を結ぶ二つの海峡を目指した。ボスボラスとダーダネルスの両海峡であった。中央アジアにおいてもイスラム系の諸地域を併合しながら南下した。この状況については第一章で言及している。この国は、その生い立ちからしてイスラム世界と深い因縁があったという当たり前の事実を、ここで銘記しておこう。

二〇世紀に入ると、一九一七年のロシア革命によってロシア帝政が倒れ、レーニンの共産主義政権が成立した。ソ連（ソビエト連邦）が生まれた。この国の正式名称は「ソビエト社会主義共和国連邦」と長い。名前を呼ばせるだけで宣伝になりそうな長さだ。この政権は周辺の諸国民に対して革命を起こすように呼び掛けた。南のアフガニスタンやイランやトルコにも積極的な宣伝工作が行われた。共産主義のメッセージは、多くの人々を、なかんずくインテリ層を魅了した。

［勝利への橋］

ソ連が国境を越えて中東諸国へ進出したのは第二次世界大戦中のことであった。ソ連は一九四一年八月にイランの北部を占領した。それに至る経緯を少し長くなるが述べておこう。イランを一八世紀以来支配してきたカージャール朝は、ロシアに広大な領土を奪われながらも二〇世紀まで生き延びた。その末期には、ロシアとイギリスがイランで大きな力を振るっていた。ロシア大使館とイギリス大使館が実際はイランを支配しているような状況だった。

そうした時期に一九二一年、レザー・カーンという人物が軍隊を率いてクーデターを起こして実権を握った。そして一九二五年にカージャール朝を廃して、代わりにパフラヴィー朝を樹立した。創設者のレザー・カーンはレザー・シャーとなった。カーンはペルシアでの敬称だが「旦那」程度の語感だろうか。モンゴル語源だろう。中国人は「汗」という漢字で表現した。シャーはペルシア語で「王」を意味している。

レザー・シャーはイランを近代化する必要性を痛感していたが、その過程でロシアやイギリスの影響力を増大させるのは避けたいと考えた。そのためにドイツに接近した。多くの留学生がドイツに送られた。そして多くのドイツ人が顧問としてイランに招かれた。

レザー・シャーは若者たちをドイツに送り出すに当たって、王制を好きになって帰国することはないと思うが、しっかりと国のために勉強しろと激励したと伝えらえる。現在にまで至るイランとドイツのひときわ深い関係のルーツである。レザー・シャーが予期したように、多くの若者はドイツで共産主義思想に染まった。マルクスの生まれたドイツで学んだイランのインテリたちが、後にトゥーデ（大衆）党という名の共産党を結党した。

いずれにしろ、このドイツとの関係の近さが第二次世界大戦中に問題となった。一九三九年九月一日のドイツのポーランド攻撃で第二次世界大戦が始まった。そして、その月の中旬にドイツ軍に押しまくられていたポーランドを反対側からソ連が攻撃した。ドイツとソ連にポーランドが分割された。ドイツとソ連が同じ側で戦っている間は良かった。良かったというのは、イランにとってはという意味だが。

ところが一九四一年六月、突如としてドイツがソ連に奇襲攻撃をかけた。史上最大の殺し合いとなる独ソ戦の始まりであった。米英は即座にソ連に対する支援を開始した。それはソ連がドイツに対して勝利を収めると考えたからではない。最後の勝利はドイツにあるだろう。しかし、敗れる前にできる限りの打撃をドイツ軍に与えて欲しい。そうした計算からのソ連支援であった。軍事物資のソ連への輸送が始まった。

問題は輸送路であった。イギリスから北海経由でソ連の北極圏の港ムルマンスクへと船団が向かった。待ち構えたドイツ軍のUボート（潜水艦）の攻撃で貴重な物資と多くの人命が海の藻屑《もくず》と消えた。

もう一つのルートはアラスカからベーリング海を越えての輸送である。だが、この方面ではドイツの同盟国の日本海軍の脅威があった。しかもウラジオストックやナホトカ港に物資を陸揚げしても、それをシベリア鉄道で遠路ヨーロッパの戦線まで運ぶのが大変であった。

もっと安全な効率の良い輸送路の確保が急がれた。それがイランであった。連合国は、そのイランにドイツ人顧問団の追放を要求した。レザー・シャーが、それを拒絶すると、それを口実に一九四一年八月にソ連軍がイランの北部を、イギリス軍が南部を占領した。レザー・シャーは退位を余儀なくされ国外に亡命した。王位は、弱冠二二歳のモハマッド・レザーが継いだ。占領下の王位継承であった。そしてイランを経由しての物資の補給が始まった。

ペルシア湾岸から荷揚げされた物資がイランを南北に縦貫する鉄道を使って北部に、そしてソ連へと運び込まれた。この鉄道はレザー・シャーの時代に外国からの借金なしに建設された。

費用は、どこから出たのか。実はイラン人の一人一人が負担した。イラン人は、サモワールで沸かした濃い紅茶を甘くして飲むのが大好きである。これは、国民飲料

イラン縦貫鉄道

とでも呼ぶべきだろう。エリートから庶民までの楽しみである。レザー・シャーは、その楽しみの茶と砂糖に税をかけた。その税金で費用を捻出して鉄道を建設した。これがソ連への援助物資の輸送に役立った。運ばれた総重量は七九〇万トンであった。その中には一八万台のトラック、そして五〇〇〇機近い航空機が含まれていた。

イランは、途方もないアメリカの生産力と想像もつかないほどのソ連の人的な犠牲を結び付けた。ソ連は二〇〇〇万とも三〇〇〇万ともされる人命を、この戦争で失った。そしてソ連は、アメリカとイギリスの当初の予想に反して、ドイツに対して最終的な勝利を収めた。イランは、まさに勝利への橋であった。

サモワールのある風景
〔ユニフォトプレス〕

ただイギリスとソ連の分割占領下のイラン国民の生活は困難を極めた。多数の外国の軍隊が駐屯し食糧を調達したため、庶民は飢えた。小麦が不足したため、貧しい層はオガクズを混ぜてパンを焼いたというような有様であった。

【イランのアメリカ接近】

英ソに分割占領されたイランは、アメリカに接近した。そのアメリカは、ドイツに代わって顧問団を送ってイランの期待に応えた。その一人はイランの警察の近代化の任を背負ったノーマン・シュワルツコフであった。シュワルツコフは、大西洋単独無着陸横断飛行の英雄リンドバーグの子息の誘拐事件の捜査で名を上げた人物であった。リンドバーグの子息が誘拐され殺害されるという全米をくぎ付けにした悲劇の捜査の責任者であった。そして、この人物の息子が湾岸戦争の際にアメリカ軍などの多国正規軍の指揮をとったノーマン・シュワルツコフ（二世）将軍だった。幼年期の一時期をイランの首都テヘランで過ごした人物だった。

さて第二次世界大戦が終わると、南部のイギリス軍はイランから撤退した。ところが北部のソ連軍は言を左右にして占領を続けた。イランの分割占領は、ドイツと戦うソ連への軍事物資の補給路を確保するためであった。戦争が終わった以上は、占領の必要はなくなった。にもかかわらずソ連軍は撤退しなかったわけだ。

そればかりかイラン北部のアゼルバイジャンでは、アゼルバイジャン自治政府が成立した。しかも、その南ではクルド人がクルド共和国を樹立した。その首都がマハーバードという都市に置かれたので、クルド共和国はマハーバード共和国としても知られる。マハーバードは現地の言葉で「月影の佳地」ほどの意味であろうか。こうした二つの政府の成立した北部はソ連軍の占領下であり、イランの中央政府には、為《な》す術《すべ》がなかった。

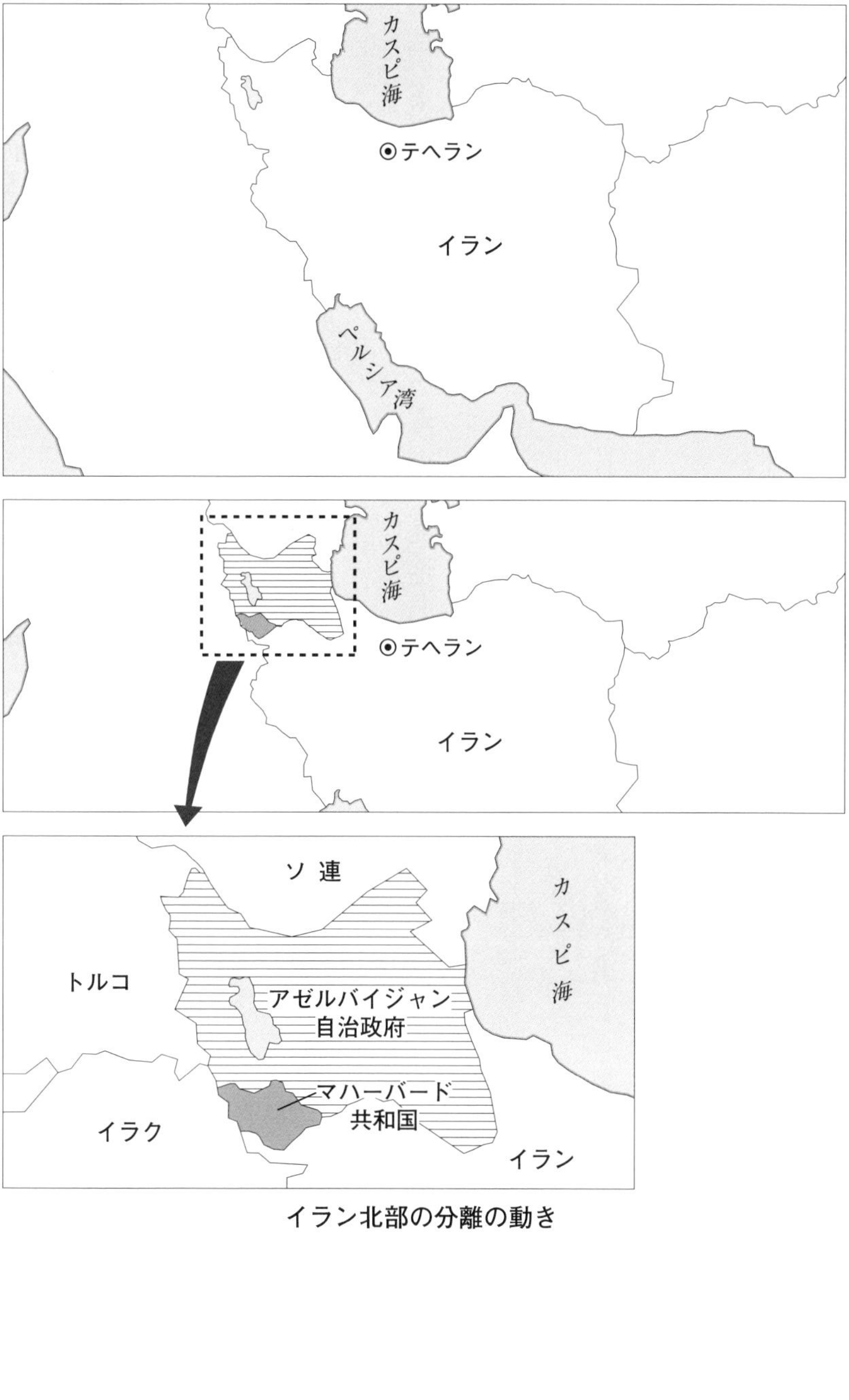

イラン北部の分離の動き

混乱を避けるために述べると、イラン領のアゼルバイジャンの北にはソ連領のアゼルバイジャンがある。一九九一年のソ連の崩壊後に、こちらは独立国家（アゼルバイジャン共和国）となった。ここで論じているのは南のイランのアゼルバイジャンの方である。

このイランの方のアゼルバイジャン問題が、国連安保理の最初の議題になった。イランが、そしてアメリカが強硬にソ連軍の撤退を求めた。この頃、スターリンはイラン北部での石油開発の利権を要求した。そしてイランは、自国の北部でソ連に石油開発を許す条約を結んだ。そして、その後にソ連軍が撤退した。一九四六年のことであった。

この条約が発効するには、イランの国会で批准される必要がある。そのためには、イギリスとソ連の占領から閉会されていた国会を再開する必要があった。そのためにはイラン全土での選挙が必要であった。その準備のために、ソ連軍が撤退したイラン北部にイラン軍が進撃してアゼルバイジャン自治政府とクルド人のマハーバード共和国を崩壊させた。選挙が行われ、国会が召集された。そして、その国会はイラン北部での石油開発の権利をソ連に与える条約を否決した。結局、ソ連は利権を手に入れられなかった。巧みなイランの外交に超大国ソ連が敗れた。

そうだったのだろうか。もう一つの解釈は、当時のソ連の独裁者スターリンはアメリカとの直接対決を避けたかった。当時アメリカのみが原子爆弾を保有していた。また第二次世界大戦で勝利を収めたとはいえ、三〇〇〇万人ともされる犠牲者を出したソ連に新たな戦争を始める体力はなかった。独裁者は戦争好きという事になっているが、歴史を見ると慎重な独裁者は少なくない。スターリンは、ドイツに攻められたポーランドや負けかけた日本などには戦争を仕掛けた。またイランをイギリスと共に侵略して分割占領した。しかし強い相手との開戦は慎重に避けた。ドイツとの戦争も自ら望んだのではなくヒトラーに侵略されて仕方なく戦った。

もう一人だけ戦争に慎重だった独裁者を挙げると、スペインのフランコがいる。ナチス・ドイツやファシスト党のイタリアの援助を受けてスペイン内戦を勝ち抜いた人物だが、第二次世界大戦には慎重に参戦を避けた。

スターリンはアメリカとの戦争を避けるアリバイを探していたので、イランの石油利権の獲得は撤退の良い言い訳になった。実際にイラン国会の否決により条約は空手形になったが、アメリカとの軍事衝突が面子《メンツ》を失わずに避けられたのだから、それはそれで悪くはなかった。こうした解釈も可能だろうか。本書でも何人かの独裁者が登場するが、慎重な者もいれば、そうでない者もいる。独裁者の行動は多様である。独裁者だからこうだ、と決めつけてはならない。何事も看板に騙《だま》されてはいけない。実態を見つめたい。

スターリンの真意がどうであったにしろ、第二次世界大戦はイラン人が持っていた北方の隣人に対する不信感をさらに深くした。北部を占領された。また、国土の一部を危うく引き離されかかった。さらに、石油利権を強奪されかかったのだから。

【トルコ】

スターリンのイランに対する扱いを隣国のトルコは不安の目で見ていたことであろう。トルコはイランと同じようにソ連と国境を接しているからである。またイランと同じように歴史的に広大な領土をロシア帝国に奪われた経験があるからである。トルコは第二次世界大戦では大半の期間は中立を保った。そして勝敗が実質上は決していた一九四五年の二月にドイツと日本に対して宣戦を布告した。これは枢軸国と戦争状態にある国のみが国際連合の原加盟国になれるとの規定を受けての参戦であった。

このトルコが恐れたように、第二次世界大戦末期にソ連はトルコに対して二つの要求を突き付けた。一つは、ソ連と国境を接するトルコの東部地域の割譲であった。そして第二に、黒海と地中海を結ぶ二つの海峡、つまりボスボラス海峡とダーダネルス海峡の管理へのソ連の参画を要求した。

オスマン帝国以来、広大な領土をロシアに奪われてきたトルコは、スターリンの要求を真剣に受け止めざるを得なかった。隣国のイランの北半分をソ連軍が占領した事実も目の前で見ていたのだから。トルコは、この脅威を前に西側に接近した。そのトルコに援助の手を差し伸べたのがワシントンだった。共産主義の脅威に直面しているとして当時のアメリカ大統領のトルーマンは、トルーマン・ドクトリンを宣言してトルコへの軍事援助を開始した。一九四七年の事であった。

この時期の西側諸国はソ連軍の西ヨーロッパへの侵攻を懸念していた。それに備えて一九四九年にＮＡＴＯ（北大西洋条約機構）を設立した。北米諸国と西欧諸国の軍事同盟であった。トルコも参加を希望したが、加盟は認められなかった。トルコはＮＡＴＯ加盟のために必死の努力を行い、ついに一九五二年に加盟が認められた。そのための必死の努力に関しては、第一〇章で詳しく語りたい。

ＮＡＴＯの一か国への侵略は全体への侵略であるとして加盟国が一致団結して防衛にあたるというのが、この軍事同盟の意味である。平たく言えば、これはトルコが侵略を受ければアメリカが助けに来るという約束を意味していた。これによってトルコの安全保障は格段に高まった。スターリンも、アメリカとの戦争する覚悟なしには、トルコに手を出せなくなったからだ。

［アフガニスタン］

イラン、トルコと共にソ連と国境を接していた国がある。アフガニスタンである。アフガニスタンは既に見たように南下してくるロシアとインドから北上するイギリスの勢力の緩衝国として成立した。双方が中立を尊重するという地域としての役割は第二次世界大戦後になっても続いた。ただ、対立しているのはロシアとイギリスではなく、ソ連とアメリカであった。

というのは、もちろん第一次世界大戦末期のロシア革命でロシア帝国はソ連になったからであった。そして第二次世界大戦後にイギリスはインド亜大陸から撤退したからであった。アメリカは、アフガニスタンの隣国のイランに自国寄りの国王を一九五三年のクーデターで擁立していた。またアフガニスタンの南のパキスタンにも軍事援助を与えて影響力を持っていた。当然のことながらアフガニスタンにも興味を抱いた。しかし、米ソは、英露のグレート・ゲーム以来の伝統を踏襲した。アフガニスタンの緩衝国としての地位を尊重した。たとえば経済援助にしても、ソ連国境からアフガニスタンの首都カブールまでの道路はソ連の援助で建設された。そして首都カブールからパキスタン国境までの南の道路の建設をアメリカが援助した。

この両者のバランスを長期的に損なったのは、アフガニスタン国王の「近代化」へのあこがれであった。この国は既に見たように、中央政府は中央を支配しているだけで、近代国家からは、遠いところに位置している。部族間のコンセンサスの上に政府は遠慮がちに乗っているだけであった。アフガニスタンの国王は、多くの国王がそうであるように、まず軍隊の近代化を求めた。そのための援助をアメリカに求めたのだが、ワシントンは珍しく乗り気ではなかった。というのはアメリカが既に軍事援助をしているパキスタンが、アフガニスタン軍の近代化を望んでいなかったからである。

やはり前にも見たように、パキスタンとアフガニスタンの国境はデュランド・ラインとして知られる。この線が、パシュトゥーン人の居住空間を真っ二つに切り裂いている。アフガニスタンのパシュトゥーン人の間には、長らくパシュトゥーン人の統一を目指す動きがある。そしてアフガニスタンはデュランド・ラインをパキスタンとの正式な国境線として認めてこなかった。

しかし、この動きはパキスタンには迷惑である。自国の領土と国民の一部を隣国が統合しようとするのであるから、当然であった。したがって、アフガニスタンとパキスタン両国の関係には、常に緊張感がある。そのアフガニスタンが軍隊を近代化しようというのであるから、パキスタンが歓迎するはずもなかった。そのパキスタンを支援しているアメリカは、それゆえアフガニスタンの軍隊を近代化する手助けを拒絶した。アフガニスタン国王は、やむなくソ連の手を借りた。ソ連から近代兵器と顧問団がアフガニスタンに流れ込み始めた。そしてアフガニスタンからは優秀な若者がソ連に留学生として送り出された。

留学生たちは、同じイスラム教徒の世界ながら超大国ソ連の一部として発展する中央アジアを見た。カザフスタンのバイコヌールにはロケット打ち上げ基地があり、世界の宇宙開発をリードしていた。共産主義こそが急速な近代化への道ではないか。そうした感情を抱くようになった。その多くが軍事技術を学ぶとともにマルクス主義の思想に染まって帰国した。その意味を次章のテーマの一つとしよう。

【アラブ世界】

イランとトルコに対するスターリンの高圧的な政策は両者の反発と西側への接近を生んだ。またアフガニスタンに関しては、軍事援助を通じての影響力を浸透させた。それでは、国境を接していないアラブ諸国とは、そしてイスラエルとは、どのような関係を切り結んだのであろうか。

フルシチョフ

〔AFP／時事通信フォト〕

スターリンという独裁者は、基本的には共産主義者しか信用せず、第三世界の独立運動を指導していた民族主義者に特に接近するというような政策は採用しなかった。方針を変えたのは、その後継者となったフルシチョフであった。ソ連の南の国境はトルコとイランという親アメリカ国家によって固められていた。この二つの国が壁となって、ソ連の影響力の南下を押し止《とど》めていた。フルシチョフは、この壁を飛び越えて、その向こう側のアラブ諸国との接近を選択した。その踏み台となったのが、兵器輸出であった。この点に関しては、前の章でも既に触れた。

共産主義の本家を自認するソ連にとっては、この進出にはコストもあった。というのは、ソ連が支援したエジプトのナセルのような民族主義者は、国内では社会主義者や共産主義者を弾圧していたからであった。しかし、いつ権力を奪取できるとも知れない共産主義者を支持していたのでは、中東をはじめ発展途上諸国で台頭しつつあった民族主義者とは手を結べない。ソ連のジレンマであった。スターリンは、ある意味、共産主義者に賭けて待ち続けた。フルシチョフは、共産主義者を見捨てて民族主義者の政権に手を差し伸べた。その一人が、既に見てきたエジプトのナセルであった。そしてシリアやイラクの指導者たちがナセルに続いてソ連との関係を深めて行く。ナセルに対するソ連の軍事援助の開始については既に触れた。

こうしてソ連は、共産主義というイデオロギーの本家としてのジレンマを抱えつつアラブ世界へ進出した。

略年表

一三〜一五世紀	モンゴル・タタールのくびき
一九一七年	ロシア革命
一九二一年	イランでレザー・カーンのクーデター
一九二五年	イランでパフラヴィー朝が樹立
一九三九年	第二次世界大戦の始まり
一九四一年六月	ドイツのソ連奇襲
八月	ソ連軍のイラン北部占領
一九四六年	ソ連軍のイラン北部からの撤退
一九四七年	トルーマン・ドクトリン
一九四九年	NATO（北大西洋条約機構）結成
一九五二年	トルコのNATO加盟
一九五三年	イランで国王派のクーデター

7　冷戦の頃

「80対0」　一九八二年夏のレバノン上空でのシリア空軍とイスラエル空軍の空中戦の結果、シリアは八〇機以上を失ったのに対し、イスラエルの損害は０であった。

［アラブとイスラエル］

アメリカがイスラエルを成立直後に承認した事実は既に紹介した。ソ連も、それに続いた。アメリカほどではないが、早い時期にイスラエルを承認した。当時の独裁者スターリンは、アラブ諸国と戦うイスラエルに対して軍事援助を与えた。もともと東ヨーロッパからの移民の多かったイスラエルでは社会主義的な思潮が強かった。この国が共産主義の同盟国として中東におけるヨーロッパの植民地主義と増大してくるアメリカ帝国主義と戦ってくれる、との期待がスターリンにあったのだろうか。もしも、そうだったとしたら、期待外れであった。確かにイスラエルにはキブツとかモシャブとか呼ばれる社会主義的な思想で運営される共同農場などは多かったが、外交面では親西ヨーロッパであり親アメリカであった。スターリンは一九五〇年代には一時期イスラエルと断交さえしている。

しかしスターリンは、特にアラブ世界に接近する動きは見せなかった。ところが前の章で見たように一九五〇年代に兵器の供与をテコに、スターリンの後継者のフルシチョフが、アラブ諸国に接近し始めた。日本の新聞では長いので「フ首相」などと表記されていた人物であった。

フ首相は、その後に失脚する。その原因は一九六二年のキューバ危機であった。この年、ソ連はキューバに中距離核ミサイルを持ち込んだ。しかしアメリカの強硬な態度の前にスゴスゴと核ミサイルをキューバから撤収した。フルシチョフは、その責任を取らされた格好であった。

フルシチョフ後は、集団指導体制のように見えたが、やがてブレジネフが最高権力者として台頭した。このブレジネフが、一九六七年の中東戦争に対応した。というよりはソ連の支援していたアラブ諸国の大敗の後始末に当たった。

ブレジネフ

〔エストニアにて　2017年10月　筆者撮影〕

一九六七年の戦争は第三次中東戦争としても知られる。また六日戦争としても言及される。というのは戦闘が六日間で終わったからだ。六日間の戦闘が終わった時、風景が一変していた。イスラエルは、エジプトからシナイ半島とパレスチナのガザ地区を奪った。ヨルダンからはエルサレムの旧市街を含むヨルダン川西岸地区を、そしてシリアからはゴラン高原を奪った。その後にエジプトに返還されたシナイ半島を除けば、他の地域は基本的には依然として今日までイスラエルの占領下に置かれたままである。この敗北はエジプトとシリアを支援していたソ連にとっても屈辱であった。この戦争の後にソ連は再度イスラエルとの国交を断った。

その結果、ソ連が中東和平の仲介者の役割を果たせなくなった。対立するアラブ諸国とイスラエルの問題で、一方の当事者のイスラエルと外交関係がないのでは、まさに話にもならなかった。以降、中東和平はアメリカの独壇場となった。ソ連とイスラエルの国交の回復は、ゴルバチョフ期の一九九一年を待たねばならなかった。しかし、その回復の直後にソ連邦が崩壊した。

イスラエルと外交関係を持たなかったのであるから、ソ連としては、ひたすらアラブ諸国との接近に力を入れた。しかし、アラブ諸国にとっては、ソ連がイスラエルとの和平を仲介してくれないのであるから、紛争に疲れ和平を望むようになると、アメリカとの接近が必要になった。エジプトのアンワル・サダト大統領は、ソ連一辺倒から脱してアメリカに接近した。

一九七〇年のナセルの死後にエジプトの指導者となったサダトは、ソ連の軍事援助に頼って軍事力を増強しながらアメリカに接近するという離れ業を演じた。まず一九七二年にソ連の軍事顧問団を追放した。これは、アメリカに接近したいというメッセージであった。

だが、同時に顧問団の追放は、イスラエルに安堵感を与えた。一九六七年の戦争で圧勝した同国は、まさかアラブ諸国が戦争を仕掛けてくるとは思っていなかった。そしてソ連軍の顧問団の追放である。これでエジプトには、ますます戦争をするつもりがない。そうイスラエルは受け取った。実はサダトがソ連の軍事顧問団を追い出したのは、エジプト軍の行動の自由が確保できないからでもあった。平たく言えば、ソ連軍の顧問団がいればエジプト軍が自由に動けない。つまりイスラエルとの戦争を始められないからであった。

サダトはソ連の軍事顧問団を追放した翌年の一九七三年一〇月にシリアとともに、イスラエルに対する奇襲攻撃をかけて第四次中東戦争を開始した。不意を突かれたイスラエルは苦戦を強いられた。ソ連はエジプトとシリアに緊急の軍事援助を行った。また戦局が逆転し、シナイ半島でエジプト軍の一部が包囲され全滅の危機に直面すると、直接に参戦する姿勢を示してイスラエルに圧力を掛けた。これに対してアメリカは核戦争への警戒態勢を発令した。中東での紛争が米ソを第三次世界大戦に引きずり込んでしまいかねない危険な状況であった。シナイ半島のエジプト軍を包囲していたイスラエルが国連安保理の停戦決議を受諾して、この危機は危機に止《とど》まり米ソの直接対決には至らなかった。この時は、これで事なきを得た。

ところが停戦が成立するとすぐに、アメリカのキッシンジャー国務長官がエジプトとイスラエル、そしてシリアとイスラエルの間を往復して兵力の引き離しなどの合意をまとめた。ソ連はイスラエルと外交関係がないので、蚊帳《かや》の外であった。

したがってモスクワにできるのは、国連安保理で拒否権を行使して、アメリカの外交に国連のお墨付きを与えないことのみであった。

サダトの方向転換によって、ソ連は外交の檜《ひのき》舞台から追い出された格好であった。しかし、サダトが始めた第四次中東戦争の恩恵も小さくなかった。それは、その経済的なインパクトであった。この戦争が始まると、一方でソ連がアラブ諸国に軍事援助を行った事実には既に言及した。他方、アメリカはイスラエルへの緊急の武器援助を実施した。これに抗議してアラブの産油国がアメリカやオランダへの石油輸出を禁止した。そして非友好国に対する輸出量の段階的な削減も同時に発表した。世にアラブ石油禁輸として知られる事件である。この事件をきっかけとして石油価格が急騰し、戦争が終わった時には四倍になっていた。第一次石油危機として石油輸入国では記憶されている事件である。

石油輸出国にとっては「危機」ではなく天からの贈り物であった。アラブ諸国やイランなどの産油国は突然に多額の収入を手にした。世界は中東の産油国に注目したが、実は最も潤った国の一つはソ連であった。なぜならば、ソ連は世界最大規模のエネルギー生産国であり輸出国だからだ。ソ連がロシアになった現在も変わらない事実である。

ライバルのアメリカは、一九六〇年代から一九七〇年代にかけてベトナム戦争の負担であえいでいた。ところがソ連は、一九七〇年代に入ってからのエネルギー価格の上昇に助けられた。大海軍を建造して世界的な規模でアメリカと競ったり、あるいは伝統的に東ヨーロッパ圏以外で支援を与えていたキューバに加えアンゴラやモザンビークに援助を与えたりできたのは、エネルギー価格の高騰のおかげであった。その恩恵を受けた国の一つがアメリカと戦ったベトナムであった。

この、アメリカがインドシナ半島の戦争の泥沼に足を取られている間のソ連の軍事力の拡張という事態は、二一世紀に入ってからの、アメリカがイラクやアフガニスタンで消耗している間の中国の軍事力の拡張と類似している。これは後の話である。

さて、この時期ソ連の軍事力はアメリカを上回っているとさえ一部では認識されていた。そうしたアメリカの退潮を印象付けた事件が、一九七九年のイラン革命とテヘランのアメリカ大使館員人質事件であった。

ここで、革命に至るまでのイラン情勢の展開を振り返っておこう。イランが第二次世界大戦中にアメリカに接近した事実は既に言及した。そしてイラン議会が同国北部での石油開発の権利をソ連に与える条約を否決した。ここまでを前の章で論じた。

ソ連の要求を退けたイランでは、民族主義感情が高まった。その感情が次に向かったのは、南部の油田を支配するイギリスであった。二〇世紀の初めにイランの南部で石油が発見され開発された。イギリス資本が、その石油を支配してきた。イランは、イギリス資本の利益に比べて、その受ける収入が余りにも少ないとの不満を抱いてきた。イギリス側の主張は、イギリスの技術や資本がなければ石油は砂漠の地下に眠ったままであったろう。イランは、地下に眠ったままの石油資源からは何の恩恵も受けられなかったはずだ。文句を言わずにイギリスが渡す金額で我慢《がまん》しろ、という議論であった。

しかしペルシア湾岸の反対側のアラビア半島で石油が発見されると、開発したアメリカの石油会社は現地政府に利益の半分を渡した。フィフティ・フィフティつまり五〇パーセントずつ石油会社と現地政府が利益を折半するという協定が結ばれた。これを見てイラン側もイギリスに協定の改定を求めた。イギリスは前に見たような冷たい対応であった。イランの民族主義は燃え上がり石油産業の国有化という議論が勢いを増した。この段階でイギリスは、それなりの譲歩を行ったが、もう遅かった。一九五一年三月にイランの議会は、イギリス企業の在イランの石油資産の国有化を決定した。

この国有化は欧米の巨大石油企業にとっては迷惑であった。そのまま成功してしまえば、他の産油国が追随しかねない。当時の世界の石油市場を支配していたセブン・シスターズと呼ばれた七つの巨大企業はイランの石油をボイコットした。そして経済的に追い詰められた当時のモハマッド・モサデク政権に対してアメリカやイギリスの諜報《ちょうほう》機関がクーデターを仕掛けた。そしてモサデクを失脚させた。このクーデターの司令部の役割を果たしたのが、テヘランのアメリカ大使館であった。これが四半世紀後の革命時にアメリカ大使館が占拠される事件の伏線となった。イラン国民は、アメリカが再びクーデターを仕掛けてくるのではないかと恐れていた。

時間を一九五三年に戻そう。民主的に選ばれたモサデク政権をクーデターで倒すと、アメリカやイギリスはシャー（国王）に実権を与えた。そして交渉によって国有化を骨抜きにした。さらにシャーの体制を守るためにアメリカは秘密警察を育成した。アメリカは共産主義の浸透を懸念していた。サヴァックと呼ばれたシャーの秘密警察は、共産主義者ばかりでなく全ての反シャー活動家を抑圧した。アメリカにとっては、シャーの体制はソ連の南下を防ぐための頼りになるブロックであった。ソ連にとっては、南から自国を脅かすアメリカの拠点となっていた。

この体制が一九七九年の革命でひっくり返った。アメリカにとっては大きな打撃であった。また既に見たアメリカ大使館員人質事件は、アメリカの威信を傷つけた。

またイランの革命運動の進展でイランの原油輸出が止まると石油価格が高騰した。これが一九七三年の第一次石油危機に続く第二次石油危機である。一九七〇年代の初頭に比べると、石油価格は何と八倍になっていた。これがブレジネフの軍事拡大と海外進出を支えた。イラン

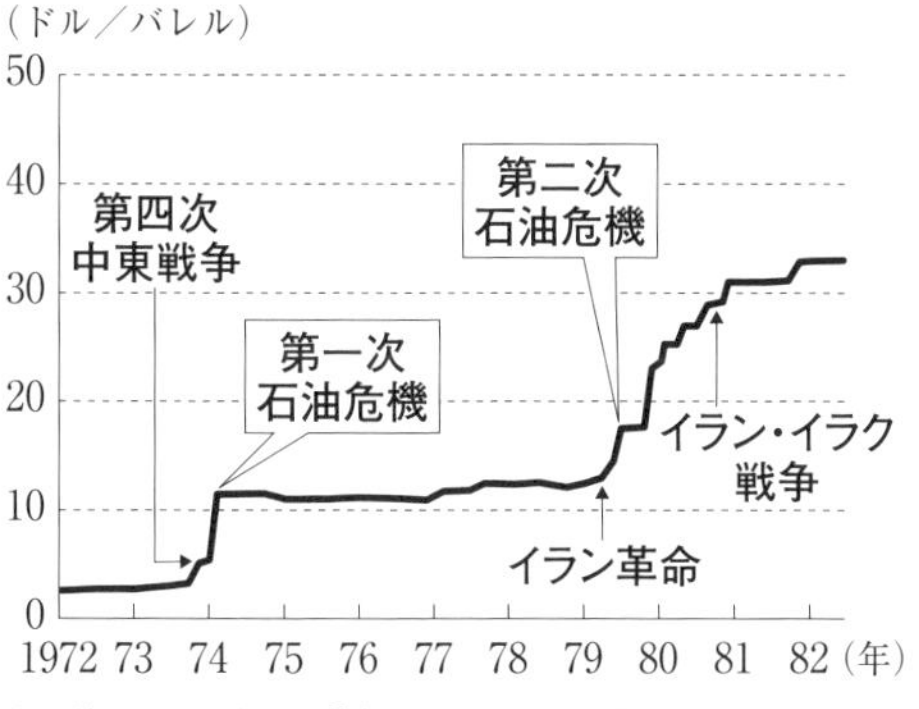

出所）石油連盟『今日の石油産業2018』などをもとに作成。

石油価格の推移（1972－1982）

革命は、この意味でも石油輸入国アメリカに対する逆風であり、エネルギー輸出国ソ連にとっての追い風であった。前頁の石油価格の推移のグラフを御覧いただきたい。ブレジネフは石油の高価格時代の運の良い政治家だった。

【アフガニスタン】

世界がイラン情勢に目を向けていた時期の一九七九年末に、突如としてソ連軍がアフガニスタンに侵攻した。アメリカがイランという同盟国を失ったばかりのタイミングでのソ連軍の動きであった。モスクワがペルシア湾の油田地帯を支配しようとする野心の第一歩ではないか、との懸念がワシントンで抱かれた。

さて多くの突如の事件と同じように、この侵攻も突如に起こったわけではない。ソ連とアフガニスタンの関係については前章で述べた。ソ連で教育を受けて帰国した若者たちの多くが、共産主義に染まっていた。ひと昔前の表現を使えば、マルクス・ボーイになって帰国した。ソ連帰りの留学組は軍の中に秘密組織を作り機会をうかがっていた。一九七三年に王家に連なるモハマッド・ダウドがクーデターを起こして国王を追放した。というよりは国王がイタリアで休暇中に実権を掌握してしまった。国王は帰国できなくなり予定外の長いローマの休日を取ることになった。このクーデターでアフガニスタンは王制から共和制へ移行した。そして一九七八年に、もう一度クーデターがあった。ダウドが処刑された。これを起こしたのが、ソ連帰りの軍人たちだった。これでアフガニスタンは共和制から共産主義の国家となった。正確には政府を共産主義者が支配し、その理念をアフガニスタン全土に押し付けようとした。

その理念とは何か。それは社会の共産化によるアフガニスタンの急速な近代化であった。たとえば大土地所有制度の廃止や女性の教育などであった。しかし伝統的で保守的な社会は、こうした上からの改革の押し付けに強い反発を示した。アフガニスタン各地で反乱が起こり、首都の共産政権は窮地に立たされた。

ソ連帰りの共産主義者たちは、モスクワに支援のための軍事介入を求めた。ソ連共産党の幹部の間では、この介入の要請に関しては議論が分かれた。ソ連の崩壊後に公開された文書によってクレムリン内部での、つまりソ連の最高指導部での議論を辿《たど》れるようになった。

それによると、アフガニスタンの共産政権からの支援のための軍事介入の要請を受けたクレムリンは困惑している。ここで介入すれば、ソ連が帝国主義だと批判されることとなる。しかし介入しなければ、長年にわたり手塩にかけて育ててきた共産主義者たちの政権が崩壊してしまう。どうすべきか迷いに迷った末にソ連は、自分に頼ってきたアフガニスタン政府を助けるための介入を決断した。一九七九年一二月末、ソ連軍が大挙して国境を越えてアフガニスタンに入った。一九世紀の英露のグレート・ゲーム以来の掟《おきて》をソ連は戦車で踏みにじった。アフガニスタンは緩衝国ではなくなった。

イラン革命と大使館占拠事件で衝撃を受けていたアメリカでは、これがソ連のペルシア湾岸とインド洋への勢力拡大への動きの前触れではないか、との疑惑と懸念が走った。ソ連が世界征服に踏み出したのではないか、との恐怖心さえ一部では抱かれた。

もちろんソ連はアフガニスタンの共産政権を守るための防衛的な軍事介入を行ったのであって、そうした野心を持ってはいなかった。だが当時のワシントンでは、クレムリン内部の議論の詳細は伝わっていなかった。モスクワの意図に関して、ワシントンでも激しい議論が交わされた。だがモスクワの意図が何にせよ、ソ連軍の戦車がインド洋に近づいたのは確かであった。

【レバノン上空】

ソ連軍がアフガニスタンに侵攻して三年目の一九八二年に、今度はイスラエル軍がレバノンに侵攻した。レバノン戦争が始まった。その初期段階でソ連の将来に懸念を抱かせるような事件が起こった。ソ連の軍事技術に疑問符が付けられたのだ。

その詳細を語ろう。一九八二年夏、イスラエル軍がその北の隣国のレバノンへ侵攻した。レバノンを根拠地とするＰＬＯ（パレスチナ解放機構）を攻撃するためであった。レバノンは伝統的にシリアの影響力の強い国である。陸軍の侵攻に先立って攻撃してくるイスラエル空軍をシリア空軍と対空ミサイル部隊が迎え撃った。既に触れた第四次中東戦争では、エジプトとシリアが配備していたソ連製の地対空ミサイルが威力を発揮してイスラエル空軍は苦戦を強いられた。一九七三年つまり九年前の苦い経験であった。この経験を踏まえて、イスラエルは新しい戦術を開発していた。

まずイスラエルはシリアのレーダーに向けて無人の偵察機を送った。シリア軍のミサイルが次々と偵察機を撃墜した。しかし撃墜される前に偵察機は、シリアのレーダーの周波数を上空で待機していたイスラエル空軍機に伝えた。イスラエル機は地対空ミサイルに向けて空対地ミサイルを発射した。ミサイルは周波数に導かれて正確に目標に命中した。シリアの地対空ミサイル網が、イスラエルの無人機を撃墜しただけで、全滅した。イスラエルはソ連製の地対空ミサイルの問題を「解決」した。この時にイスラエルが使用した無人機が進化して現在のドローン（無人偵察機）となった。

またイスラエル空軍は、シリア空軍との空中戦でも完勝した。イスラエル空軍は一機も失わずに、シリア空軍機を八〇機以上も撃墜した。完封勝ちであった。空戦の歴史で、こうした一方的な結果は例が少ない。これはパイロットの技量の差というよりは兵器の質的なレベルの格差が原因ではないかとの議論が高まった。つまりイスラエル軍が使用したアメリカ製のハイテク兵器にシリア軍のソ連製兵器が全く対応できなかったという理解である。確かに一九七〇年代から八〇年代にかけて西側諸国では急速なマイクロ・エレクトロニクス革命が進展した。平たく言えばコンピューターの小型化である。技術面でソ連は置き去りにされた観があった。

［世直し］

明らかにソ連は改革を必要としていた。その改革者として登場したのが、ミハイル・ゴルバチョフであった。その中東政策を語る前に、その改革努力を見ておこう。それがソ連の改革を理解するためならず、独裁的な体制下での改革一般を考える際の参考となるからである。

一九八五年三月にソ連の最高権力者となったゴルバチョフは、ペレストロイカを始めた。通常、これは改革と訳される。当時の東京のソ連大使館の館員の一人が、これを「世直し」と紹介していた。さて、このペレストロイカは、ソ連国民に労働の規律を求めた。ゴルバチョフは、反ウオッカのキャンペーンを始めて、その生産量を削減するなどの手段に訴えた。飲まないで、もっときちんと働くようにというわけであった。

しかし、これはソ連社会に存在した暗黙の社会契約に対する挑戦であった。この暗黙の契約というのは、政府は購買力のないルーブルというソ連の紙幣で給料を払う。しかし、一般の労働者は、このルーブルでは本当に欲しい物はなかなか買えない。店にあったとしても長い行列を作って待たねば手に入らない。つまり政府は給料を払っている振りをしているだけであった。逆に労働者の方は、働いている振りをしてバランスを取っていた。給与を払っている振りと働いている振りの交換であった。

ところがゴルバチョフが求めたのは、政府は依然としてルーブルという紙切れで給料を支払っている振りをしているのに、労働者の側には本当の労働を求めた。これでは労働者は、やっていられないという気持ちになっただろう。ゴルバチョフの改革は、それまでのソ連における暗黙の社会契

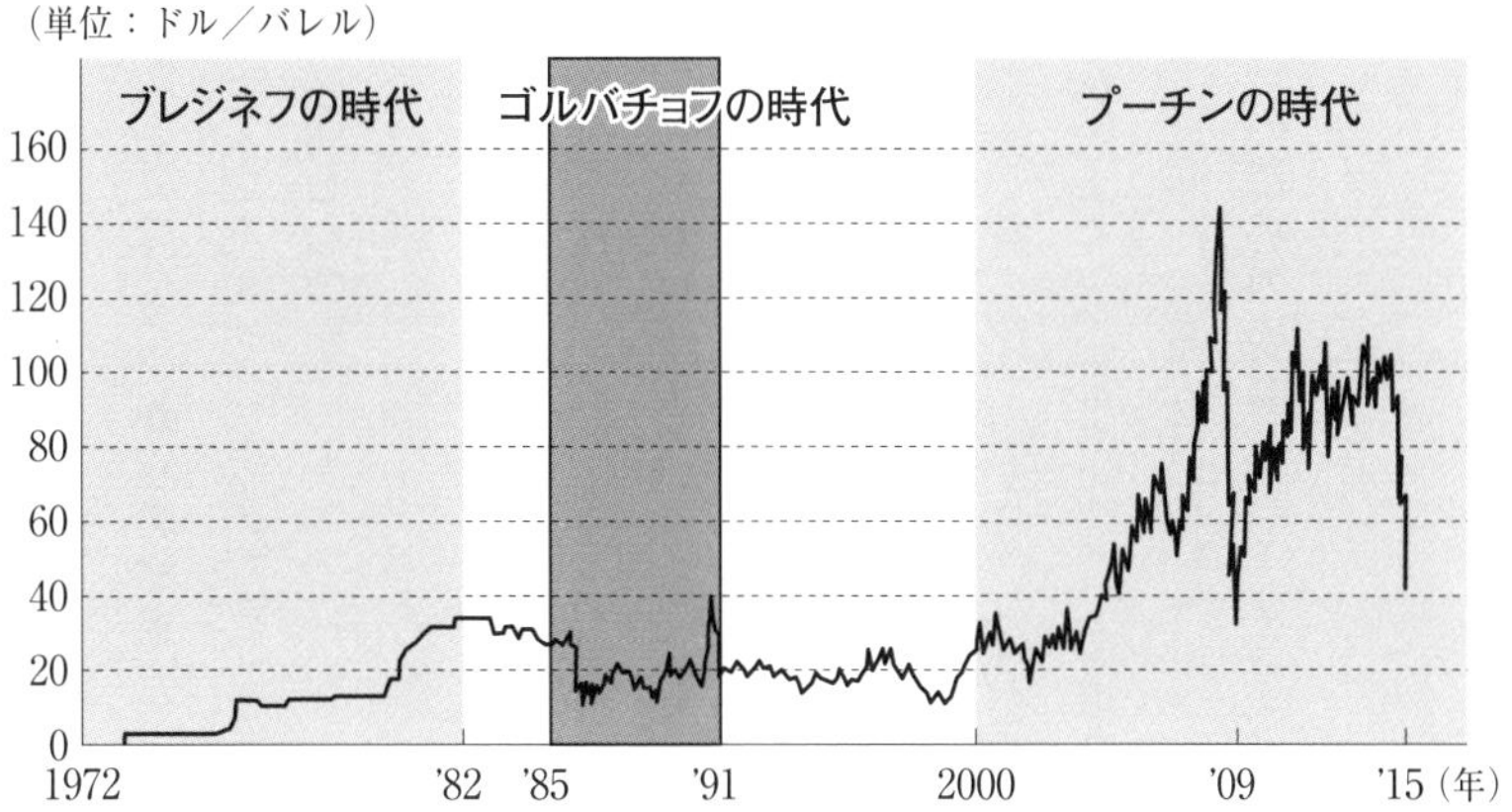

出所）経済産業省エネルギー庁総合資源エネルギー調査会（2015）「エネルギー基本計画の要点とエネルギーを巡る情勢について」をもとに作成。

石油価格の歴史的推移（1970－2015）

約に違反していた。となればペレストロイカが労働者の熱い支持を受けるというわけには行かなかった。改革の「ゴルバチョップ」は空を切った。そして、この指導者にとって不運なことに、権力を握ったとたんに石油の価格が下落した。改革の元手となる資金がゴルバチョフにはなかった。本当の空手であった。

ゴルバチョフの国内政策がペレストロイカという言葉に象徴されていたとすれば、外交のスローガンは「新思考」であった。この新思考外交とは何か。端的に言って、国内改革に集中するために、外交では対外緊張の緩和を目指していた。アメリカとの競争から手を引くという方針であった。それは陣取りゲームからの撤退を意味していた。具体的にはソ連の対外経済・軍事援助の大幅な削減を意味していた。中東でもシリアなどソ連の援助を受けていた国々は、ソ連から肌寒い風が吹き始めたような感覚を覚えただろう。この新思考外交が一番鮮明に見えたのはアフガニスタン政策であった。

［アフガニスタンからの撤退］

一九七九年末にソ連軍がアフガニスタンに介入した事実は前述した。その後、同国の情勢は、どう展開したのか。

介入したソ連軍は、共産政権の崩壊は阻止したものの、反乱の鎮圧には成功しなかった。アメリカの支援を受けたゲリラは頑強な抵抗を続けた。そして全世界のイスラム教徒がソ連との聖戦を戦うために馳《は》せ参じた。その中にはオサマ・ビンラーディンのような人物もいた。

苦戦を続けたソ連軍は、多くの犠牲を払って共産政権を守った。しかしながら、結局一九八九年にはアフガニスタンから撤退した。ゴルバチョフが権力を握ったのが一九八五年だったので、その四年後であった。超大国の外交の方向を変えるのは簡単ではない。計算すると一九七九年から一九八九年まで一〇年の間、ソ連軍はアフガニスタンで戦った。明らかに冷戦は終わり始めていた。そして同年一一月九日にベルリンでは東西を隔てていた壁が壊れた。この冷戦の終結が、その後の中東での情勢の展開に大きな意味を持つこととなる。

略年表

一九四八年	ソ連、イスラエルを承認
一九五一年	イランの石油産業の国有化
一九五三年	イランで国王派のクーデター
一九六二年	キューバ危機
一九六七年	第三次中東戦争
	ソ連、イスラエルと断交
一九七〇年	ナセル死去
一九七二年	サダト、ソ連の軍事顧問団を追放
一九七三年	アフガニスタンでクーデター、国王が亡命
	第四次中東戦争
一九七八年	アフガニスタンで共産主義者のクーデター
一九七九年	イラン革命
	アメリカ大使館占拠人質事件
	ソ連軍のアフガニスタン侵攻
一九八二年	イスラエルのレバノン侵攻
一九八五年	ペレストロイカの始まり
一九八九年	ソ連軍、アフガニスタンから撤退

一九八九年　ベルリンの壁の崩壊
一九九一年　ソ連、イスラエルと復交
　　　　　　ソ連邦の解体

8 プーチン

「対立の炎にガソリンを注ぐようなものだ！」

アメリカのアシュ・カーター国防長官が二〇一五年のロシアのシリアへの大規模な軍事介入を評して

【湾岸危機・湾岸戦争】

冷戦の終焉の直後ともいえる一九九〇年八月にイラクがクウェートに侵攻した。そして、その日のうちにクウェート全土を制圧した。軍事強国イラクが小さなクウェートをひとのみにした。湾岸危機の始まりであった。この動きに対してアメリカは、サウジアラビアに派兵してイラク軍の動きを牽制した。そして多国籍軍を結成して一九九一年一月には湾岸戦争を開始した。アメリカのハイテク兵器はイラク軍を圧倒した。多国籍軍がイラク軍をクウェートから追い出した。そして、二月には戦闘は終結した。

ここで注目しておきたいのは、アメリカの外交である。湾岸危機が発生すると、当時のジョージ・ブッシュ（父親）大統領は、イラクを非難し、同国に経済制裁を課し、そして必要とあらばイラクに対する武力行使を容認する諸決議を次々と国連安保理で成立させた。そして国連の御旗《みはた》を掲げて湾岸戦争へと踏み切った。見事な外交手腕であった。こうした決議が成立したのは、もちろんソ連が拒否権を行使しなかったからであった。かつてならば自らと関係の深かったイラクを守るためにモスクワは拒否権を行使したであろう。しかし、もう冷戦は終わっていたのである。ゴルバチョフはフセインをかばおうとはしなかった。冷戦の終結が国連のお墨付きを得てのアメリカのイラク攻撃を可能にした。フセインは、あたかも冷戦の終焉に気づかずにいたかのようであった。

この湾岸危機の背景に関しては、様々な議論があった。なぜ、この時期にフセインはクウェートを占領したかについてであった。多くの「識者」は、冷戦が終結したから湾岸危機が起こったと論じた。この事件が冷戦後の地域紛争の時代の幕開けだ、というような論陣を張った。

筆者は、これに同意しない。まず第一に、冷戦が終わって地域紛争の時代が始まったのではない。冷戦は地域紛争を通じて戦われた地球的な規模での争いであった。大量の核兵器で武装した米ソ両超大国の直接対決が国家の滅亡さえ意味しかねなかった状況下では、地域紛争という形の間接的な対決が争いの手段であった。

朝鮮戦争、ベトナム戦争、中東戦争など、冷戦は地域紛争を通じて戦われた。冷戦が終わって地域紛争が起こったのはヨーロッパである。つまりユーゴスラビアやソ連の崩壊過程で発生した。しかし、これはヨーロッパに限定した事象に過ぎない。冷戦が終わってヨーロッパで地域紛争の時期があったとの表現は適切であろう。しかし、冷戦が終わって地域紛争の時代が始まったとの記述は、ヨーロッパが世界だとの勘違いである。

第二に、冷戦が終結したのを見てイラクがクウェートに侵攻したという議論の弱さは、フセインの動機に関しての資料的な裏付けに基づいていない点である。何がフセインをクウェート侵攻へと動かしたのだろうか。資料的な裏付けがない限り、外部的な要因の分析からフセインの動機を探るしかない。

フセインが外国に対して侵略を試みたのは、これが二回目であった。一回目は、既に触れた一九八〇年の対イラン開戦であった。

さて、この二つの侵略戦争の開始に関しては共通点がある。それはイラクにとって軍事バランスが圧倒的に優位であるとの認識であった。その認識を振り返っておこう。一九八〇年の対イラン戦争の開始当時の情勢は、いかなるものだったのか。国土も人口もイラクよりも大きなイランを、何ゆえにフセインは攻撃したのだろうか。シャーの時代には最新の兵器を装備した地域で最強の軍隊と考えられていたイラン軍は、革命による混乱で解体状態であると見られていた。というのは、革命政権はシャーの育てた軍を信頼せず、将校団を粛清した。さらに軍によるクーデターを防ぐために新政権は革命防衛隊という第二の軍隊を創設した。しかもアメリカ大使館員人質事件でイランは国際的に孤立していた。この時期ならば一撃でイランを倒せるだろう。そうした認識でフセインはイランを攻撃した。

結果は予想外にも八年にも及ぶ長期戦となった。計算違いであった。イラン国民の間の民族主義感情の強さを過小評価していたイラクを含む世界の誤算であった。そして革命直後のイランには強い宗教感情の高まりもあった。

二回目の侵略、つまりイラクのクウェート制圧に関しては説明を要しない。八年間の対イラン戦争で肥大化したイラク軍は総兵力一〇〇万のフランケンシュタインであった。二万人程度のクウェート軍は敵ではなかった。

このクウェート侵攻に関して説明が必要なのは、そのタイミングである。これほど兵力差があるのなら、なぜ一九九〇年に侵攻したのだろうか。それ以前でも良かったのではないか。

クウェートは歴史的にはイラクの一部であった。オスマン帝国の時代にはイラク南部の港湾都市バスラを中心とする行政区域にクウェートは含まれていた。そのクウェートが、一八九九年にイギリスの保護国となった。つまりオスマン帝国から離脱したわけだ。背景にあったのはオスマン帝国の緩慢な弱体化があった。そしてクウェートで一九三八年に大油田が発見された。第二次世界大戦の前年である。戦争が終わると油田の開発が始まった。前にも触れたようにモサデク期に国際石油資本がイラン原油をボイコットした。その際にクウェートなどでの増産で、イラン原油の穴を埋めた。アラブ諸国は、イランのツケで潤った。石油の生産で豊かになったクウェートが、一九六一年六月、イギリスの保護下から脱して独立を達成した。

しかしクウェートは、すぐにイラクの脅威に直面した。イラクが、そもそもクウェートは同国の一部であると主張して国境地帯に軍隊を展開したからである。クウェートは母国イラクに戻るべきとの議論であった。この時も、それ以降もイラクとクウェートの間には軍事バランスのかけらもない。クウェートには恐怖が走った。しかし一九九〇年の八月まで、イラクはクウェートを脅かすことはあっても侵略することはなかった。なぜだろうか。

それはイランの軍事力が常に反対方向からイラクに圧力を掛けていたからであった。イラクがクウェートの石油資源を手に入れて国力を増大させることをイランは望んでいなかった。つまりイランの軍事力がイラクのクウェートへの動きを押さえる重しであった。ところが八年間のイラン・イラク戦争でイランの軍事力が消耗し低下し、逆にイラクの軍事力が肥大化した時、この重しが軽くなった。つまりイラン・イラク間の軍事バランスが壊れた。イラク軍に行動の自由が与えられた。フセインは、その「自由」をクウェート侵攻に使った。繰り返そう。イラクがクウェートに侵攻したのは、冷戦が終わったからではない。イランの脅威がなくなったからだ、というのが筆者の理解である。

冷戦の終焉《しゅうえん》がフセインをクウェート侵攻へと駆り立てたのではないと論じた。しかしながら、それはフセインを国際的に孤立させた。つまり冷戦が終わっていたがゆえに、ソ連がアメリカによるイラクを孤立化させる政策を阻止しなかったからだ。国連安保理ではソ連は拒否権を使ってイラクを守ろうとはしなかった。アメリカの提出したイラクに不利な決議案が次々と成立した。その一つがイラクに対する経済制裁であった。そしてイラクに対する武力行使を容認する決議も成立した。既に語ったように、アメリカは国連の錦《にしき》の御旗《みはた》を掲げて一九九一年に湾岸戦争を開始して、イラク軍をクウェートから追い出した。冷戦の終結の外交的な軍事的な帰結であった。

冷戦の終結の帰結が一九九一年の湾岸戦争でのイラクの敗北であった。そして一九九一年末にはソ連邦が崩壊した。その後継国のロシアは、国内の混乱から国際政治の舞台から姿を消すこととなった。中東においてはアメリカの一極覇権の時代が訪れた。

この覇権に挑戦したのが、二〇〇一年のアメリカ同時多発テロを引き起こした国際的なテロ組織アルカーイダであった。アメリカはテロとの戦いとの旗を掲げ、二〇〇一年にはアフガニスタンのターレバン政権を攻撃して崩壊させた。この政権がアルカーイダを匿《かくま》っていたからである。そして二〇〇三年にはイラクを攻撃した。この両国への介入と、その後の長い戦いで超大国アメリカは、その国力を消耗させて行く。

［ロシアの復活］

アメリカの一極覇権の確立している間、ロシアでは何が起こっていたのだろうか。ソ連の最後の指導者ゴルバチョフに代わって後継国のロシアの最初の指導者となったのは、エリツィンであった。しかし、エリツィンは過渡期の指導者であった。エリツィンのロシアは混乱と国力の低下を経験した。

ロシアを復活させた指導者は、プーチンであった。二〇〇〇年に権力を掌握したプーチンは、今日に至るまでロシアを支配している。そのプーチンの下でロシアは復活し、中東の国際政治に復帰した。

ロシアの復活を支えたのは、石油価格の高騰であった。前章の石油価格の変化のグラフを再びご覧いただきたい（一三九頁参照）。プーチンの権力掌握を待っていたかのように石油価格が上昇し始めた。前にも見たように、ロシア（ソ連）は世界最大規模のエネルギー生産国であり輸出国である。石油価格の上昇が、ロシアの経済的な復活と軍事力の再建、そして中東への復帰を可能にした。プーチンは運の良い男である。

プーチン大統領
〔ユニフォトプレス〕

そのプーチンは二〇〇八年まで大統領を二期八年務めた後に首相に転じた。憲法が連続した三選を禁じていたからである。プーチンは実質上の権力を掌握しつつ、大統領職をドミートリー・アナトーリエヴィチ・メドヴェージェフに譲った。このメドヴェージェフの大統領任期中に、中東では「アラブの春」と呼ばれる大衆の民主化を求める運動が吹き荒れた。これは二〇一〇年末にチュニジアに始まり、エジプトに及んだ。この両国では、大衆のデモの前に長年にわたり君臨していた独裁政権が崩壊した。そして地理的に両国の間に位置するリビアでも大衆の反政府運動が発生した。これに対して一九六九年から四〇年以上にわたって独裁者として君臨していたムアマル・カダフィは軍隊での鎮圧を試みた。その過程で、独裁に対して立ち上がった東部の都市ベンガジに西部から進撃した政府軍が迫った。このままではベンガジの市民の虐殺が予想された。

この段階で、国連の安保理で決議一九七三号が提出され採択された。虐殺を阻止するための武力介入を容認する内容であった。この決議が成立したのは、ロシアが拒否権を行使しなかったからであった。伝統的に親ロシアのリビアのカダフィ政権を助けるために、決議の成立を阻止できたにもかかわらずメドヴェージェフ大統領は、そうしなかった。

この決議に依拠してアメリカなどのＮＡＴＯ軍がリビア軍を空爆した。これによってベンガジを守り市民の虐殺を未然に防いだ。そればかりかＮＡＴＯ軍は爆撃を続け、リビア軍に大きな打撃を与えた。その結果、親ロシアであったカダフィ政権が倒れた。ＮＡＴＯ諸国は安保理決議を利用して気に入らない政権を打倒した。どう深読みしても安保理決議は、そこまでは許容していない。ロシアはＮＡＴＯ諸国に騙《だま》された観があった。

それがロシアの対シリア政策に跳ね返った。先に触れた「アラブの春」はシリアにまで及んだ。シリアでも長年のアサド政権の独裁下にあった人々が自由を求めて立ち上がった。しかし、アサド政権は譲歩の姿勢を見せず、これに徹底した弾圧で応じた。反体制側も武装して内戦が始まった。

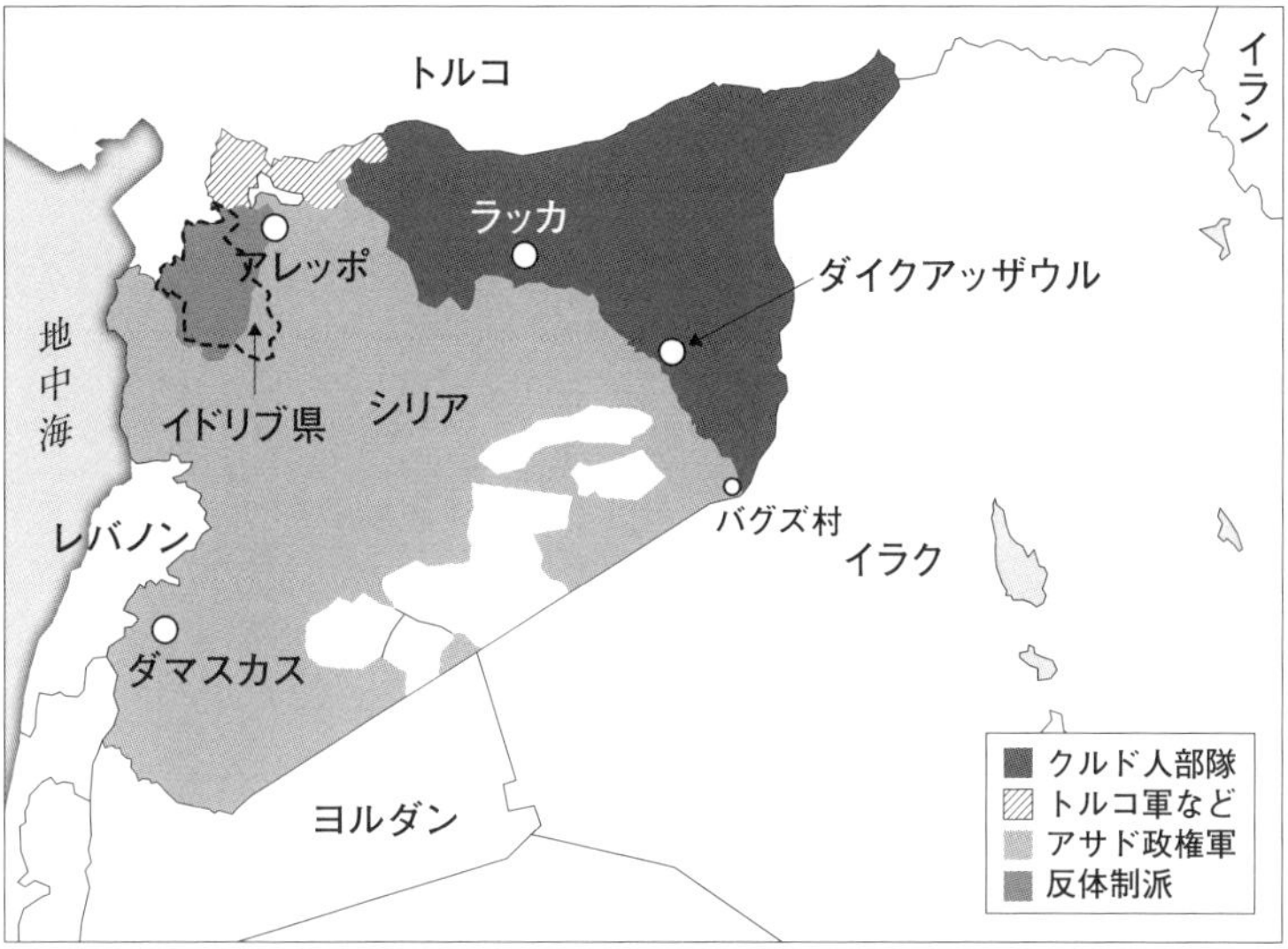

出所）『読売新聞』2019年3月10日朝刊付記事掲載図などをもとに作成。

シリア内戦の勢力図（2019年2月時点）

ロシアはソ連時代の一九五〇年代からシリアに援助を与えてきた。アサド政権とは浅からぬ関係にある。それゆえＮＡＴＯ諸国などの介入を正当化するような決議案を、拒否権をちらつかせて葬ってきた。つまりロシアの拒否権で成立が難しい内容の決議案は、そもそも提出されなくなった。二〇一二年に大統領に復帰したプーチンは、リビアの教訓を踏まえて、ＮＡＴＯ諸国に付け入るスキを与えなかった。二度と騙《だま》されないという姿勢であった。

そして二〇一五年には、今度はロシア自身がシリアへの本格的な軍事介入を開始した。大規模な爆撃によって反体制派の諸勢力に大きな打撃を与えてアサド政権を助けた。やはりアサド政権を支援するイランが陸上兵力を様々な形で提供した。両者による空陸からの支援を受けて、アサド政権は反体制勢力を追い詰めた。二〇一九年二月段階では、反体制勢力は西北部の狭い地域に追い込まれている。

しかし、シリアには体制側でもなく反体制勢力でもない勢力が存在する。非体制勢力とでも呼ぶべき存在である。それは、シリア北東部のクルド人勢力である。クルド人たちは、誰のためにでもなく、自らの地域での自治の確立のために戦った。そして広い地域を支配下に置いている。

そして、ロシアは、シリアに海軍基地と空軍基地を維持して、中東での自らの足場を固めた。つまり中東での役割を復活させた。ここで、ロシアの復活劇で、脇役ではあるが重要な役割を務めたトルコとイラン両国との関係を見ておこう。この両国との歴史的な因縁については、既に触れた。トルコとロシアが本格的に向かいあったのは、シリア内戦においてである。一方で、ロシアはアサド政権を支えた。他方、トルコはアラブ諸国や欧米などと共に反アサド側を支援した。両者が衝突したのが、中東の上空であった。二〇一五年秋、トルコ空軍機がシリア・トルコの国境地帯の上空でロシア空軍機を撃墜した。

どうロシアは反応したのか？　まずトルコに対する経済制裁が発動された。トルコからの食料品の輸入を禁止した。そしてトルコに向かうロシア人の観光を止めた。さらにシリア北東部を支配するクルド人組織の事務所がモスクワに開かれた。プーチンのメッセージは、明らかであった。それは、「ロシアにはクルド人を支援してトルコを悩ませる選択がある」だった。クルド人はイラン、イラク、シリア、トルコなどの国境地帯に生活する民族である。自らの国を持たない最大の民族として知られる。その総人口は三〇〇〇万を超えていよう。つまりシリアの総人口の二二〇〇万余を上回っている。

トルコの総人口八〇〇〇万の四分の一はクルド人だと推測されている。トルコは長年クルド人の反乱に直面してきた。それゆえ隣国のシリアでクルド人が力を持つことを望んでいない。それが自国に影響するのを嫌っている。そのトルコが一番嫌っている問題にロシアが関与する姿勢を示した。そのクルド民族に関しては、最終章で語りたい。

翌二〇一六年、トルコのレジェップ・タイップ・エルドアン大統領が撃墜に遺憾の意を表して両国は和解した。そして、以降はシリアにおいて協力関係を構築しつつある。何が起こったのだろうか。何がトルコをロシアとの和解に動かしたのか。もちろんロシアの経済的な圧力があった。そしてトルコの対シリア政策の変更があった。それは、トルコがアサド体制の存続を受け入れたことであった。二〇一五年のロシア軍の介入以降の戦局は、アサド政権側の優勢のうちに展開し、さすがにトルコも現実を無視できなくなった。アサド体制の存続を受け入れざるを得なくなった。これでトルコとロシアの間の大きな対立点が解消した。しかもロシアはクルドに対する支援の姿勢を見せただけで、実際には動かなかった。これがトルコを安堵させた。

ところがアメリカは、シリアのクルド勢力を支援し続けた。これは、オバマ政権以来のシリアには直接介入しないという方針を、トランプ政権が引き継いだ結果である。「直接」というのは多数のアメリカ人が死ぬという意味である。したがってアメリカは少数の特殊部隊を送り込んだり空からの爆撃で支援したりしたが、陸上戦闘に多数の兵員を送り込むことはしなかった。その代わりに地上でＩＳ（「イスラム国」）との戦闘に従事したのは、何度も言及してきたクルド人たちであった。アメリカはクルド人勢力に軍事援助を与えた。そして地上での犠牲の多い戦闘をクルド人に任せ、自らは血を流さない手を汚さない戦争を戦った。その結果、クルド人がシリアの北東部に支配地域を確立した。シリアの国土の約三分の一が、その支配下にある。クルド人はアサド政権のためにではなく自らのために戦ったわけだ。

今後シリア政府がクルド人勢力と、どう対峙《たいじ》するのかが注目される。クルド人を攻撃して、シリア全土を再統合しようとするのかどうかである。となるとクルド人の後ろにいるアメリカ軍の動きが気にかかる。

このアメリカのクルド人支援にトルコは怒っている。これが、アメリカ・トルコ関係を緊張させている大きな要因である。アメリカのトランプ大統領は、アメリカ・ファーストを掲げ、シリアへの介入には、それが限定的であっても懐疑的である。もしアメリカがシリアから手を引けば、この面でのトルコとのわだかまりは解消するだろう。しかし、それはアメリカ軍のために血を流したクルド人への裏切りを意味する。アメリカの決断が注目される。ロシアが復帰し、アメリカはシリアから去ろうとしているのだろうか。二〇一八年一二月にトランプ大統領がシリアからのアメリカ軍の撤退を発表した。この発表を受けての、アメリカ軍の実際の動きが注目される。

このシリアにおいては、既に見たようにロシアはイランと協力している。イランは自国の革命防衛隊を派遣したのをはじめ、レバノン、イラク、アフガニスタンなどの周辺諸国から多くのシーア派の民兵を送り込んでアサド政権を支えた。アメリカの空軍とクルド人の陸上部隊が協力しているように、ロシアの空軍とシーア派の陸上部隊が提携して戦っているわけだ。

このシリアにおいて、ロシアはイスラエルとの間に微妙な関係を維持している。そのイスラエルは、シリアの内戦による混乱を、どのように認識していたのだろうか。イスラエルでは、二つの対立する見解があった。一つは、アサド政権は長年イスラエルと対立してきた。それゆえシリアの混乱とアサド政権の弱体化は、イスラエルにとっては歓迎すべき事態である。もう一つの見方は、アサドは敵ではあるが、計算できる相手である。アサド支配下のシリアとイスラエルは本格的な軍事衝突は一九八〇年代以来、起こっていない。少なくともアサド政権は合理的であり、その生存に興味がある。したがって勝てない戦争を仕掛けてくる可能性は低い。ところが反アサド勢力の中には殉教をいとわないグループもいる。こうした勢力は負けを覚悟で攻撃を仕掛けてくるかも知れない。となれば、安定したアサド政権の方が好ましい。つまりアサド政権の不安定化はイスラエルの国益ではない、という視点である。

結局イスラエルはアサド政権の弱体化を受けて、反政府勢力に限定的な支援を与えた。限定的ではなかったのが、イスラエル空軍によるシリア国内の親イラン勢力の拠点の爆撃である。アサド政権の支援のためにシリアに入ったイランの革命防衛隊はミサイルを持ち込んだ。そして、ミサイルの製造設備を建設し、ミサイルをレバノンの親イラン勢力のヘズボッラーに渡そうともしている。というのがイスラエルの見方である。これを許さないとの方針を掲げ、イスラエル軍が大規模かつ組織的にイラン系の拠点を爆撃している。

さて、やっとロシアとイスラエルの関係を語る準備ができた。二〇一五年の大規模な軍事介入以降、ロシアはシリア上空の制空権を保持している。にもかかわらず、クルド人支配地域の上空ではアメリカ空軍などが活動している。そしてイスラエル空軍がイラン系勢力の拠点を爆撃し続けている。どうなっているのだろうか。

実はロシアとアメリカ、そしてイスラエルなどは、各国の空軍が衝突しないように緊密に連絡を取り合っている。ロシアとイスラエルは、どうもロシア語で話しているようである。一九八〇年代のペレストロイカ以来、旧ソ連圏からイスラエルに移民したユダヤ教徒は約一〇〇万と推定されている。イスラエルではヘブライ語、アラビア語に次いで話されている言葉がロシア語であろう。それだけ、ロシア系のユダヤ人の存在感がイスラエルで増している。

さてロシアは、シリア政府、イラン、イスラエル、アメリカ、トルコ、クルド人と、ほぼ全ての関係者とコミュニケーションのチャンネルを保持している。これに比するとアメリカは、シリアのアサド政権やイランとは口をきけない状況である。かつて一九六〇年代にソ連がイスラエルとの外交関係を断絶し、それ以降は長い間にわたりアメリカのみが中東和平の調停者として振る舞えた。

今、シリアに関しては、その立場をロシアが占めている。ロシアの中東外交への復帰の成功を象徴する風景ではないだろうか。

略年表

一八九九年	クウェート、イギリスの保護国となる
一九三八年	クウェートで大油田の発見
一九六一年	クウェートの独立
一九八〇年	イラン・イラク戦争の始まり
一九八八年	イラン・イラク戦争の停戦
一九九〇年	湾岸危機
一九九一年	湾岸戦争
二〇〇〇年	プーチン、大統領に就任
二〇〇一年	アメリカ同時多発テロ
	アフガニスタン戦争の始まり
二〇〇三年	イラク戦争の始まり
二〇〇八年	プーチン、首相に就任

二〇一〇年　「アラブの春」の始まり
二〇一一年　リビアのカダフィ政権の崩壊
二〇一二年　プーチン、大統領へ再就任
二〇一五年　ロシアのシリアへの大規模な軍事介入
二〇一八年　トランプ大統領、シリアからのアメリカ軍の撤退を表明

9 中国＊

「チュウゴク　ハールク　バーンキスィ」

中国人民銀行のウイグル語表記

【傷ついたプライド】

中国の中東政策を語る際に重要なのは、二つのキーワードだろうか。石油とイスラムである。なぜ、この二つが重要なのか。その説明に入る前に、中国と中東の関係を振り返っておこう。

中国と中東の人々には共有された心理がある。被害者意識である。しかも、プライドを傷つけられたという感覚も共有している。中国も中東も古代文明の発祥の地であり、長年にわたり人類の文明をリードしてきた。

そして、その頃から中国と中東は陸上のキャラバンルートであるシルクロードによって結ばれて

＊本章の執筆にあたっては、二〇一八年度に放送大学大学院文化科学研究科社会経営科学プログラムに提出された以下の二本の修士論文に示唆と刺激を受けた。記して謝意を表したい。加藤春樹「中国から見た中東・サウジアラビア／エネルギー事情を中心に」と田中護「トルコによる中央アジアへのソフト・パワー／トルコ製アパレルによる新疆ウイグル地区への影響力」

いた。また海のシルクロードと呼ばれる海上の交易路も開かれていた。

ところが中東も中国も一九世紀以降からは欧米列強に軍事的に対抗できなくなった。産業革命を経た欧米列強の侵略を受け、その犠牲となった。侵略の被害の記憶は誰にとっても苦い。しかし、かつて世界をリードしたとの誇りを持った人々には、ひときわ辛《つら》いものだろう。

明朝の時代に中国は海からの進出を停止した。それ以来、中国の中東への進出は活発ではなかった。そして一九世紀以降の中国は、列強の進出の対象ではあったが、自らが国家として海外に進出する勢いはなかった。

一九四九年に成立した共産党政権にも、中東は遠かった。中東を意識するようになったのは、一九六〇年代に入ってからであった。それも、ソ連とのイデオロギー論争における支持者を求めるためであった。ソ連と中国の、どちらが正しい共産主義運動を推進しているかとの論争の期間に、中国はソ連の中東外交に失望した一部の左翼層の支持を獲得したに過ぎなかった。

この一九六〇年代から一九七〇年代にかけての中国とソ連の論争は、中ソの修正主義論争として知られる。その背景は、ソ連による一九五〇～六〇年代の平和共存路線の選択にあった。それまでのソ連の立場は、共産主義と資本主義の対決は不可避とするものであった。ところがソ連は立場を変えた。米ソ両国が多数の核兵器で武装している現実を踏まえると、戦争が不可避であれば、それは人類の滅亡さえ意味しかねない。平和共存こそが唯一の合理的な政策である。ソ連は、そう主張した。特に一九六二年のキューバ危機を経て、米ソの両超大国は、対立しながらも、核戦争を避けるための話し合いの重要性を強く認識するようになった。

しかし平和共存の意味するところは、直接的な大規模な武力の不使用である。となれば、台湾が北京の中華人民共和国政府の支配下にないという現実を容認せざるを得なくなる。それは中国の共産党政権には受け入れがたい。したがって中国共産党は、ソ連の平和共存という政策を正しいマルクス・レーニン主義の路線からの逸脱として批判した。ソ連修正主義に対して、中国の共産主義こそが正統なのだ、との主張であった。

北京からの宣伝放送は、様々な言語で声を荒立てて日夜、ソ連の修正主義を攻撃した。この中ソのイデオロギー論争が中東に転移して、各国の左翼勢力に親ソ派と親中派の分裂をもたらした。ちなみに当時の中国の中東向けの現地語放送は、多くのイスラム教徒が中国に生活しているという事実を強調していた。

ソ連は実際に中東に進出し現地の政権と接触していた。既に見たように、民族主義的であり共産主義者を弾圧している場合にも、そうした政権をソ連は支援した。エジプトやシリアのようにである。またトルコのようなアメリカの同盟国とも外交関係を維持した。さらにはイランともである。イラン王制は、共産主義者を含め全ての反政府勢力を秘密警察によって弾圧していた。国家としてのソ連の利益が、共産主義の本家としてのイデオロギー的な主張を押さえた。

ところが中国には、その心配がなかった。中国と密接な関係を持っている政権は、中東では見当たらなかった。中国はソ連に失望した共産主義者の取り込みを狙った。イランの学生たちの一部のように中国共産党に傾倒する人々もいた。そうした中で中国が実際に支援したのは、オマーン南部のドファール地方の反政府ゲリラであった。

当時、オマーンはイギリスの保護下にあり、長年スルタン・タイムール（一九一〇～七二年）が支配してきた。タイムールは絶対君主であった。教育を与えれば、国民が自らに背くようになると信じていた。教育は重視されなかった。タイムール支配下のオマーンでは、学校はわずかに三校を数えるのみであった。その結果、五パーセントというのが国民の識字率であった。また近代的な医療も国民には届かず、乳幼児死亡率が七五パーセントという悲惨さであった。こうした状況に対する反乱が一九六〇年代後半にオマーン南部のドファール地方で始まった。反乱勢力のゲリラ活動を中国は武器を送って支援した。ちなみにイランの共産主義者の一部は、これを高く評価していた。ゲリラを支援した中国政府を称賛していた。

中国の知られざる中東外交へのデビューであった。さてオマーンを実質上「保護」していたのはイギリスであった。そのイギリスは、タイムールの支配が続いては反乱を押さえられないと判断した。一九七〇年にクーデターを起こし、それまで宮殿に閉じ込められていた息子のカーブースをスルタンに据えた。このカーブースはドファール地方の中心の港湾都市のサラーラ生まれであった。オマーンとインドで初等と中等教育を受け、その後イギリスの士官学校を卒業していた。父親は、この有能な息子を恐れ幽閉していた。中東では、父親の死を待ちきれずに、早めに引退させて王位を奪う息子の例が少なくない。現在でも、そうした事例がある。たとえばカタールでそうした例があった。一九九五年にアルサーニ家のハリーファ首長のスイス訪問中に皇太子のハマドが権力を掌握した。スルタン・タイムールの息子への恐怖心は、中東では異常ではない。そして、その恐れた通りに、息子はイギリスの支持を得て権力を奪い、ロンドンの高級ホテルに父親を亡命させた。タイムールは、その二年後に客死した。

カーブースは、イギリス軍の協力を得て、ドファールの反乱の鎮圧に本格的に乗り出した。同じ王制のヨルダンが軍隊を派遣して、それを支援した。さらには、ペルシア湾を越えてイランもスルタンのために派兵した。スルタンはゲリラの鎮圧に成功した。その陰にはイランの外交的な努力もあった。イランの説得で中国がゲリラに対する支援を中止したからだ。

イランと中国の交渉の仲介を果たしたのはパキスタンであった。一九七一年、シャー（イラン国王）の双子の姉妹であるアシュラフが北京を訪問して周恩来《しゅうおんらい》首相の歓迎を受けた。アシュラフは強い性格で知られ、父親のレザー・シャーは、息子で二代目の国王となったモハマッド・レザーが女性でアシュラフが男性だったら良かった、と語ったと伝えられている。アシュラフは、国連代表を務めイランの国連外交を指揮していた。

アシュラフの周首相へのプレゼントは、北京政権の承認であり国連代表権問題での中国支持であった。この国連代表権問題というのは、国連において中国を代表するのは、どちらの政権かという対立であった。第二次大戦末期の国連の創設時には、蔣介石《しょうかいせき》の国民党政権が毛沢東《もうたくとう》の共産党政権に対して優位に立っていた。国連の中国の議席も蔣介石の国民党政権に与えられた。ところが、その後の国民党と共産党の間の内戦で共産党が勝利を収めた。共産党政権は、中華人民共和国と自称して中国の大陸部分を支配した。敗れた国民党は台湾に逃れ中華民国として存続した。その両者が自らを中国を代表する唯一の正統政府と主張した。国連の議席は、中華民国政府が保持したままであった。国連で中国を代表する権利が、台北の中華民国政府にあるのか、あるいは北京の中華人民共和国政府にあるのか、というのが中国代表権問題であった。

第二次世界大戦後にアジア・アフリカの植民地が独立し国連に加盟すると、北京政府の代表権を支持する国家が段々と数を増していた。そして一九七一年に、当時のリチャード・ニクソン大統領の国家安全保障問題の補佐官だったキッシンジャーがパキスタン経由で密かに北京を訪問した。この事実が発表されると、各国は雪崩を打って北京政権支持に動いた。この年秋の国連総会で中国の代表権が北京政権に与えられ、台湾の中華民国政府の代表は国連を去った。

それではイランは、北京政権の承認と国連での支持の引き換えに、中国から何を得たのだろうか。それはドファール地方のゲリラへの支援の停止であった。ここで北京政権は、国家の利益をイデオロギー的な純粋性に優先させた。中国が支援を打ち切ったドファールのゲリラたちを、スルタン・

カーブースが押さえ込んだわけだ。

【石油輸入国】

イラン王制と共産中国の関係は、その後も発展した。そして一九七八年九月には華国鋒《かこくほう》主席がテヘランを訪問した。しかし、当時のイランは一九七八年の年初から始まった反シャー運動に揺れていた。華主席は、大規模なデモの直後にテヘランを訪問した。このデモ隊に治安当局が発砲して多数の死傷者が出ていた。殉教者の遺体を踏みつけたとイランの革命派に批判された訪問であった。これがシャーの時代の外国の首脳の最後のテヘラン訪問となった。これほど酷《ひど》いタイミングでイランに来たのは、その直前に実際のデモの日に訪問した日本の福田赳《たけ》夫《お》首相だけであった。こうして日中ともにイラン情勢の展開を見損なった。この翌年には、日中の首脳が訪問したシャーは帰らぬ亡命の旅に出た。そしてイランで革命政権が成立した。

実は北京政権を中東へと強く引き付けるようなるのは、イラン革命の前年に始まった中国での新しい「革命」の進行の結果であった。つまり一九七八年に鄧小平《とうしょうへい》によって始められた改革開放路線の成果であった。中国共産党は、自らの独裁的な政治面での支配を維持したままで、経済面では資本主義的な発展を志向した。この政策の下で、中国は驚異的な経済成長を実現した。強権体制下での経済成長を達成した。経済成長が、中国のエネルギー需要を爆発的に上昇させた。

かつては石油を日本に輸出していた中国が、やがて輸出を止《や》め、そして輸入国となった。それもまった。それはアフリカであり中東であった。アフリカへの、そして中東への本腰を入れた中国の進出が始まった。大輸入国に、さらには世界一の石油輸入国に。中国は、どこから石油を輸入し始めたのだろうか。

[パキスタン]

中国の中東本体への本格的な進出は二〇世紀末以降の現象であるが、その周辺とも言うべきパキスタンとは早い時期から関係を深めていた。というのは中国とパキスタンの両国がインドと対立しているからである。一九四七年にイギリスの統治からパキスタンとインドに分離して独立した両国は、カシミールの領有を巡って建国当時から対立し何度も戦争を戦った。インドは非同盟主義を掲げてインド亜大陸周辺から域外大国の影響力を排除しようとした。そうすればインドは圧倒的な力の立場から周辺諸国に対して影響力を振るうことができるからである。理想主義と現実主義を一致させたのが、インドの非同盟外交であった。

国力的に劣りながらインドと対抗していたパキスタンには、非同盟主義という理想主義に付き合う余裕はなかった。まずアメリカと接近して軍事援助を受け入れた。このアメリカとパキスタンの関係の深さが、アフガニスタンからの軍事援助の要請にワシントンが良い顔をしなかった背景であった。この点については前に触れた。パキスタンはワシントンと同時に中国にも接近した。中国もパキスタンと同じようにインドと国境問題を抱えていた。中国が国際的に孤立していた時代には、パキスタンは中国と西側諸国を結ぶ貴重な橋であった。この橋を渡ってキッシンジャーが北京を訪問した。この点についても既に言及した。

中東からの石油依存が深まると、その輸送路に中国は目を向けるようになった。ペルシア湾岸の原油をインド洋、マラッカ海峡、南シナ海経由で現在は輸送している。しかし、輸送距離は長い。しかもインド洋の制海権をアメリカ海軍が握っている。これに中国は不安を覚えていよう。何かあれば石油輸送路が遮断される。こうした懸念を和《やわ》らげるための方策として中国が進めているのが、パキスタンの港湾都市グワダルの開発である。グワダルは、かつてはオマーンの領土であった。オマーンは、その最盛期には現在のタンザニアにも領土を持つインド洋の海洋帝国であった。一九五八年にオマーンは、このグワダルをパキスタンに売却した。その時のオマーンの支配者は、先に触れたスルタン・タイムールだった。

中国からパキスタンに入り、同国を南北に縦貫する道路とパイプラインを建設しグワダル港につなごうとする遠大な計画がある。ペルシア湾岸やアフリカから石油と天然ガスをグワダルに荷揚げして中国に送ることになれば、タンカーの航海の日数を大幅に減らすことになる。ただグワダル港の位置するバローチスターン州は、パキスタンからの分離運動の強い地域である。中国国境とグワダルを結ぶ幹線に対するゲリラによる攻撃が予想される。また乾燥地帯であるため、この地域では恒常的に水が不足している。グワダルへの十分な水の供給も費用のかかる事業となるだろう。

これは中国と中東さらにはヨーロッパまでを結ぼうとする壮大な交通インフラの建設計画の一環

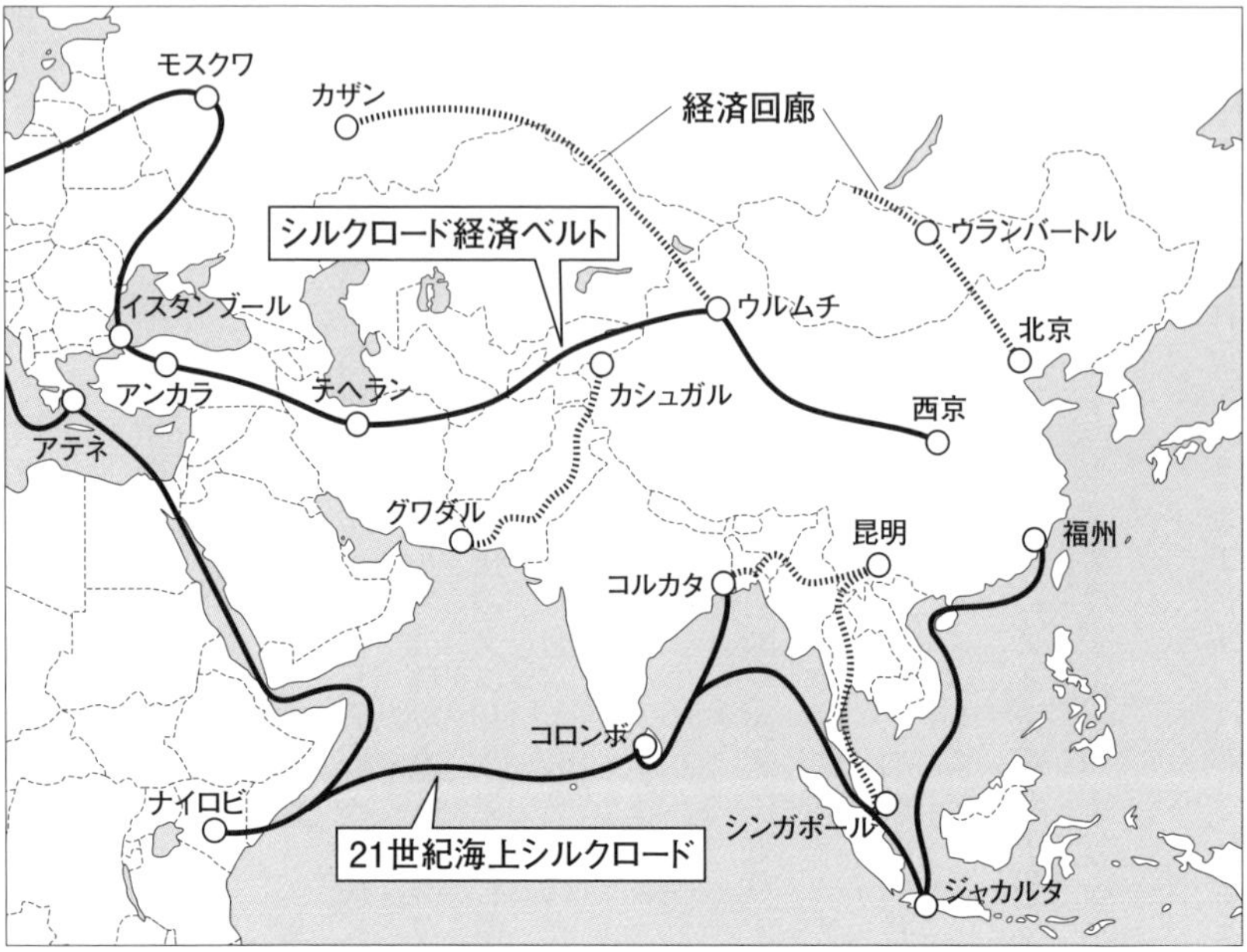

出所）経済産業省『通商白書2017』「一帯一路」地図をもとに一部加工して作成。

中国の「一帯一路」構想

である。この新しいシルクロードとも呼べる計画を中国は「一帯一路」と名付けている。

「シルクロード」とは「絹の道」の意味である。古来から中国と中東を結ぶキャラバンルートを、後世のドイツの研究者フェルディナント・フォン・リヒトホーフェン男爵（一八三三〜一九〇五年）が、「ザイデンシュトラース（絹の道）」と名付けた。シルクロードとは、その英語訳である。中国の絹が、この道を通って運ばれた主要産品の一つだったからである。中国は、一帯一路というスローガンの下、このシルクロードの自国の影響下での再活性化を目指している。

【八方美人の新顔】

さて、一九九〇年代くらいから中東の中心部に新顔として登場した中国は、当然の事ながら全ての国と良好な関係を構築しようとしてきた。しかし、それは多くの対立を抱える中東において、なかなか難しい。たとえば中国はイランとサウジアラビアから石油を輸入している。しかしながら、両者の関係が良好ではないので、その間でバランスを保つのが難しい。日本と同じ悩みである。しかし、中国は国連の安全保障理事会の常任理事国であり、より大きな外交力を持っている面もあるので、より強い風当たりを受ける。中国は、いつまでも八方美人ではいられないと思い知りつつあるだろう。

中国の中東進出が起こっているのは、それは一つには、中東諸国の多くが、その巨大な市場に魅力を感じているからである。また中国の巨額の融資も抗しがたい魅力である。たとえば中国資本がイスラエル北部の港のハイファに入っている。二〇二一年からハイファ港の管理を中国資本が始める。これが問題だ。というのは、そのハイファ港に隣接してイスラエル海軍の基地があるからだ。イスラエル海軍自体は大きな存在ではない。イスラエル軍は空軍と陸軍を主力とする軍隊である。ただし、そのドイツ製の潜水艦が重要である。というのは、潜水艦には巡航ミサイルが搭載され、そのミサイルの弾頭は恐らく核兵器だからだ。イスラエルは一九六〇年代から核兵器を実戦配備している。しかし狭い国土ゆえに核兵器による奇襲攻撃を受けた場合には、核戦力が全滅する可能性がある。

そこで二一世紀に入ってから潜水艦が輸入された。それが核兵器を搭載して移動している。これで、奇襲攻撃による核戦力の全滅を避けられる。明言はしていないが、イランの核開発を視野に入れた措置である。

これで核攻撃を吸収して、なおかつ核兵器による反撃が可能になった。となると報復を恐れ、核による奇襲攻撃を潜在的敵国はためらうようになる。こうした能力を第二次攻撃能力と呼ぶ。対立する核保有国の双方が第二次攻撃能力を維持すれば、奇襲攻撃の動機が双方ともに低下し関係が安定する。これが相互確証破壊である。英語ではMutual Assured Destructionである。頭文字を取った略語が、ＭＡＤつまり「気が狂った」となる。

中国の進出するハイファ港

核戦略の「神学」用語が続いたが、このイスラエルの核戦力の中枢の近くに中国人が往来するという状況に懸念が表明されている。もう一つの問題は、ハイファ港をアメリカの第六艦隊が寄港地にしている点だ。アメリカの地中海艦隊が、中国の管理する港を使えるだろうか。それこそ軍事機密が保持できない。これは、イスラエルの港湾部門が安全保障担当部門と調整もせずに中国と交渉した結果である。

中国とイスラエルは関係を深めつつある。しかし、中国との関係の深化はアメリカとの摩擦を引き起こしがちである。ハイファ港の問題は、この中国という中東の新顔と付き合う難しさの反映だ。イランのようにアメリカと対立している国は良い。だがイスラエルのような同盟国はアメリカという古い友人の機嫌を損なうわけには行かない。新顔の中国と古い友人のアメリカの間で外交的な立ち位置を決めるのは難しい。アメリカと特別に密接な関係のイスラエルであれば、その思いはひときわ深いだろう。

過去には、もっと大きな問題もあった。繰り返しになるが、それはイスラエルから中国へのハイテク兵器の輸出である。イスラエルからのハイテク兵器で中国軍が強化されれば、その中国を潜在的な敵国とみなしているアメリカには迷惑である。そのアメリカがイスラエルに対する唯一の軍事援助提供国である。しかも巨額の。アメリカからの抗議を受けてイスラエルの対中国のハイテク兵器輸出にブレーキがかけられた。中東諸国にとっても、中国との関係の管理は、なかなか難しい。

［イスラム国家としての中国］

中国には多数のイスラム教徒が生活している。その数に関しては議論があるようだ。二〇〇〇万人との数字がよく使われる。中国の紙幣を見ると、「チュウゴク　ハールク　バーンキスィ」中国人民銀行とトルコ語系の言語であるウイグル語の表記がある。しかもアラビア文字を使ってである。参考までに百元札の裏側を見て欲しい。（次頁参照）

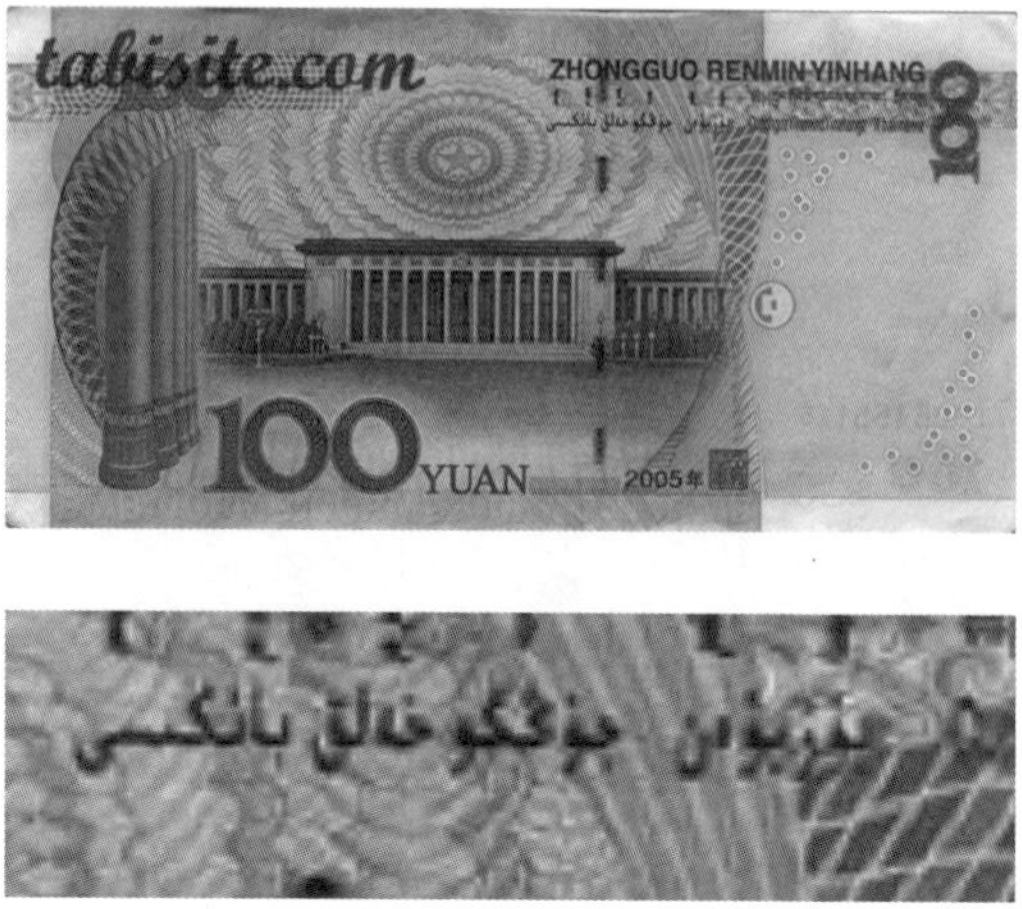

百元札裏面（上）とその一部拡大したもの（下）

中国の建前では少数民族は尊重されている。しかし、実情は、そうでもないようである。イスラム教信仰の実践が難しいような弾圧が進行していると伝えられている。現地を訪れた旅行者の証言によると、外国人との接触さえもが治安当局の取り締まりの対象となっているようである。人権団体などによると、一〇〇万人単位の人々が「再教育施設」に収容されている。大幅に拡充された施設の衛星からの写真が、その証拠の一部として公開されている。電話の盗聴、メールの監視、さらには多数の監視カメラの設置によって、イスラム教徒の行動が厳しく制限されているという状況のようだ。

中国と中東諸国の関係を見ていて興味深いのは、中東の国々が中国国内でのイスラム教徒の弾圧に沈黙している点である。黙殺状態である。英語の表現を借りれば、「耳をつんざくような沈黙」を守っている。イスラム世界のリーダーかのような言動をときおり見せるサウジアラビアもイランも、中国のイスラム教徒のために声を上げていない。重要な石油の輸入国の中国の感情を害したくないとの配慮からだろうか。イランなどのようにアメリカの圧力を受けている国には、中国の外交的な支持は不可欠である。

ところが二〇一九年二月に、ついに中国を批判するイスラム教徒の国が現れた。トルコである。トルコがウイグル人の人権侵害について中国を厳しく批判した。沈黙を破る事件であった。

なぜトルコは中国を批判したのだろうか。

祈る西安のイスラム教徒
〔2012年5月　筆者撮影〕

動機を推測すると、ウイグル人がトルコ語系の民族だからだ。その居住地である新疆《しんきょう》地区が清朝の支配下に入ったのは、一八世紀である。その最盛期の皇帝であった乾隆帝《けんりゅうてい》の時代である。現在の北京の中華人民共和国政府は、清朝期の最大の支配地域を中国が支配すべき空間として主張する。したがって新疆も中国の不可分の一部であるという認識である。

清朝が衰退期にあった一九世紀後半にヤクブ・ベクが同王朝のイスラム教徒の多い地域を支配下において一八六〇年代に独立を主張した。イギリス、ロシア、オスマン帝国が、これを承認した。結局は清朝の攻撃を受けて一八七七年にヤクブ・ベクの国家は消滅してしまうのだが。その後も、この地域の独立の動きは何度かあったものの、各国の承認を受けることはなかった。しかし、現地の人々の間に、そして中国の中央政府の人々の間に、この「東トルキスターンの記憶」が残ることとなった。

それでは、他のイスラム諸国が中国を批判できないのに、なぜトルコには、それが可能なのだろうか。それは、トルコには中国に売る石油がないからだ。したがってアラブ諸国やイランのような産油国と違って、中国に率直に口が利《き》ける。それゆえ中国におけるイスラム教徒の弾圧に批判的である。

次の章で触れるが、朝鮮半島でトルコ軍が中国軍と砲火を交えた事実が想起される。同胞のイスラム教徒という面でもトルコ系という面でも、トルコは二重に深くウイグル人とつながっている。今後のトルコのウイグル問題に対する言動が注目される。

略年表

一八世紀	清朝の乾隆帝、新彊地区を平定
一八六〇年代	ヤクブ・ベクが新彊地区の独立を宣言
一八七七年	ヤクブ・ベク国家の消滅
一九四七年	インドとパキスタンが分離独立

一九四九年　中華人民共和国の成立
一九六二年　キューバ危機
一九七〇年　オマーンでスルタン・カーブースが権力掌握
一九七八年　福田赳夫首相と華国鋒主席のイラン訪問
　　　　　　中国で鄧小平の改革開放政策開始
一九七九年　イラン革命政権の成立
一九九五年　カタールでクーデター
二〇一九年　トルコ、ウイグル人問題で中国批判

10 北朝鮮／小さな軍事大国＊

朝鮮半島の北半分を支配する朝鮮民主主義人民共和国いわゆる北朝鮮と中東の間には軍事面で重要な関係がある。本章では、両者間の関係について解説しよう。

【朝鮮半島のトルコ兵】

まず北朝鮮と戦った中東の国を紹介したい。朝鮮半島での緊張が高まると、一九五〇年から一九五三年の間にかけて戦われた朝鮮戦争が想起される。この戦争の勃発直後の国連安保理で韓国を支援する決議が成立した。それを受けて国連の旗の下に多くの国々が参戦した。韓国を支援

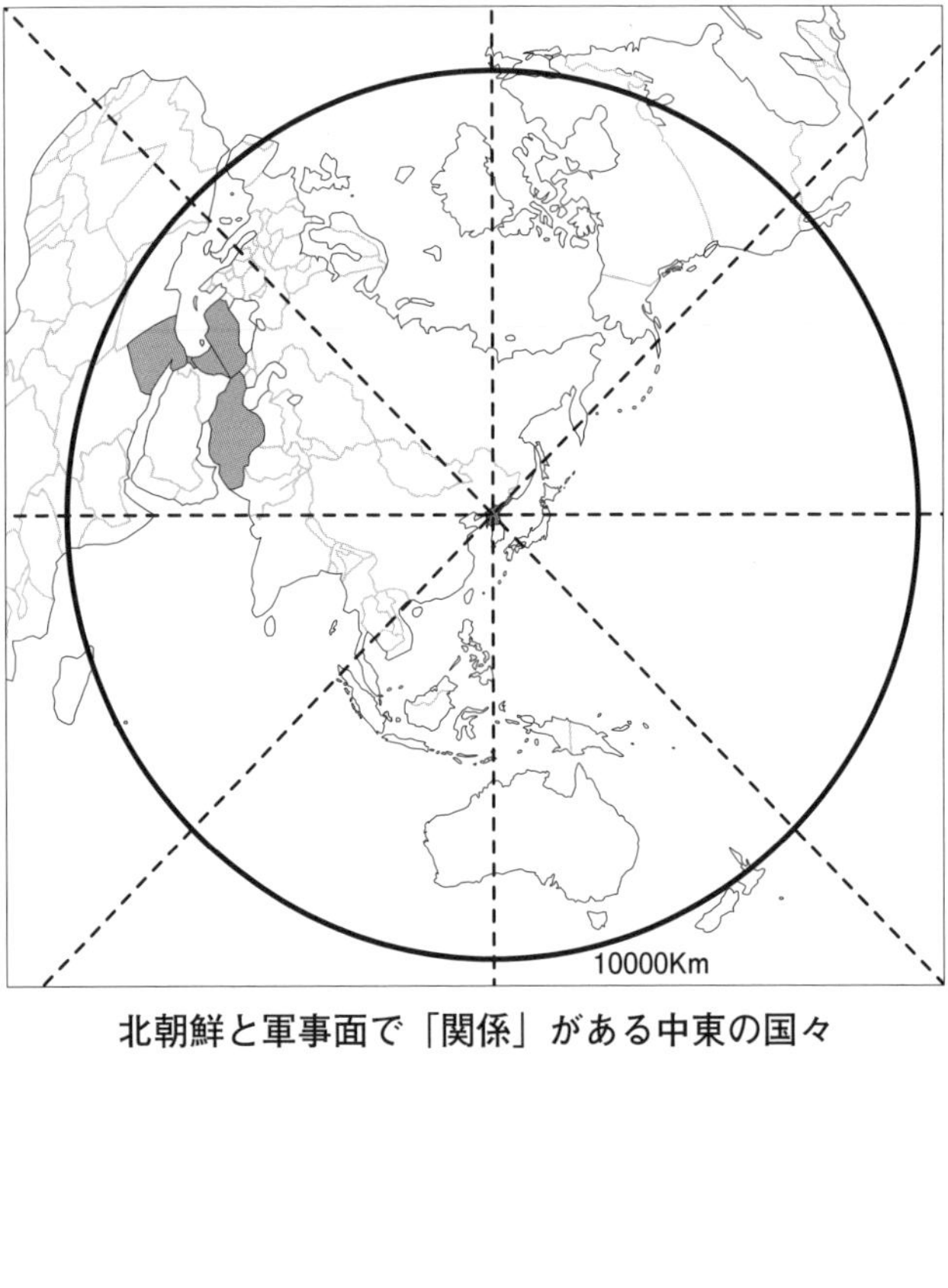

北朝鮮と軍事面で「関係」がある中東の国々

して最大の犠牲を払ったのは、もちろんアメリカである。その同盟国であるイギリスやオーストラリアも兵員を派遣した。しかしアメリカの正式の同盟国でもないのに軍隊を派遣した国があった。
それは、どこか。トルコであった。

朝鮮半島で戦うトルコ軍
〔ユニフォトプレス〕

延べで、一万五〇〇〇名のトルコ将兵が朝鮮半島で戦った。その勇猛ぶりは今でも語り継がれている。そして約一〇〇〇名の戦死者と二〇〇〇名の負傷者を出した。ここで銘記しておきたいのは、トルコ軍は北朝鮮軍と戦ったと同時に北朝鮮を支援して介入した中国軍とも戦った。この点に関しては、前の章でも言及した。朝鮮半島でトルコ軍が、かつて中国軍と戦ったという歴史は、今後の中国の対中東外交とトルコの対中国外交を考える際に意味を持つだろうか。

なぜトルコは義理もないのに派兵し、これほどの血の犠

＊本章の執筆にあたっては、宮本悟［解説］、池内恵［資料解題・翻訳］、「北朝鮮の弾道ミサイル開発の起源：シャーズィリー・エジプト軍参謀総長の回顧録から」（『東亜』第553号、二〇一三年七月、七八－八六頁）などの両教授の先駆的な業績を踏まえた。またジャーナリストの阪堂博之氏からは、貴重な文献の翻訳の提供を受けた。記して謝意を表したい。

牲を支払ったのだろうか。それは当時のトルコがソ連の領土要求に直面していたからである。前の方の章でも紹介したようにである。ソ連の独裁者のスターリンは、トルコ東部の割譲とトルコ海峡の管理へのソ連の参画を要求していた。トルコは、こうした要求を拒絶した。そして、西側と接近した。

一九四七年にアメリカのトルーマン大統領は、いわゆるトルーマン・ドクトリンを発してトルコとギリシアに対する援助を開始した。

スターリン
〔ユニフォトプレス〕

注）スターリンはトルコの東部の領土の割譲とイスタンブールを中心にしたトルコ海峡地帯の管理へのソ連の参画を求めた。斜線部分がソ連の要求した地域である。

ソ連の割譲要求

トルコは、一九四九年に発足した西側の軍事同盟であるＮＡＴＯへの加盟を求めたが、果たせなかった。そのトルコが、朝鮮戦争を好機と見た。ここで頼りになる同盟国と成り得ると示すのが、ＮＡＴＯ加盟の近道と考えたわけだ。そしてトルコ軍の強さはソ連に対する強いメッセージでもあった。トルコに対する侵略は高くつくとの。朝鮮戦争の続いていた一九五二年、トルコはＮＡＴＯの加盟国となった。一〇〇〇名の戦死者と二〇〇〇名の負傷者の血が、ＮＡＴＯへの加盟料であった。これによってトルコの安全保障をアメリカなどのＮＡＴＯ諸国が保障することとなった。第六章でも解説した通りである。

トルコの前身はオスマン帝国である。この帝国は、かつてはコーカサス地方の一部を、そして黒海の周辺全体を支配していた。一六世紀以来、新興のロシア帝国と一二回の戦争を戦い、その大半で敗れた。勝敗数にすれば、東京六大学野球の法政と東大の記録のようなものである。その結果、鰹節でも削るように、ロシアは少しずつオスマン帝国の領土を奪い取って拡大してきた。こうした歴史についても既に言及した。トルコ人のＤＮＡには対露恐怖心が埋め込まれてきた。ユーラシア大陸の反対側の朝鮮半島で血を流してでも、トルコはＮＡＴＯに入りたかったのだ。

トルコとNATO

1947年	トルーマン・ドクトリン
1949年	NATO結成
1950年	朝鮮戦争始まる
1952年	トルコのNATO加盟

［北朝鮮軍のパイロット］

北朝鮮軍と戦った中東の国が、もう一つ、トルコ以外に存在する。そ

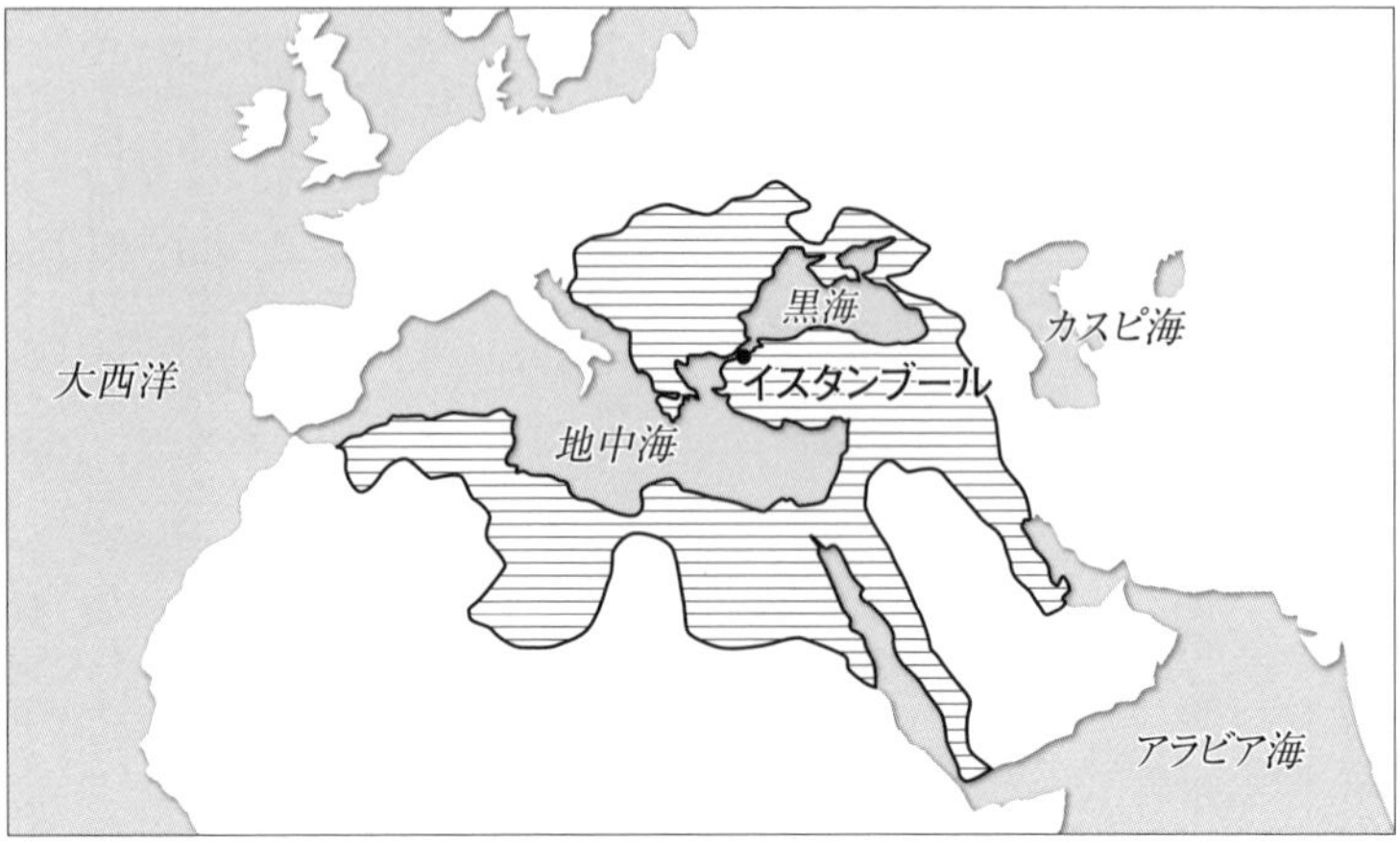

オスマン帝国の最盛期の支配地域

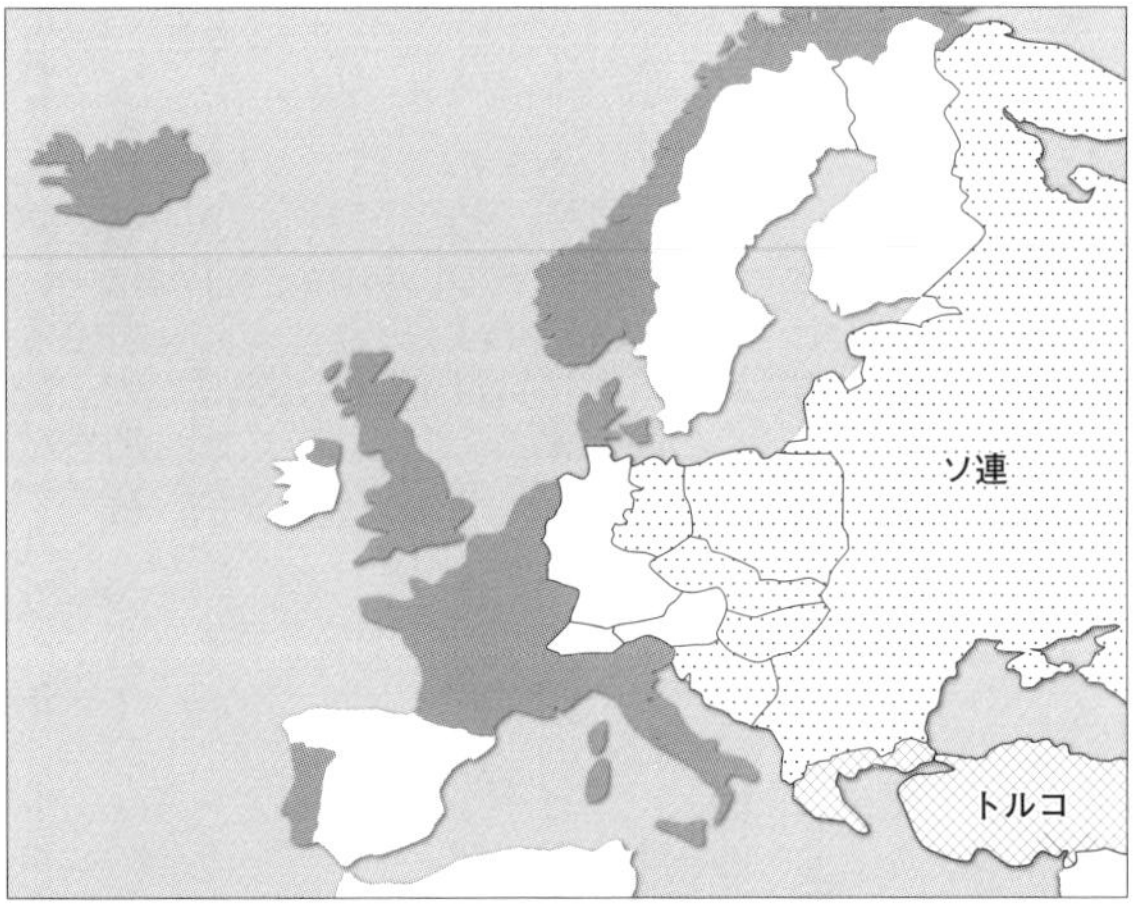

注）地図中の［凡例］は1949年のNATO原加盟国（ただし、アメリカとカナダは示していない）、［凡例］は1952年のNATO加盟国を示す。［凡例］は共産圏を示す。

トルコのNATO加盟

れはイスラエルである。今度は朝鮮半島ではなく、中東が戦場であった。

一九七三年一〇月にエジプトとシリアの両軍がイスラエルを奇襲して第四次中東戦争が始まった。この戦争ではエジプト空軍に交じって北朝鮮のパイロットがイスラエル軍と戦った。この北朝鮮の参戦の背景を説明しよう。前にも言及した一九六七年の第三次中東戦争で、イスラエルに大敗しシナイ半島を奪われたエジプトは、その奪回の機会をうかがっていた。エジプトはソ連の軍事援助を受けていたのだが、両者の関係は必ずしも円滑ではなかった。ソ連は、エジプトがイスラエルと戦えるとは信じていなかったからだ。エジプトは、ソ連の軍事顧問団の存在が自らの行動の自由を縛ると考えた。そして一九七二年にエジプトはソ連の軍事顧問団を追放した。これが、結果としてはイスラエルを油断させた。エジプトには事を構えるつもりはない、とイスラエルは判断した。こうした流れについては前に言及した。

軍事顧問団と一緒にパイロットがソ連に帰国してしまうと、エジプトは空軍のパイロットの不足に直面した。ソ連製の飛行機はあっても、それを操縦する人員が不足したのだ。その穴埋めの要員を提供したのが北朝鮮だった。パイロットと補助要員などを含め三〇人がエジプトに派遣された。そうした支援が可能だったのは、北朝鮮もエジプトも同じソ連式の軍事体系の国だったからだ。一方で北朝鮮の建国にはソ連が深くかかわっていた。他方、エジプトも一九五〇年代よりソ連の軍事援助を受けてきていた。そして一九七三年一〇月にエジプトとシリアがイスラエルを奇襲すると、反撃に出たイスラエル空軍と北朝鮮空軍が交戦した。北朝鮮によれば、複数のイスラエル機を撃墜した。また北朝鮮側に損害はなかった。

また戦争が始まると、シリアも北朝鮮にパイロットの派遣を求めた。しかしながら、北朝鮮の部隊が到着した時には、第四次中東戦争は終わっていた。北朝鮮軍はシリア戦線では実際の戦闘には参加しなかった。

〔スカッドからノドンへ〕

北朝鮮からのパイロットの活躍が、その後の東アジアと中東の情勢に大きな意味を持った。というのも、北朝鮮軍の支援の見返りにエジプトがソ連製のミサイルを譲渡したからである。ミサイルがエジプトから北朝鮮に供与されたのは、恐らく一九七四年であろう。これは、地上から発射されて地上の目標を狙う地対地ミサイルである。このミサイルのソ連での呼称は、R17 - E型である。これをNATO諸国ではスカッドBと呼んでいる。射程は三〇〇キロメートルほどである。

このミサイルの移転以降、北朝鮮のミサイル開発は急速な進歩を遂げる。そのミサイルの射程は、直ぐに

地対地ミサイル　スカッドB

〔ユニフォトプレス〕

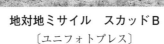

韓国全土をとらえた。次に日本の九州北部を射程に収めた。そして西日本を、さらに日本列島全体を攻撃する能力を北朝鮮のミサイルは獲得するに至った。しかも現在ではアメリカ西海岸まで到達できる。

そして早くも一九八〇年代には、かつては中東からミサイルを譲渡された北朝鮮が、中東へミサイルを輸出するようになった。なぜ、これほど急速なミサイル能力の開発が可能だったのだろうか。北朝鮮の科学技術能力の高さが注目される。ある専門家は、北朝鮮の技術者たちは日本語の文献を通じてロケット科学を学んでいるのではないか、と推測している。

【クルディスターンの韓国兵】

さて、北朝鮮の中東との関係について言及してきた。それでは朝鮮半島の南半分を支配する韓国（大韓民国）は、どのような関係を中東諸国と結んでいるのだろうか。その経済力の成長にあわせ、韓国は着実に中東での存在感を高めている。しかしながら、多くのアラブ諸国がソ連（ロシア）製の兵器体系であるので、軍事面での協力にまでは韓国は入り込めていない。例外はイラクである。サダム・フセイン支配下のイラク軍は、基本的にソ連系の兵器体系であった。しかし二〇〇三年のイラク攻撃以来、アメリカが、そのイラク軍を打ち破り解体した。

そして当時のブッシュ（息子）政権は、イラクの安定化努力のために同盟諸国に兵員の派遣を要請した。これを受けて日本は、たとえばイラク南部のサマーワに自衛隊員を派遣した。韓国はイラ

クルディスターンの中心都市エルビルの「現代」の看板
〔2008年8月　筆者撮影〕

ク北部に派兵した。クルディスターン自治政府が支配する地域である。これでイラク北部と韓国の結びつきができた。イラク北部を訪れてみると「現代（ヒュンダイ）」やＬＧなどの韓国ブランドの自動車や電化製品があふれている。また韓流のドラマがテレビを通じてクルド女性の心をとらえている。

　また中央のバグダッド政府にも、韓国は軍事面での協力を行っている。二〇一〇年代になって、韓国企業がアメリカのロッキード・マーティン社と共同で開発した戦闘機Ｔ50がイラクに輸出され始めた。兵器輸出に伴って、パイロットの訓練や航空機の整備などにも韓国が参画することが予想される。ソ連（ロシア）仕様のイラク軍が破壊解体された。そして、その再生の過程でロシア製の兵器ばかりでなく、アメリカ製の兵器もイラク軍は使うようになったわけだ。それが、アメリカの兵器体系で装備された韓国にイラクへ進出する機会を与えた。

　しかしながら、なぜアメリカは自国の企業ではなく韓国企業に軍用機の輸出を許したのだろうか。筆者の推測は、アメリカのハイテク兵器の技術がイラクからイランに漏れるのを懸念したのだろう。

イラクにおけるイランの影響力の強さを反映した決断だろうか。T50は、それなりの性能の航空機ではあるが、そもそも練習機であり最先端技術の塊《かたまり》というような存在ではない。

【イラン】

韓国の動きに話がそれた。北朝鮮の中東での動きに話を戻したい。そのイランと北朝鮮との関係である。両国の関係が深まったのは、イラン・イラク戦争の期間であった。この戦争には何度も言及した。一九八〇年に始まり一九八八年に終わった戦争である。念のために、その背景を、もう一度振り返っておこう。

一九七九年にイランで政変が起こり、親アメリカのシャー（国王）が亡命してイスラム教シーア派の指導者ホメイニの下で革命政権が成立した。アメリカは、この新政権とも関係を維持していた。ところが、この年の一一月に急進派の学生に同国の首都テヘランのアメリカ大使館が占拠された。しかも大使館員が人質とされた。シャーが病気治療のためにアメリカに入国したのが引き金となった。アメリカがシャーを利用して反革命のクーデターを仕掛けてくるのではないか、との危機感を抱いた若者たちの行動だった。というのは、アメリカのCIAが一九五三年にイランでクーデターを起こし、民主的に選ばれたモサデク政権を転覆した。その際に司令塔の役割を果たしたのがテヘランのアメリカ大使館であったからだ。またアメリカがクーデターを企んでいる。「その陰謀を阻止せねば」との思いからの行動であった。

驚くべきことに、革命の指導者ルーホッラー・ホメイニがこれを容認した。そしてアメリカとの対決ムードを煽《あお》った。危機感の充満する中で、最高指導者に権力を集中させる憲法の国民投票が行われた。そして、その憲法が民意によって批准された。ホメイニは、その最高指導者の地位に就いた。この内政的には合理的な行動が、しかしながら、外交的にはイランを孤立させた。結局、この人質事件は四四四日間も続くことになる。そして、アメリカ国民の脳裏に深く反イラン感情を刻み込んだ。

この国際的に孤立状態にあったイランに対してイラクが戦争を始めた。一九八〇年九月のことであった。革命で混乱したイランには抵抗する能力はないだろう。戦争は短期でイラクの勝利に終わる。多くが、そう予想した。しかしイラクによる侵略は、イラン国民の激しい怒りに火をつけた。官民の協力による必死の抵抗によってイラク軍の進撃は停滞し頓挫《とんざ》した。戦争は膠着《こうちゃく》状態に入り一九八八年まで続いた。

この八年間の戦争において各国は、こぞってイラクに兵器を輸出した。産油国イラクは豊富な石油収入を注ぎ込んで、最新鋭の兵器を購入した。イギリス、フランス、ソ連などが大量の兵器を輸出した。資金繰りが苦しくなるとクウェートやサウジアラビアがイラクに援助を与えた。

逆に国際的に孤立したイランは兵器や弾薬の調達に苦労した。そのイランを助けたのが北朝鮮であった。北朝鮮は様々な兵器を大量にイランへ輸出した。イランにとって特に重要だったのは北朝鮮からのミサイルであった。

イラクは、ソ連から輸入したスカッド・ミサイルをイランに向けて発射した。そして戦争の後期には弾頭の爆薬を減らし、その分だけ燃料を増やして射程距離を延ばした。この改良型スカッド・ミサイルを、イラクはアルフセイン型ミサイルとかアルアッバース型ミサイルと名付けた。この「フセイン」や「アッバース」が、両国の国境地帯から遠く離れたイランの都市を襲った。中部の古都で世界遺産のイスファハーンが標的となった。首都テヘランも攻撃を受けた。命中精度は高くなかったが、テヘラン市民に恐怖感を与えるには十分であった。

イランは反撃のためにミサイルを必要とした。北朝鮮が、そのミサイルを提供した。北朝鮮は、ミサイルそのものを輸出したばかりか、その製造のための技術と工場施設を輸出した。貿易でよく使われる言葉を使えばプラント輸出であった。その結果、やがてイランは自らでミサイルを製造する能力を獲得した。これが、その後のイランのミサイル技術の基礎となった。イランは現在では独自にミサイルを開発する能力を誇示するまでになった。いずれにしろイランのミサイル戦力の開発において、北朝鮮は決定的な役割を果たしたといえるだろう。

イランと北朝鮮の関係の詳細は明らかにされていない。しかし、脱北者、つまり北朝鮮から韓国などに亡命した者たちの証言によれば、両者の関係は広く深い。イラン・イラク戦争時には、多くの北朝鮮軍の将校がイランに派遣され革命防衛隊を指揮して戦った。

これほどまでの軍事協力に対してイランは、いくら支払ったのだろうか。その総額は数十億ドルに達すると、ある脱北者が証言している。もし、そうであるとすると、イラン特需とでも呼べるほどの効果を北朝鮮経済に与えたのだろうと想像できる。韓国が一九六〇年代から一九七〇年代にベトナム戦争の特需で潤ったように、北朝鮮の軍事産業もイラン・イラク戦争の特需で沸いたのだろうか。

北朝鮮による中東へのミサイル輸出に神経質になっているのが、そのミサイルの標的にされそうなイスラエルである。イスラエルは、過去に北朝鮮に対してミサイル輸出の停止を求めて働きかけを行った。それに対して、北朝鮮がミサイル輸出の停止の代償を求めた。その額が高過ぎてイスラエル側が拒絶したと報道されている。この報道は、イランからの支払い額の大きさを裏付けているのだろうか。

［ピョンヤンから中東を見る目］

北朝鮮は、このように中東と広く深くかかわっている。それだけに中東で何が起こったかをよく認識している。それでは、その北朝鮮の見つめる中東では何が起こってきたのか。まず二〇〇三年にイラク戦争が始まった。これはアメリカが、イラクを攻撃して始まった戦争である。アメリカが攻撃した「理由」は、イラクが国連決議に違反して大量破壊兵器を隠し持っているという疑いだった。イラクは、それを否定し続けていた。にもかかわらずアメリカがイラクを攻撃した。結局、大量破壊兵器は発見されなかった。しかし、戦争によってサダム・フセインの独裁体制が倒された。

そしてフセインは処刑された。この展開については前に触れた。

次にリビアである。この国を巡る展開に関しては、ロシアの中東外交の章で既に部分的に言及した。リビアは一九六九年以来、カダフィの独裁下にあった。そのカダフィのリビアは、長らくテロ関与などの疑いを掛けられ欧米諸国と難しい関係にあった。ところが二〇〇三年一二月、リビアはアメリカやイギリスなどと大量破壊兵器の開発計画の放棄で合意した。自らの大量破壊兵器の開発を中止し既存の設備などを解体するという内容であった。そして外国からの査察を受け入れた。これによってリビアには、大量破壊兵器がないとの確証を各国は得た。既に見たように同年三月にイラク戦争が始まりフセインの独裁体制が倒れた。その年の末にリビアが、大量破壊兵器の開発の中止でアメリカとイギリスと合意した。カダフィは、疑いを掛けられれば攻撃されると恐れたからであろう。

そのカダフィに何が起こったのか。前にも見たように二〇一一年に「アラブの春」という民衆の蜂起がリビアに広がると、NATO諸国は自由を求める市民を守ると称してリビアに軍事介入した。その介入の過程で、カダフィは殺害され、その政権は倒された。そしてカダフィの独裁という重しを失ったリビアは群雄割拠の解体状態である。ここで、問題にしたいのは、カダフィ政権が大量破壊兵器を持っていない、とNATO側が確信していた点である。それゆえに、ある意味では、安心してリビアに軍事介入ができた。もし大量破壊兵器を保有しているかも知れないとの懸念があったとしたら、どうだっただろうか。あれほど簡単に軍事介入へと突き進んだだろうか。

もしフセインとカダフィという中東の二人の独裁者の末路からピョンヤンの支配層が教訓を学んだとしたのなら、それは大量破壊兵器の放棄などではなく、その確固たる保持こそが自らが生き延びる道であるとの認識ではないだろうか。もし北朝鮮の指導層の認識がそうであるならば、核兵器の廃棄を求めるアメリカと北朝鮮の交渉の先行きは厳しいものとなろう。その証拠に、二〇一八年六月のシンガポールでのアメリカと北朝鮮の首脳会談では、核兵器の廃棄に関しては、何ら具体的な進展は全くなかった。北朝鮮は長距離ミサイルと核実験を停止しているだけで、核兵器の廃棄に関しては、何ら実質的な譲歩を示していない。そして翌二〇一九年のベトナムの首都ハノイでの二度目の首脳会談も成果なく終わった。今後の交渉に関しても楽観は許されない。

本章で見てきたように、これだけ北朝鮮と中東の軍事面での関係が密接であるという事実を踏まえると、朝鮮半島情勢の理解には中東情勢への目配りが欠かせない。同時に中東を語るに際しては、この小さな軍事大国である北朝鮮という要因を無視できない。北朝鮮という視点から中東を、中東という視点から北朝鮮を見つめたい。

略年表

一九四七年　トルーマン・ドクトリン
一九四九年　NATOの結成

一九五〇年　朝鮮戦争の開戦
　朝鮮戦争へのトルコ軍の派遣
一九五二年　トルコのＮＡＴＯ加盟
一九五三年　朝鮮戦争の休戦
一九六七年　第三次中東戦争
一九六九年　リビアでクーデター、カダフィ独裁の始まり
一九七二年　エジプト、ソ連の軍事顧問団を追放
一九七三年　第四次中東戦争、北朝鮮空軍パイロットが実戦参加
一九七四年　エジプトから北朝鮮へのミサイルの供与
一九七九年　イラン革命
　テヘランでアメリカ大使館員人質事件
一九八〇年　イラン・イラク戦争の始まり
一九八八年　イラン・イラク停戦
二〇〇三年　イラク戦争
二〇〇六年　フセイン処刑
二〇一一年　「アラブの春」
　カダフィ死亡
二〇一八年　シンガポールでアメリカと北朝鮮の首脳会談
二〇一九年　ベトナムでアメリカと北朝鮮の二回目の首脳会談

11 イラン／成功の代償

「これほどに酷《ひど》いディール（取り引き）は見たことがない」
イラン核合意を評してのアメリカ大統領候補者トランプの発言

【国と「国もどき」】

イランと周辺の国の違いは何だろう。恐らく周辺諸国の多くは国の名に価しない。「国もどき」である。イギリスやフランスなどの植民地主義の置き土産的な存在である。繁栄はしていてもディズニーランドでも見ているような非現実的な感覚が漂っている。

ところがイランは、国である。「国もどき」ではない。しかも、古代から連綿と続く国家である。その歴史は紀元前六世紀のアケメネス朝ペルシア帝国の建国にさかのぼる。イランは、国家であり、文明である。周辺の「国々」とは格が違う。ましてや「国もどき」などは問題外の外のような存在である。というのがイラン人の本音だろう。

地理的に見てもイランは大きな国である。日本の四・四倍の面積がある。アメリカと比べても、それなりの広さである。

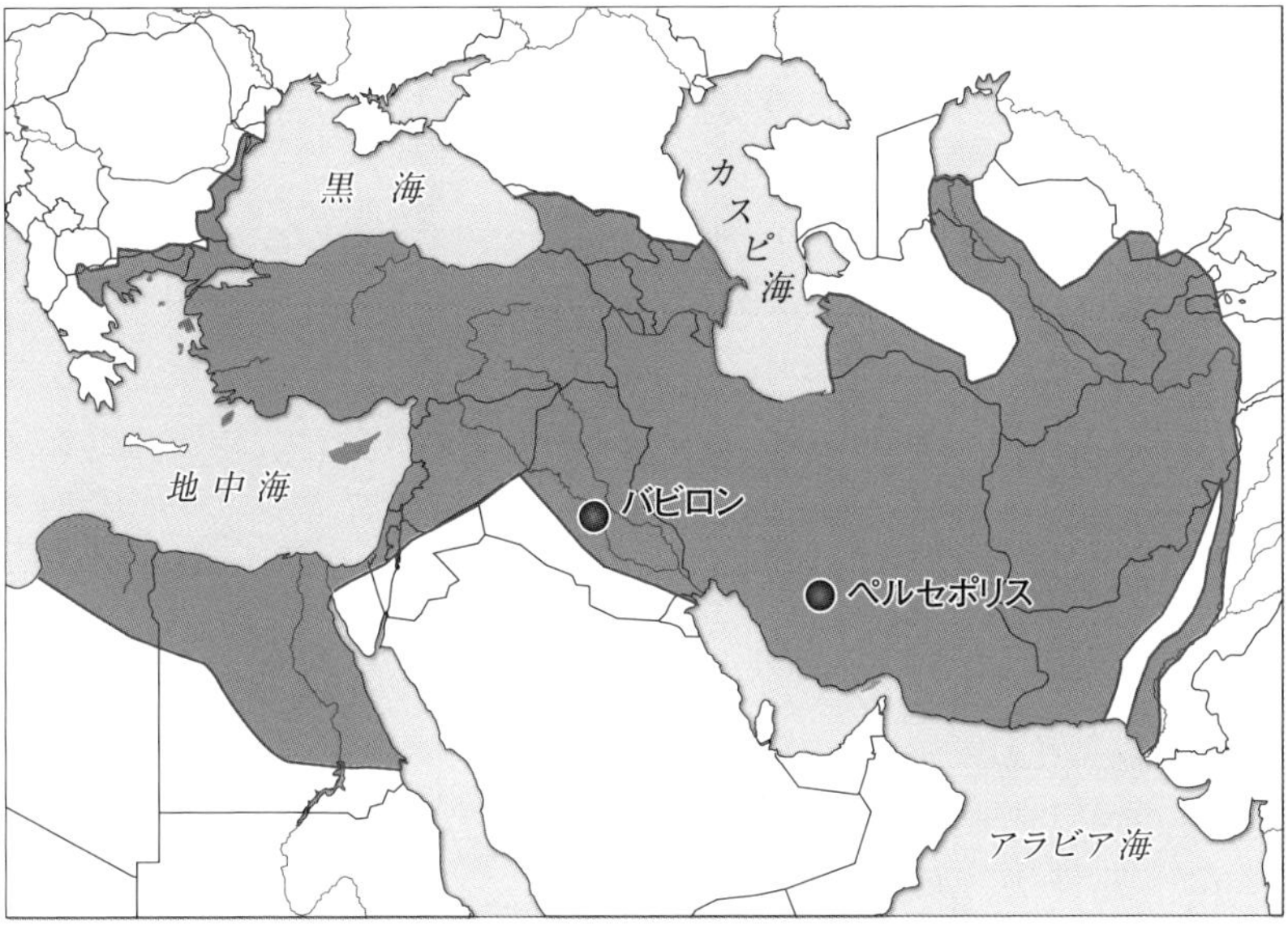

アケメネス朝ペルシア帝国の最大領域

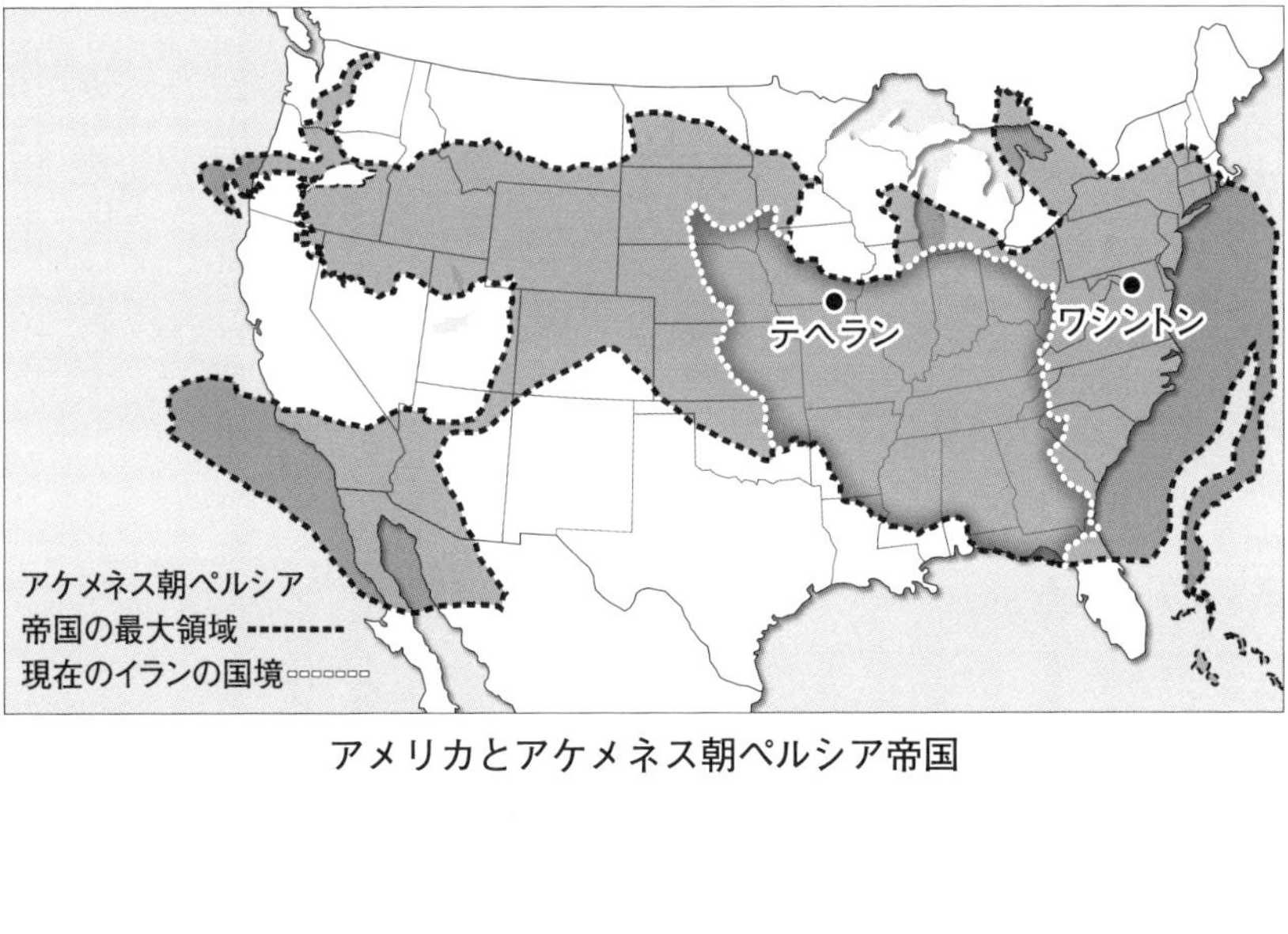

アメリカとアケメネス朝ペルシア帝国

そして現在のイランも大きいが、アケメネス朝ペルシア帝国は中東から中央アジアそしてインドへかけて途方もなく広い空間を支配していた。現在のアメリカ合衆国に匹敵する大きさであった。

こうした感覚が、イランの大国意識の源泉であり、この国が中東で重要な役割を果たすべきだとの認識につながっている。こうした意識や認識を、革命前の王制の時代から現在のイスラム体制に至るまで、イランの外交エリートたちは一貫して共有してきた。平たく言えばイランは大国であり、地域での重要な役割を自明の天命とみなしている。

［湾岸の憲兵］

イランの大国意識の源泉に触れた。次に、その意識が突き動かしている外交の現場を語りたい。振り返って見ると、一九七一年というのはペルシア湾岸の歴史の転機であった。この年、イギリスがこの地域から撤退した。長年にわたりペルシア湾岸は実質上イギリスの湖であった。エリザベス女王の浴槽のようなものであった。ペルシア湾の南岸にはイギリスの保護領が広がっていた。そのイギリスが撤退した。その後の空白を誰が埋めるのか。

第二次世界大戦後に世界各地で起こったのは、イギリスやフランスが撤退した後にアメリカが介入した。トルーマン・ドクトリンによるトルコへの軍事援助は、その例である。ベトナムへの介入も、フランスの撤退の後始末的な要素もあった。一九七〇年代の初頭にはアメリカは、そのベトナムを含むインドシナへの介入の泥沼で、もがいていた。とてもイギリスの穴を埋めてペルシア湾岸に進出するという雰囲気ではなかった。

そこで手を挙げたのがイランのシャー（国王）であった。石油収入を注《っ》ぎ込んで軍事力強化したイランが湾岸の憲兵としてデビューした。イギリスの撤退の直後にイラン軍はペルシア湾岸上の三つの島に上陸した。以降アラブ首長国連邦は、この三島が自国領だとしてイランに抗議している。

また中国の章でも触れたように、オマーンのスルタン・カーブースの依頼を受けて同国に軍隊を派遣しゲリラの鎮圧に協力した。さらに、イラクのクルド人勢力に武器援助を与えて同国をかく乱した。この件については最終章でも紹介したい。加えて、パキスタンの依頼を受けて同国バローチスターン州のゲリラの鎮圧を支援した。シャーの時代からイランは地域情勢に活発に関与してきた。

【北朝鮮からレバノンへ】

そして一九七九年の革命で現在のイスラム体制が生まれた。その革命体制はイラン・イスラム共和国という国名を選択した。この体制の最大の外交目標は、生き残りであった。そして、その影響力の拡大であった。革命の翌年の一九八〇年にイラクがイランを攻撃した。イランは以降の八年間をイラクとの戦争に費やすことになる。

その生き残りを賭けた戦いでイランは北朝鮮と接近した。兵器を輸入するためであった。前の章で論じた通りである。イランの革命政権が誕生して三年目の一九八二年にイスラエル軍がレバノンに侵攻して南部を占領した。シーア派の多い地域である。イランはレバノンのシーア派の組織化を支援した。その結果、ヘズボッラー（神の党）という組織ができ上がった。軍事組織でもあるし、貧しいシーア派の人々に生活面の支援を与える福祉機関でもある。さらにレバノンの政治にも進出している政党でもある。

このヘズボッラーがイスラエル軍に激しいゲリラ戦を挑んだ。その結果、レバノン南部を占領していたイスラエル軍に多数の死傷者が出た。やがて犠牲に耐えられなくなりイスラエル軍が撤退した。イランの支援したヘズボッラーの軍事的な勝利であった。アラブ諸国の軍隊やゲリラを圧倒し続けてきたイスラエル軍にとっては、例のない敗退であった。

【アメリカのオウン・ゴール】

中東のパワーバランスを根本的に揺り動かした事件の一つが、アメリカのイラク攻撃であった。ブッシュ（息子）大統領政権は二〇〇三年三月、イラク戦争を開始した。たちまちのうちに首都バグダッドを攻略し、四月にはサダム・フセイン政権を崩壊させた。そして、二〇〇六年の一二月にはフセインが処刑された。アメリカの軍事的な勝利であった。しかしアメリカはイラクの支配政党であったバース党をはじめ軍や治安警察などを解体した。これによってイラクをまとめて行く政府機関がなくなった。イラクは混乱した。その混乱に乗じて反アメリカ勢力が台頭した。さらにバグダッドに新たに誕生したシーア派主体の政権に対するスンニー派の反乱も起こった。イラクは内戦状態に陥った。アメリカの政治的な失敗であった。

外交的に見ると、アメリカは、イランに対して大きな軍事的圧力となっていたイラクを崩壊させた。イラクの崩壊はイランの存在感を高めた。またイランは、バグダッドのシーア派政権、北部のクルド人勢力などを支援してイラクへ影響力を浸透させた。敵のエラーで点数を取ったようなものである。サッカー風に言えば、アメリカのオウン・ゴールによるイランの得点であった。

「シーア派」の同盟者

イランがレバノンのシーア派を支援する際に重要な役割を果たしたのはシリアであった。シリアは、前に触れたイラン・イラク戦争においては、民族的に同じアラブのイラクではなくペルシアのイランを支援した。シリアもイラクもアラブの統一を旗印に掲げる同じバース党の支配下にあるにもかかわらず、シリアはイラクではなくイランを支持した。なぜなのだろうか。

バース党というのは「アラブ社会主義復興党」の略で、アラブ諸国を統一することでアラブの過去の栄光を取り戻すと主張している。つまり復興するわけだ。その復興の手段が社会主義である。シリアもイラクも同じバース党なのだから合併すればよさそうなものだが、実はそうも行かない。どちらのバース党がアラブ統一の主導権を握るかで両者は対立していた。シリアはイラクの強大化を望んでいなかった。

イラクに共同して当たるという以外にもイランとシリアを結ぶ線があった。それは宗教である。イスラム教にスンニー派とシーア派が存在する事実はよく知られている。だがイスラム教ほど信徒の多い宗教となると、それ以外の宗派も、もちろん存在する。そしてイスラム教に属するのかどうか議論のある周縁の宗派もある。たとえばアラウィー派である。イスラム教徒の間では、アラウィー派がイスラムの一部であるかに関しては意見が分かれている。シーア派の一部であると見るものと、イスラムではないとみなす意見とがある。

さてシリアのアサド大統領の一族など、この国の支配層のかなりの部分がアラウィー派によって占められている。アラウィー派はシリアの人口の一割強を占める少数派である。もし、かりにアラウィー派がイスラム教でないとなると、異教徒がシリアの多数派のスンニー派を支配していることになる。これは、はなはだ据《す》わりが悪い。

この点に関して、イランの宗教界が、アラウィー派はシーア派の一部であるとの見解を示している。つまりアラウィー派はイスラムに属しているという判断である。これはアラウィー派にとってはありがたい。宗教的な面でもイランとアサド政権は提携関係にあるわけだ。シーア派の同盟という形になる。

イラン・イラク戦争中には、この同盟がイランを助けたが、二〇一一年以来のシリア内戦では、今度はイランがシリアのアサド政権を助けた。まずイランの同盟者ともいえるレバノンのヘズボッラーが兵員を送ってアサド政権を支援した。さらにイランはアフガニスタン、イラクなどでシーア派の若者を募集してシリアに送り込みアサド政権のために戦わせた。その上、イランの革命防衛隊自身も兵員を送ってアサド政権を支えた。こうした介入を通じてイランはシリアに足場を固めた。

しかもロシア空軍のアサド政権側を支援しての介入もあり、内戦はアサド政権の勝利で終わりつつある。ロシアの介入については、第八章で言及した。これによって反体制側を支援していたサウジアラビアなどの影響力は消滅しつつある。

シリアにおいても、イランは影響力を拡大させた。イランは、シリアの内戦を引き起こしたわけではない。シリアのアサド政権の支援要請を受けて介入して影響力を拡大させた。積極的に介入したわけではない。目の前に突き出された状況に対応したわけだ。

［「幸福のアラビア」の不幸］

イランが積極的に進出を狙ったのではないが、結果的には介入してしまった他の例としてイエメンの内戦を指摘できる。

砂漠の乾燥気候で知られるアラビア半島でも、その南端のイエメンは例外的に雨が降る。インド洋から湿気を含んだ風がイエメンの山々にぶつかり雨を降らせるからだ。雨の恵みが農業を可能にする。雨はアラビア語ではマタリである。この地で栽培されるコーヒーが、紅海のモハー（モカ）港から出荷され、モカ・マタリとして知られる。この雨の恵みゆえに、古来からイエメンは「幸福のアラビア」として知られてきた。

この幸福のアラビアは、今は不幸な内戦の最中にある。シリアに内戦をもたらした「アラブの春」は、イエメンでも同じように内戦への伏線となった。長年にわたり権力の座にあったアリーアブドッラー・サーレハ大統領が辞任に追い込まれた。そして、その後の混乱は民主的なイエメンではなく内戦をもたらした。二〇一四年からイエメンの人々は内戦に苦しんでいる。

その内戦の中で、フーシー派と呼ばれるシーア派の人たちが立場を強めた。そしてイランに支援を求めた。その内戦の過程でフーシー派が首都サナアを制圧した。イランは、どうもフーシー派の首都制圧に反対したようだ。この事実から二つの推測ができる。一つは、フーシー派に対する限定的な支援を始めたとはいえ、イランは内戦の拡大を望んでいなかった。第二に、イランのフーシー派への影響力は限定的である。ここでも、イランは状況に吸い込まれるようにしてイエメン内戦の一方に肩入れするようになった。フーシー派と戦っている勢力はサウジアラビアなどの支援を受けている。サウジアラビアやアラブ首長国連邦は二〇一五年から本格的にイエメン内戦に介入し、フーシー派に対する空爆を行っている。その詳細に関しては後の章で語りたい。

【成功の代償】

イランの地域外交は、あまりにも成功し過ぎている。イランが望んだわけでもなく、敵のエラーにより舞い込んできた外交的な勝利が続いている。棚ぼた式の成功の連鎖である。落ちてくるボタモチに埋まりそうである。しかし、その成功の代償は安くない。イラクの親イラン勢力を支えるには、費用がかかる。シリアのアサド政権の支援にも多くの血と資金を費やしている。そしてレバノンのヘズボッラーへの援助も必要である。さらには、パレスチナのガザ地区を支配するイスラム組織ハマスにもイランの資金が流れている。そしてイエメンのフーシー派への援助である。それぞれの支援の額が限られているにしても、合計すると相当な負担である。この負担がイラン経済に重くのしかかっている。

こうした負担をさらに重く感じさせる事件が二〇一八年に起こった。一方的にイランとの核合意から離脱し、アメリカが経済制裁を再開した。

【中国依存の深まり】

経済制裁で追い詰められたイランは、アメリカの要求を無視できる国に依存するしかない。ロシアと中国である。ロシアは自国が石油輸出国なので、イランの石油を輸入することはない。となるとアメリカの対イラン経済制裁は、イランを中国へと追いやる結果となる。中国のイランでの影響力を増大させている。中国をライバル視するアメリカが、ライバルの友人を増やしているようなものである。

制裁の影響を受けて、イランの外貨の稼ぎ頭である石油の輸出量は、制裁前の日量二五〇万バレルから二〇一九年の初頭の段階で日量にして一〇〇万バレルまで低下した。つまり一五〇万バレルの減少である。現在ではイランの石油輸出量は、さらに下がっている。そしてイランの通貨リアルの対ドル交換レートが大幅に低下した。それが輸入物価の上昇に跳ね返り、厳しいインフレが庶民生活を襲っている。

しかも、制裁の再開された二〇一八年は普段にも増して中東では雨が少なかった。水不足までもがイランを襲った。イラン各地で反政府デモが発生した。現在も一部では、そうした抗議行動が続いている。デモ隊の叫び声の一つは、シリアやパレスチナのためにではなくイラン国民のために政府は力を傾注すべきだ、という要求である。イラン外交の勝利の代償に国民が悲鳴を上げている状況である。

まさに二〇一八年はイランにとっては、「水」と「油」の両方で苦労した年であった。苦しみは、まだ終わっていない。同国のザンギャネ石油大臣は、経済状況は対イラク戦争時よりも厳しいと発言している。

【我慢比べ】

だが、恐らくはイランの指導層は、自国に対する厳しい包囲網の崩壊を期待しているだろう。その期待の根拠となっているのは、イランに対して敵意をむき出しにしている三つの国、すなわちアメリカ、イスラエル、サウジアラビアの指導者の地位の動揺である。

まず第一は、アメリカのトランプ大統領である。二〇一六年の大統領選挙にロシアがトランプを勝たせるために様々な形で介入したとする疑惑がある。また、その捜査をトランプ大統領が妨害したとの疑惑も存在する。こうしたロシア関係の疑惑がロシア・ゲートとして知られる。一九七四年にニクソン大統領を辞任に追い込んだウォーター・ゲート事件を踏まえた言葉である。この事件以来、アメリカでは大きなスキャンダルは「ゲート」をつけて語られる。このロシア・ゲートに関する議論が続いている。この件に関連した捜査で、既にトランプの顧問弁護士などの周辺の人物六人が逮捕されている。

しかも二〇一八年一一月の中間選挙で野党の民主党が下院で過半数を占めた。その民主党は下院で各種の委員会を立ち上げた。そして、その委員会が、トランプとロシアの関係、トランプとサウジアラビアとの関係、さらには後に触れるサウジアラビアのジャーナリストであるジャマール・カショギの殺害事件などに関して調査を開始した。その上、ついに二〇一九年九月には下院がトランプ大統領の弾劾《だんがい》に動き始めた。その理由はウクライナとの関係における新たな疑惑であった。自国に対して敵対的な政権の動揺はイランにとって朗報だ。

第二に、イスラエルのネタニヤフ政権も汚職疑惑で揺らいでいる。二〇一八年一二月に検察当局がネタニヤフ首相の起訴を勧告した。ある通信会社に有利になるように規制を変更した容疑である。その代わりに同社は、支配するメディアで同首相夫妻に好意的な報道を約したとされる。

さてアメリカがイランに強硬な政策を取る背景にはイスラエルの対イラン認識の厳しさである。具体的には、二〇一五年にオバマ政権が署名した核合意の内容が不十分でイランの核兵器保有を阻

ネタニヤフ首相

〔ユニフォトプレス〕

止できない、とネタニヤフ首相が主張してきた。アメリカには人口の四分の一を占めるキリスト教福音派など熱烈にイスラエルの強硬路線を支持する勢力が存在する。こうした点に関しては、既に第五章で言及した。したがってイスラエルがイランに厳しければ、イスラエル支持者の政治力によってアメリカもイランに厳しくなるという構造がある。となればネタニヤフ政権の足元が汚職疑惑で揺らぐのは、イランにとっては歓迎すべき展開だろう。

さて、この汚職疑惑を受けてイスラエルでは、ネタニヤフ首相が議会の解散と総選挙に訴えた。二〇一九年四月に投票が行われ、ネタニヤフ首相の与党が勝利を収めた。しかし、与党の議席は過半数には及ばなかった。そこで連立交渉が始まったが、五月末の期限までに交渉が成立しなかった。その結果を受けて、イスラエルは九月に再び総選挙が行われた。しかし今度はネタニヤフの党は第一党になれなかった。誰が次の首相となるのか不透明である。汚職疑惑の行方はどうなるのか。イスラエルの政局は先が見えない。

そして第三に、サウジアラビアの反体制ジャーナリストの殺害事件がある。二〇一八年一〇月にイスタンブールのサウジアラビア総領事館でジャマール・カショギという名のジャーナリストが殺害された。当初は、カショギは無事に総領事館から出たとサウジアラビアは白を切っていた。ところが、その後に話を変えた。まずカショギが同総領事館で死亡したと認めた。次に殺害に同国の市民がかかわっていたことを認めた。しかし、これは「事故」である。カショギの拘束を命じられた者たちが誤って殺害したと主張している。

トルコ当局が一部の国に提供した事件の録音、さらにはアメリカが行ったサウジアラビア関係者の電話の盗聴記録などに基づいて、この殺害を同国のムハンマド・ビン・サルマン皇太子が命じたのだとの認識を国際社会の大半が共有している。たとえばアメリカ上院は、二〇一八年一二月中旬にカショギの殺害の責任が同皇太子にあるとの決議を全会一致で可決している。

ムハンマド皇太子
〔ユニフォトプレス〕

ところが、この「大半」に含まれないのが、トランプ大統領である。誰が命じたのかは分からない、との立場である。あくまでムハンマド皇太子をかばう姿勢である。なぜ、ここまでトランプはムハンマド皇太子の肩を持つのだろうか。

理由は二つある。第一に、外交レベルの説明である。イラン敵視政策を進めるトランプ政権にとっては、サウジアラビアは貴重な協力者である。そのサウジアラビアの実質的な支配者である皇太子は重要である。

第二に、サウジアラビアとアメリカの密接な経済関係である。具体的には、日本円にして一二兆以上の額の兵器のアメリカからの輸入をサウジアラビアが約束している。この皇太子を弁護することは、アメリカの経済的な利益を守ることである。

上院での全会一致の決議の意味は重い。というのは、それが民主党ばかりでなく上院の多数派である共和党の議員の賛成を意味するからである。上院の共和党議員が、ある意味でトランプ大統領に対して反旗を翻したわけだ。

カショギ事件はトランプ大統領の権威をさらに低下させ、黒幕とされるムハンマド皇太子のサウジ国内での足場を弱めるだろう。それは、イランに対する圧力の低下につながる。国内情勢の掌握に注力しているようでは、サウジアラビアの指導層がイランにかまっていられなくなるからである。

イランは、アメリカ、イスラエル、サウジアラビアの指導者の政治力の低下を笑って見つめていればよい。しかしながら、イランに無限の時間が与えられているわけではない。アメリカによる経済制裁は着実にイランの肩に重く食い込んでいる。イラン経済が、いつまで、その重みに耐えられるかは明らかではない。イランの経済が崩れ始めるのが先か、あるいはアメリカ、イスラエル、サウジアラビアの政治基盤の動揺が先か、中東の政治は我慢比べの時を迎えている。

略年表

紀元前五五〇年	アケメネス朝ペルシア帝国の建国
紀元後	
一九七一年	イギリス、ペルシア湾岸から撤退
一九七九年	イラン革命
一九八〇〜八八年	イラン・イラク戦争
一九八二年	イスラエルのレバノン侵攻
二〇〇二年	イランの核開発が暴露される
二〇一〇〜一一年	「アラブの春」
二〇一四年	イエメン内戦の始まり
二〇一五年	イラン核合意の成立
	サウジアラビアなどがイエメン内戦へ軍事介入
二〇一七年	トランプ、大統領に就任
二〇一八年	アメリカ、イラン核合意からの離脱発表
	カショギ暗殺
	アメリカ中間選挙、民主党が下院で過半数を獲得
二〇一九年	イスラエル総選挙
	アメリカ下院がトランプ大統領の弾劾《だんがい》へ動き始める

12 トルコ／新たなるオスマン帝国の夢

「みずからをトルコ人と呼ぶ者は幸せである」

トルコの標語

【オスマン帝国とオスマン・トルコ帝国】

多くの国々と同様に、この国も自らのアイデンティティーを探してきた。国民の大多数がイスラム教徒であるので、その宗教的な価値を体現した政治を求める声がある。しかし、第一次大戦後に、救国の父ケマル・アタテュルクの打ち建てたトルコ共和国の理念は、世俗主義である。この二つの間をトルコという国は揺れ動いてきた。

まず現在のトルコ共和国の前身であるオスマン帝国の歴史から語り始めよう。この帝国の歴史を学ぶと畏敬の念に打たれる。バルカン半島、トルコ、イラク、シリア、パレスチナなど第二次世界大戦後に大きな変動を経験してきた地域は、かつては全てオスマン帝国に属していた。そして、ほぼ四世紀にわたって平和を享受していた。これほど巨大な帝国が、二〇世紀の初頭まで存在していた事実に改めて驚く。この帝国を建設し運営してきた人々の叡智に感動さえ覚える。

その叡智とは何か。それは寛容さと開放性であった。筆者の歴史認識では、寛容さは、多様な人々を長期にわたって統合する唯一の能率的な方法である。そしてアケメネス朝ペルシア帝国の創設者のキュロス大王の伝統の継承である。キュロスについては、次の章で語りたい。

寛容さというのは、それぞれの宗派集団に自治を与えるという形で実践されていた。これをミレット制度と呼ぶ。ユダヤ教徒やキリスト教アルメニア教徒、あるいはキリスト教正教徒などの集団は、それぞれ高度な自治を与えられていた。イスラム教徒の政治的な優越は、確立されていたものの、オスマン帝国の支配者のスルタンは、他の宗派の「内政」に介入しようとはしなかった。

開放性を象徴するのはデヴシルメと呼ばれた奴隷制度である。奴隷制度のどこが、開放性とつながるのだろうか。この奴隷制度を紹介しよう。オスマン帝国のスルタンはバルカン半島のキリスト教徒の間から子供たちを集め自らの奴隷とした。イスラム教へ改宗させ帝都イスタンブールで最高の教育を与えた。武に優れたものはスルタン直属の軍事集団に配属された。これが帝国の拡大を支えたイエニ・チェリと呼ばれる軍団であった。「新しい軍隊」という意味である。学問に優れた者は、官僚としての道を歩んだ。スルタンのヴァジール（宰相）の多くは、この奴隷出身者であった。あるいは宗教官僚としての道を歩む者もいた。こうしてスルタンは自らに絶対的な忠誠を誓うエリートたちの補佐を受けて帝国を統治した。

当初は子供がスルタンに連れて行かれるのを嫌ったキリスト教徒たちも、やがてイスタンブールへ行くのが子供たちの栄達の道だと理解するようになった。その証拠に、自分の息子を選ぶようにと担当の役人たちに賄賂を贈った例さえ伝えられている。

この奴隷制度が証明していたのは、出自に関係なく誰にでもオスマン帝国のエリートとなる道が用意されていたという事実である。イスラム教徒となり帝国の文明を受け入れた者は誰でも「オスマン人」となれた。トルコ系である必要はなかった。

また、この帝国のエリートたちは、自らの国を決してオスマン・トルコとは呼ばなかった。「トルコ」という言葉は、むしろ「野卑な」といったニュアンスを含んでいた。オスマン帝国のエリート集団の多くがヨーロッパのキリスト教徒の出自であれば、オスマン・トルコと呼ばなくて当然であった。

オスマン・トルコというのはヨーロッパ人が付けた他称であり、それが日本に輸入されて使われるようになった。間違いではあるが、これは案外と便利な間違いである。というのは「オスマン・トルコ」という表現を見れば、使っている方がオスマン史に明るくないとすぐに判断できるからである。専門家はオスマン帝国とかオスマン朝という表現を好むようだ。本書ではオスマン帝国を使おう。

【二つの風】

このオスマン帝国が衰退し、第一次世界大戦後には消滅する。なぜであろうか。二つの要因を指摘できる。一つは帝国主義である。ヨーロッパ列強の軍事力が、オスマン帝国を圧倒し始めた。同帝国は、じりじりと国境線を後退させざるを得なかった。

もう一つの圧力の源泉は、民族主義であった。この思想がヨーロッパから流入しオスマン帝国の統合理念そのものを脅かした。

民族主義とは何か。民族主義とは次のような考え方である。

（1）人類というのは民族という単位に分類できる。
（2）それぞれの民族が独自の国家を持つべきである。これを民族自決の原則と呼ぶ。
（3）個人は、自らの属する民族の発展のために貢献すべきである。

それでは、民族とは何だろうか。それは共通の祖先を持ち、運命を共有していると考える人々の集団である。日本人、中国人、ドイツ人、フランス人、ロシア人、イタリア人、スペイン人などが、この民族という単位に当たる。これは客観的な基準によって成立するのではなく、あくまで集団の構成員の思い込みで決まる。同じ言葉を話したり、同じ宗教を信じたりしていれば、この思い込みは容易になる。

もともとフランス人やドイツ人や日本人がいたのではない。たとえば日本人は、明治以降にでき上がったのである。日本語に明治以前の感覚の跡が残っている。現在の日本人同士の会話で「おくにはどちらですか？」と聞かれて「日本です」との答え方はない。「薩摩です」とか「会津です」とか答える。かつて、「くに」とは日本ではなく、もっと狭い範囲を指していた。この場合の「おくに」という表現は、そうした時代の名残である。江戸時代には、日本人としての一体感は、まだまだ希薄であったろう。確かに参勤交代制度などによってエリート層は、江戸での生活体験を共有していた。しかし、各地の言葉の間の差異は、通じ合わないほど強かった。「お国訛《なまり》」といった生易しいレベルではなかった。日本列島の住民が一体感を強めたのは、黒船の到来など外からの脅威のせいである。そして明治以降に日本人ができ上がった。日本人は、民族主義の産物である。

民族主義の考えによれば、個人の最高の生き方は、自らの民族のために尽くすことである。自らの民族が国家を持っていない場合は、その樹立のために働くことである。そして、この考え方に取り付かれた人々は、民族のため国家のために大きな犠牲をいとわない。時には命さえも捧げる。お国のために死ぬという行為が、民族主義では最高の栄誉とされる。

この民族主義がオスマン帝国に入ってくると、統治が難しくなった。セルビア人とかギリシア人とか民族主義に取り付かれた人々が独立を求め始めたからであった。

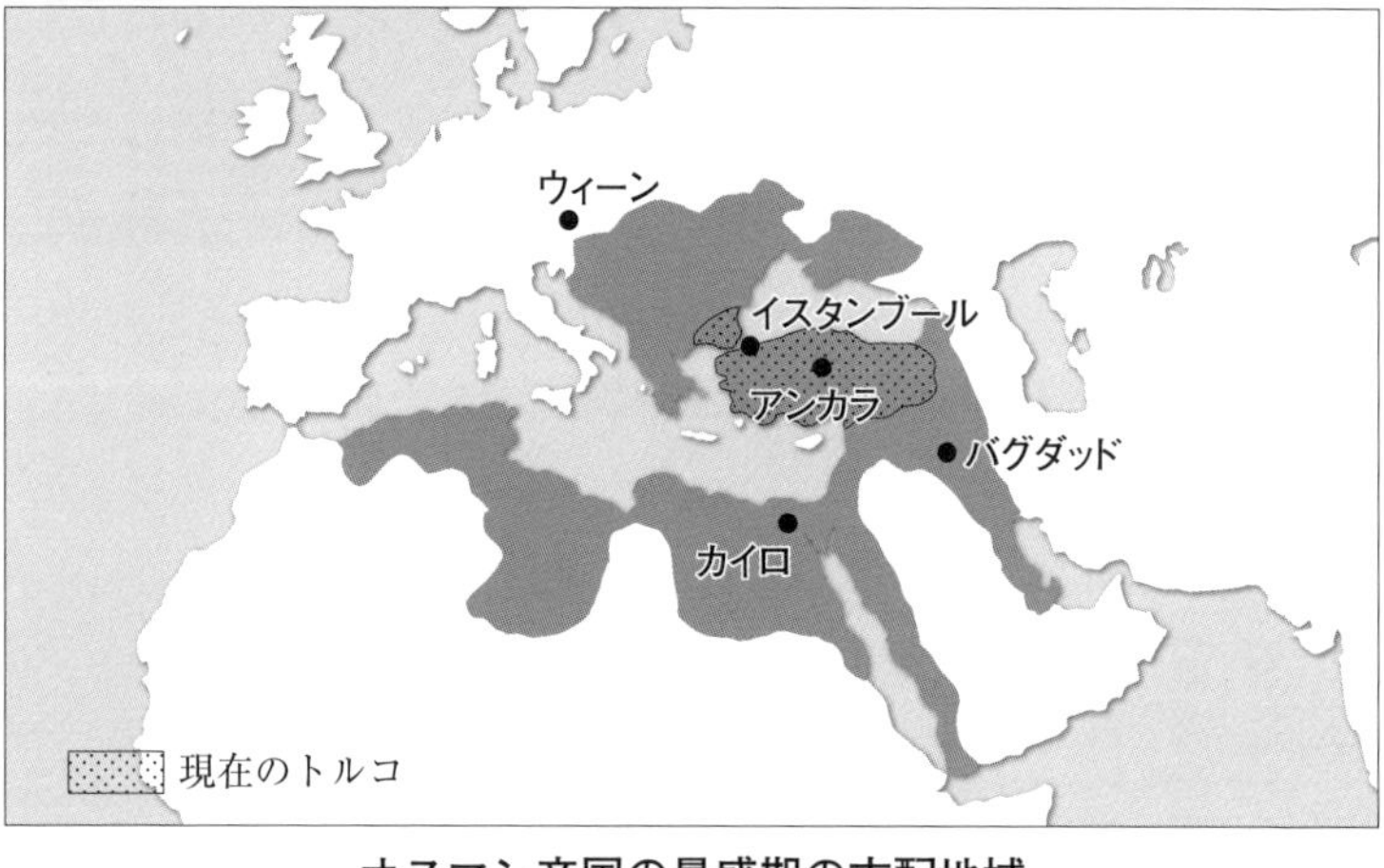

オスマン帝国の最盛期の支配地域

宗派の自治体という意味であったミレットという言葉が、民族という意味に変化した。オスマン帝国は内側から瓦解し始めた。こうしてヨーロッパから吹いてきた帝国主義と民族主義という風がオスマン帝国を吹き飛ばしてしまった。

【アタテュルクと世俗主義】

第一次世界大戦後にオスマン帝国の廃墟にトルコ共和国を打ち建てたアタテュルクは、同帝国の衰退の原因をイスラムに求めた。ヨーロッパが政治と宗教を分離して発展したように、トルコもイスラムを政治から切り離そうとした。イスラムを政治から排除することでトルコがヨーロッパのように近代化した国になれる、との発想である。政教分離がトルコ共和国の原則となった。宗教は公的な場面から排除された。これを世俗主義と呼ぶ。その徹底ぶりに「世俗原理主義」とでも揶揄《やゆ》されるほどである。

ケマル・アタテュルク
〔ユニフォトプレス〕

宗教に代わって統治理念の核となったのが、民族であった。アタテュルクは、かつては否定的なニュアンスのあった「トルコ」を肯定的な言葉に変えた。ケマル・アタテュルクも、本来はケマル・パシャという名前だった。自らアタ（父）テュルク（トルコ人）と名乗って、この言葉に肯定的なニュアンスを与えた。ある意味、トルコという民族がイスラムという宗教に国家の理念として優越するようになった。そして「みずからをトルコ人と呼ぶ者は幸せである」といった標語さえ作られた。世俗主義もトルコ民族主義も、しかしながら、問題をはらんでいた。まず民族主義の問題を述べよう。そして、イスラム教徒の国家で世俗主義を追求する難しさの問題を語ろう。

【民族主義とクルド人】

アタテュルクの掲げたトルコ民族主義に問題がある。というのは、トルコにはトルコ民族以外の民族も生活しているからである。その代表がクルド人である。トルコ国民の四分の一はクルド系と考えられている。

ところがアタテュルクは、トルコにはトルコ民族しかいない、という主張を展開した。なぜならば、他の民族がおり、その民族が独立を主張し始めれば、オスマン帝国が民族主義によって瓦解させられたように、トルコ共和国も領土を守り切れなくなるからである。

アタテュルクは、トルコにはトルコ人しかいないと言い張った。それではクルド語を話すクルド人には、どう対応したのか。「クルド人はいない。いるのは母国語を忘れた山岳トルコ人だけである」という「神話」が創られ流布された。クルド人のアイデンティティーの全否定であった。

これではクルド人が納得するはずはない。クルド人は何度も反乱を起こし、そのたびに鎮圧されてきた。アタテュルクの理念と現実との亀裂は深かった。その深みを、流されたクルド人とトルコ人の血が満たした。

［トルコの「田中角栄」］

こうしたトルコ共和国の建国の理念を揺さぶる政治家が二〇世紀の後半にトルコに姿を現した。エルドアン（一九五四年～　）である。

エルドアンはイスラム色の強い政党である福祉党の中で権力への階段を上り始めた。一九九四年にトルコ最大の都市イスタンブールの市長に就任した。市長時代にイスラムを政治に持ち込んだとして実刑の判決を受け刑務所を経験するなどしながら、将来の指導者として注目されるようになった。そして一九九六年に、この福祉党が権力を掌握した。しかしながら、やがて宗教政党であるとして福祉党は裁判所に解散を命じられた。この福祉党が解党させられると、その支持層は美徳党という政党を立ち上げた。この党も二〇〇一年に宗教政党であるとして解散を命じられた。そうすると今度は公正発展党を立ち上げた。美徳党は、よろめいても、イスラムを大切にする層の組織化の流れは、止まることはなかった。

そして、この公正発展党が二〇〇二年に選挙で勝利を収めた。以降、今日に至るまで公正発展党は一貫して権力を掌握している。つまり選挙で勝ち続けている。その公正発展党をエルドアンが指導してきた。

同党は親イスラム政党である。しかし、親イスラム政党であってもイスラム政党ではない。憲法が宗教政党を禁じているトルコでは、イスラム政党は許されていない。したがって許されているのは、熱心なイスラム教徒を支持者に持つ政党までである。

この公正発展党が代表しているのが、トルコ建国以来の矛盾への反発であった。これが公正発展党の人気の第一の理由である。その矛盾とは何か。第一次世界大戦に敗れたオスマン帝国の廃墟から立ち上がってトルコ共和国を打ち建てたアタテュルクは、イスラムを政治から排除してトルコをヨーロッパの一員にしようとした。これは、トルコ版の脱亜入欧であった。ヨーロッパが政教を分離して近代化したのなら、それにトルコも倣うべきとの発想だった。しかしヨーロッパ的な価値が民主主義であるならば、そして民主主義が民意の反映であるならば、イスラムの政治からの排除は矛盾してはいないだろうか。というのはトルコ国民の大多数はイスラム教徒であり、その多くは自らの宗教的価値の反映された政治を希望しているからである。それゆえ解党しても解党しても、新たな親イスラム政党が立ち上がってきた。公正発展党は、その現在の形である。トルコの宗教的な層は、親イスラム的な政党に親近感を抱いている。重要なポイントなので、あえて繰り返して述べた。

その人気の二つめの理由は、公正発展党の政権与党としての実績である。二〇〇二年の政権担当以来、同党は経済を圧迫していた超インフレーションを退治したのを始め、めざましい経済発展を達成した。特に重要なのは、最大都市のイスタンブールや首都アンカラなどの都市周辺のスラム街に生活していた人々の生活を改善した一連の施策である。こうしたスラムは「一夜建て」（ゲジェコンドゥ）と呼ばれ、行政のサービスの網の目から、完全にこぼれ落ちていた。ところが、同党は低所得者層のために実に四五万戸の住宅を建設した。また自家用車を持たない層が都市の中心部へと通勤しやすくするためにバス専用レーンを設定した。田中角栄という一九七〇年代の日本の総理を想起させる実行力である。田中角栄は、「コンピューター付きブルドーザー」と呼ばれた。

ゲジェコンドゥ
〔ユニフォトプレス〕

エルドアンは、日本風に言えば徹底した「どぶ板」活動で、「田舎者」とさげすまれていた農村部出身者の心をとらえた。地方出身者は、宗教的な伝統的な価値観の人々が多い。親イスラム政党に、もともと親近感を覚えている層である。そして同党の施策の恩恵を受けてきた。公正発展党は、こうした層に熱狂的に支持されている。この層は、忠実な支持投票によって同党に報いてきた。また二〇一六年のクーデター未遂の際には、街に出て体を張って戦車に立ち向かった。公正発展党への支持の熱さの見えた場面であった。エルドアンの率いる公正発展党は、親イスラム政党であると同時に「スラム」政党でもある。これが、エルドアン人気の源泉である。

日本では、田中角栄という学歴のない首相に対して、一部インテリが侮蔑と嫌悪の感情を隠さなかった。同じように、トルコでもエルドアンに対する反感と反発は強い。支持層の熱い支持と反比例した冷淡さを示すトルコ国民も少なくない。

【大統領へ】

二〇一四年、そのエルドアンは首相から大統領へ転じた。当時のトルコの憲法では大統領は名誉職であり、権力は首相にあった。だがエルドアンは、与党の公正発展党の指導者として名誉職の大統領ながら大きな権力を持っていた。

それでもエルドアンは満足せず、権力の重心を大統領に移す憲法の改正を行った。その改正のための国民投票が二〇一七年に実施された。投票数の過半数の賛成で、この憲法改正が認められた。この改正によって大統領の権限が大幅に強化された。名誉職的な大統領のポストが、アメリカの大統領のように強い権力を持つ実質的な存在に変わった。具体的には首相職が廃止された。そして大統領には、閣僚や最高裁の裁判官の任命や大統領令を発する権限が与えられた。しかも任期は二期一〇年までとなった。

この改正憲法下での大統領選挙が二〇一八年六月に実施され、エルドアンが過半数を獲得し再選された。となれば、エルドアンは二〇二八年まで大統領として在任するだろう。つまり途方もなく強い権力を持った大統領が生まれる。アメリカの大統領というのは力が強い。しかしアメリカでは、三権分立の原則が機能している。したがって議会と連邦最高裁判所によって大統領の権限は制限されてくる。いわゆるチェック・アンド・バランスである。

だがトルコの大統領制度の現状にはチェックもなければバランスもない。アメリカ型の大統領というよりもロシアのプーチン大統領に近い存在にエルドアンはなるだろう。エルドアンの「プーチン化」が始まった。

だがエルドアンへの、これまで以上の権力の集中を問題視する声は根強い。それは、トルコ国内にもあるし、またヨーロッパ諸国でも強い。しかも二〇一六年のクーデター未遂事件以降は、クーデターに関与したとして多くの裁判官や検事などを公職から追放して司法をも掌握した。それに加えて、多くの軍人を拘束したり追放したりした。さらに多くの教員が同じ目にあった。極めつけは、政府に批判的なジャーナリストを次々と投獄し新聞を廃刊に追い込んだ。かくのごとく、トルコ社会全体にエルドアンの支配が及んでいる。

憲法改正は、エルドアンを名実共に強力な大統領とした。オスマン帝国時代のスルタンの再来と評されている。民主主義には居心地の悪い時代が来るのだろうか。何度も何度も選挙で国民の審判という試練を生き抜いてきたエルドアンを、中東の他の独裁者と同列に扱ってはならない。イスラム法学者の中田考《こう》が論じるようにである。だが、その掌中《しょうちゅう》に収めた権力は余りにも大きい。

【二〇一六年のクーデター未遂】

こうした盤石の内政基盤の背景にあるのは、ある意味、トルコ軍との闘争におけるエルドアンの勝利である。これがトルコ共和国の内政を根本から変えた。ここで、立ち止まってトルコにおける軍と政治の関係を整理しておこう。

まず、前にも触れた二〇一六年のクーデター未遂を振り返っておこう。この年の夏、トルコ軍の一部がクーデターを試み失敗した。クーデター未遂を生き延びたエルドアンは、政治的には飛ぶ鳥を落とす勢いである。もともとカリスマ的な存在の指導者であったが、それに輪をかけて神がかってきた。

休暇を過ごしていたホテルが反乱軍の攻撃を受けたが、エルドアンは、その寸前にホテルを脱出していた。しかし危機は、まだ終わらなかった。大統領の乗ったイスタンブールに向かう飛行機が反乱軍の空軍機に撃墜されそうになった。しかし、空軍機からの呼びかけに搭乗機のパイロットがトルコ航空機だと答えて普通の民間航空機だと思わせた。空軍機は同機を撃墜しなかった。アクションで映画でも見ているような危機一髪の脱出劇の連続であった。こうしたエピソードは、エルドアンを神格化するだろう。

イスタンブールに到着したエルドアンは、クーデター未遂を「神からの贈り物」と呼んだ。この贈り物を使って、クーデターに参加した者ばかりでなく、潜在的な敵対勢力の一掃に取りかかった。

軍や警察のようなクーデターにかかわりそうな暴力装置ばかりでなく、司法や教育関係者の多くを解雇した。

非常事態宣言を発し、国民には広場での反クーデター集会を続けるようにと求めて、危機感をあおり、その間にトルコ国家の骨組みを組み替えた。一九七九年から一九八〇年の同じような手品を見せた隣国のカリスマ的指導者を想起させる。イランのホメイニ師である。一九七九年一一月にテヘランのアメリカ大使館が占拠されると、この占拠を利用して危機感を煽《あお》り、最高指導者に、つまり自分に最終的な決定権を与える憲法への国民の支持を取り付けた。既に見たようにである。これが、現在のイランの政治体制の根幹をなしている。エルドアンも同じように、この危機を機会ととらえただろう。

［「クーデター病」］

このエルドアンへの権力の集中という現象に拍車を掛けた軍のクーデター未遂は、なぜ起こったのだろうか。軍は、トルコの政治において、どのような役割を果たしてきたのだろうか。これまでも述べてきたが、ここで整理しておこう。

トルコ軍にはクーデターを起こす傾向があった。トルコ共和国は、第二次世界大戦後に複数政党制度を導入した。そして現在までに四回の軍事クーデターを経験している。一九六〇年、一九七一年、そして一九八〇年と一九九七年の四回である。そして、二〇一六年のクーデター未遂である。

これ以外にも失敗したクーデターが一九六〇年代に二回記録されている。なぜ、頻繁にクーデターを起こす傾向がトルコ軍にはあるのだろうか。

この「クーデター病」以外にもトルコ軍には特徴がある。それはクーデターの目的である。それを解説すればクーデター病の理由が見えてくるだろうか。当たり前のことながら、クーデターは権力の奪取を目的としている。ここまでは、トルコ軍も他の国の軍隊も変わらない。しかし、通常は権力を握った軍人たちが大統領や首相になって指導者として長く君臨する。

トルコ軍は変である。クーデターを成功させても、将軍たちは権力にはしがみつかない。しばらく後には兵舎に戻ってしまうのである。それでは何のためのクーデターで、何のための権力奪取なのだろうか。それは、トルコ建国の父であるアタテュルクが樹立した政教分離の原則を守るためのクーデターなのである。トルコ軍は自らをアタテュルクの残した国是の守護神とみなしてきた。

しかし、国民の多くは宗教的な人々であるので、選挙を行えば、宗教的な、つまりイスラム的な政党が支持を広げがちである。そして、イスラム的な政党の力が強くなると、政教分離の原則の維持が難しくなる。アタテュルクの国是が脅かされる。そこで軍が介入して、権力を掌握して、そうした政党を解党させてきた。つまりクーデターによって、イスラム的な政党を権力から追放してきたわけだ。言葉を替えるならばアタテュルクの政教分離を守ってきた。こうして政治のリセットが済むと、軍は兵舎に戻った。

しかし、しばらく民政が続くと、選挙で段々とイスラム色の強い政党が力を増してくる。そこで軍が、またクーデターというパターンである。

さて、二〇一六年のクーデターの失敗である。その理由は何だろうか。それは、軍の一部のみが参加し、大部分は不参加だったからである。エルドアンは常に軍の存在を意識して生きてきた政治家である。それゆえ二〇〇二年の政権奪取以来、長い時間をかけて様々な手法で軍を分断し力を削いできた。その結果、軍は一枚岩ではなくなっていた。軍全体での介入ができなくなっていた。

そしてエルドアンの指導の下で、トルコは長期の経済発展を経験してきていた。その与党である公正発展党の支持基盤は、もはや軍のクーデターでは押し流せないほど深く広くトルコ社会全体に根を張っていた。長期政権下の経済発展の恩恵を受けた層が、エルドアンの呼び掛けに応えて戦車に立ち向かった。そして血の犠牲を払いながらクーデターを阻止した。

これまで軍は、クーデターを成功させ権力を掌握して、政治をリセットして兵舎に戻っていた。しかし今回は、多くの将兵が兵舎に戻ることはなかった。代わりに刑務所に送られた。軍の政教分離の原則の守護者としての役割には終わりが来たようである。トルコでは、時代が軍を追い越してしまった。

【クルド問題】

トルコの世俗主義とエルドアンの率いる公正発展党との綱引きの様相を見た。それでは、もう一つの問題はどのような展開を示しているのだろうか。つまりクルド問題である。

エルドアンはクルド人との和解へと動いてきた面もある。たとえば、メディアでのクルド語の使用を許可して、クルド人の文化の表現を認めた。また一九七〇年代からクルド人の独立を求めて戦ってきたＰＫＫ（クルディスターン労働者党）と停戦交渉に入った。

さらに文化や政治の面ばかりでなく、経済の面でもエルドアンはクルド人地域の発展のために力を尽くしてきた。クルド人の生活するトルコ東部は伝統的に貧しい地域として知られてきた。しかし、この地域に繁栄の光が届き始めた。一つの背景は、公正発展党政権が東部の開発に力を入れているからである。もう一つの理由は、隣接するイラク北部のクルド人地域が後に見るように安定と平和と繁栄を享受しているからだ。その繁栄のまぶしいほどの明るさの照り返しがトルコ東部にも届いている。つまり、イラクのクルド地域の経済成長のおこぼれがトルコのクルド人地域にも届いている。

イラクの他の地域が混乱する中で、クルド人地域は治安の安定を維持した。その結果、イラク全体から資本と人材が流入した。また中東各地から企業が進出した。クルド地域には続々とビルが立ち上がる建設ラッシュを経験した。議会、官庁、ショッピング・モール、ホテル、空港などが建設されている。この建設ブームで一番潤ったのがトルコ企業である。労働者への需要が増大し、貧しかったトルコ東部が、その恩恵を受けている。

【エルドアンの新しい同盟者】

エルドアンがクルド人との和解を求めた背景の一つは、自らの大統領への野心であった。公正発展党の得票率は、投票の四割から五割の間である。この率があれば、同党は第一党としての地位を維持できる。だが大統領になるためには過半数の票が必要であった。したがってエルドアンは支持率の一割ほどの底上げを狙った。そして、クルド人に働きかけた。しかし、後の章で触れるシリア内戦の余波などもあり、クルド人との和解交渉は難航した。代わりにエルドアンはトルコ民族主義者の支持を得るようになった。これで、エルドアンは大統領になるための過半数の票を固めた。しかし、トルコ民族主義者はクルド人の民族主義に敵対的である。これでクルド人との和解がますます難しくなった。クルド問題が課題として残された。

【変わるロシア認識】

エルドアンの指揮下でのトルコの内政の変化を見た。外交面でも大きな変化の兆しが見える。

トルコの対アメリカ関係を規定してきたのは対ロシア（ソ連）関係である。ロシアが脅威であるとの認識が強かったので、トルコはアメリカに接近した。既に見たようにである。朝鮮戦争で血を流してでも、トルコはアメリカが中心の軍事同盟のＮＡＴＯに加盟した。

ところが二〇一六年に前述のようにロシアと和解し、シリア問題での両者の立ち位置が近づいてきた。そしてトルコは、二〇一七年に入って、地対空ミサイルをロシアから買う、という決定をした。ロシアはNATOの潜在的な敵国である。その国からミサイルを輸入しようとするトルコの政策にNATOの他の加盟国から批判が高まっている。トルコは、歴史的にロシアと、ずっと争ってきた。ロシアを、そして恐れてきた。その流れが変わってきたのか、と思わせる動きである。

［イスラム世界］

エルドアン指導下のトルコの外交の新しさは、イスラム世界への働きかけにある。

これも、アタテュルクの路線からの離脱の外交的な表現なのだろうか。トルコをヨーロッパにするというのが、その建国の父の発想だったとすれば、イスラム世界からの決別こそが、その外交的な帰結であった。トルコは、オスマン帝国時代に支配したアラブ諸国から距離を置いた。そして、中東での非アラブの二つの国、イランとイスラエルと密接な関係を結んだ。

一九二五年にイランでパフラヴィー朝を起こしたレザー・シャーは、アタテュルクに範を取った自国の近代化を目指した。宗教勢力を抑え込んで、王権の確立を狙った。またトルコとイランは国境線を画定し、オスマン帝国時代以来の両国間の対立構造を解消した。外の平和が内の発展につながるとの期待からであった。

さらに第二次世界大戦後にアラブ世界でアラブを統一しようという動きが高まると、トルコとイランは、それを共通の脅威ととらえた。しかも、両国ともにソ連と国境を接しているので、北方からの脅威に備えアメリカに接近した。こうした条件が、この二つの国とイスラエルを接近させた。イスラエルとイランは、そしてイスラエルとトルコは実質的な軍事同盟関係にあった。イスラエルとの関係の深さは、トルコをアラブ諸国で不人気にした。

ところがエルドアンのイスラエル批判が目立ち始めた。たとえば二〇一〇年の事件である。経済封鎖が続いているパレスチナ自治区のガザ地区に、トルコの人道支援団体などが中心に組織した支援船が向かった。ところが、この船のガザ入港を阻止しようとするイスラエル軍に公海上で襲われて死傷者が出た。トルコ市民も、その中に含まれていた。

その直後の国際会議の場でイスラエルのシモン・ペレス大統領と同席していたエルドアンは、激しく同国を非難して退席した。多くのアラブ人は「やっとイスラエルに物を言う人物が出た」と評価した。

そして二〇一七年一二月、第五章で見たようにトランプ大統領が、エルサレムをイスラエルの首都と認め、在イスラエル大使館のテルアビブからエルサレムへの移転を命じた。そして翌二〇一八年五月に大使館の移転が行われた。

このアメリカの動きに対して、エルドアンは、「将来、東エルサレムにトルコの大使館を置く」と発言した。東エルサレムは、パレスチナが将来の首都として想定している土地である。その含意はパレスチナ側の主張の全面的な支持である。つまりエルサレムを首都とするパレスチナ国家という中東問題の解決策の支持の表明であった。

アラブ諸国がアメリカのエルサレムへの大使館移転に対して大きな声を上げなかったのとは鮮明な対比をなすエルドアンの声明であった。多くのアラブ人の心を揺さぶっただろう。多くのイスラム教徒の心の琴線に触れたに違いない。

なぜエルドアンは、こうした発言をするのだろうか。一つには、世界のイスラム教徒を支援する発言は、国内の支持基盤を固める役割を果たすだろうからだ。いうまでもなく、エルドアンの率いる公正発展党は熱心なイスラム教徒に支えられている。

同時に、対外的にはトルコのイスラム諸国における指導的地位を主張する行為でもある。トルコがイスラエルを批判すると、イスラエルを支援するアメリカとの関係を重視する国々は困った立場になる。具体的にはエジプトである。最大のアラブ国家として、エジプトは、伝統的にアラブ諸国でイスラム世界で指導的な地位を占めてきた。しかし、アメリカの軍事・経済援助で支えられている現政権は、エルサレム問題に関して寡黙《かもく》である。

同じようにイスラムの二大聖地であるメッカとメディナを擁《よう》するサウジアラビアも、イスラムの第三の聖地であるエルサレムに関して大きな声を上げていない。

イスラム世界の指導的な地位へとトルコが近づいている。考えてみるとトルコ共和国の前身のオスマン帝国は、コーカサス地方や黒海周辺全体を、そしてメッカやメディナを含むアラブ世界の大半を支配していた。イスタンブールのスルタンは同時にカリフでもあった。カリフとは預言者ムハンマドの後継者でイスラム教徒全体の指導者である。既に紹介したように、エルドアンは、権力の独裁傾向ゆえに新しいスルタンとも呼ばれる。エルドアンは、スルタンであるばかりでなく、カリフのようにイスラム世界全体への影響力を志向しているのだろうか。

【トルコ語世界】

最後にイスラム圏の中でも、トルコ語圏諸国・地域とトルコの関係に筆を進めたい。トルコ語系の言語を使う人々は本章で話題としてきたトルコ共和国の外に広がっている。コーカサスのアゼルバイジャン共和国、中央アジアのウズベキスタン、カザフスタン、キルギス共和国、トルクメニスタンの五か国ではトルコ語系の言語が共通語として使われている。

またイランでも、トルコ語系のアーゼリー語がアゼルバイジャン州を中心に広く使われている。イランの地図を猫に見立てると東北部の首と耳に見える部分である。またアーゼリー系の人々はアリ・ハメネイ最高指導者を含めイラン社会では大変に成功を収めている。アーゼリー語を操るとはいえ、自らをトルコ系とは考えてはいないだろう。さらに中国ではトルコ語系のウイグル語の話者が多数生活している。言葉は影響力の源泉である。トルコが潜在的に影響力を伸ばせる広大な空間が存在している。

そして第九章で言及したように、トルコ政府が公然と中国によるイスラム教徒の抑圧を非難し始めた。

エルドアンという指導者は、見てきたようにトルコ系という民族のつながりを通じて、またイスラムという宗教を通じて、途方もない広い地域へトルコの影響力を浸透させようとしている。またシリアに軍事的に介入し、その一部の地域を支配下に置いている。またシリアから三五〇万人もの難民を受け入れている。まさに新たなるスルタンにふさわしい度量とヴィジョンの広さを示している。

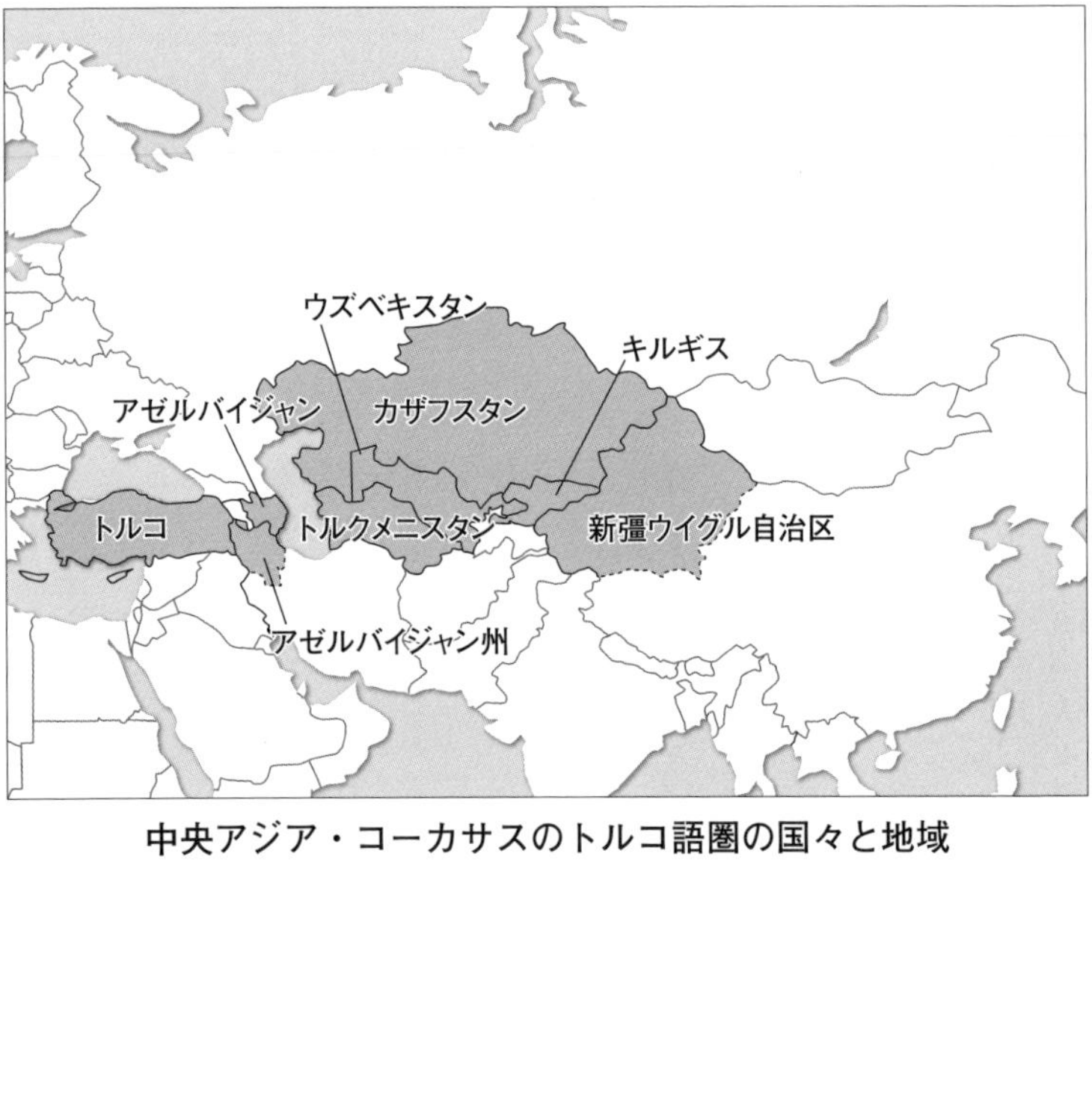

中央アジア・コーカサスのトルコ語圏の国々と地域

トルコをオスマン帝国のように影響力をもった国にエルドアンは変貌させようとしている。その野心の前に立ちはだかっているのは何か。最大の問題は、クルド問題である。新たなオスマン帝国の建設を目指すのであれば、エルドアンに何よりも望まれるのは、オスマン帝国の建設者たちが支配下の人々に示した寛容という名の叡智の再発見であろう。

略年表

一九二三年	トルコ共和国の成立
一九二五年	イランでパフラヴィー朝の樹立
一九六〇年	トルコ軍のクーデター
一九七一年	トルコ軍のクーデター
一九八〇年	トルコ軍のクーデター
一九九七年	トルコ軍のクーデター
二〇〇三年	エルドアン、首相に就任
二〇一〇年	ガザへの支援船をイスラエル軍が襲撃
二〇一四年	エルドアン、大統領に就任
二〇一六年	トルコ軍のクーデター未遂

二〇一七年　国民投票で憲法改正（大統領権限の拡大）
トルコがロシア製地対空ミサイルの導入を発表
トランプ大統領、在イスラエル大使館のエルサレムへの移転を発表
二〇一八年　アメリカの在イスラエル大使館のエルサレム移転
トルコで大統領制開始

13 イスラエル／ハイテクパワーのジレンマ

「占領がイスラエルを殺す。イランでもハマスでもヘズボッラーでもない。」
イスラエルの『ハーレツ』紙のブラッドレー・バーストンの言葉

【ハイテクパワー】

イスラエルという国の多数派であるユダヤ人は議論好きだという事になっている。また、この国に関しては議論すべきことが多い。だが、ここでは禁欲的になって、四つのポイントに絞って語りたい。一つは、その技術的な先進性である。第二に、地域でライバル視されるイランとの対立である。そして第三に、この国を支えてきたアメリカとの関係を語りたい。最後に、この国が抱えるジレンマを解説したい。それは、民主主義とユダヤ性の両立の難しさである。

まず第一の技術の先進性である。イスラエルは世界有数のハイテク国家に数えられている。世界で使われているパソコンの基幹部品のいくつかはイスラエルで開発されている。イスラエルのテクノロジーは、ドローンや自動運転技術でも世界をリードしている。人口が一〇〇〇万人にも満たない国にしては、ある意味ではハイテク分野での異常なほどの存在感である。

なぜ、こうした現象が起こっているのだろうか。もちろん昔からユダヤ人は頭が良いという事になっている。その理由に関しては諸説ある。どの説に従っても、結論は同じである。ユダヤ人は優秀である。人口比にするとノーベル賞の受賞者にしろ、ユダヤ人の活躍が目立つ。古来からユダヤ人を罵《のの》し る表現は多いが、少なくとも頭が悪いとの悪口はない。その知力がイスラエルにハイテクという力を与えている。

［安全保障国家］

イスラエルには、ハイテク技術を獲得すべき絶対的な必要性があった。それは国家の安全保障上の要請である。イスラエルという国は戦争の中で生まれ、戦いながら生き延びてきた。英語では、こうした常に戦争を想定している国家を「ナショナル・セキュリティ・ステート」と呼ぶ。「安全保障国家」というような訳が当てはまるのだろうか。イスラエルは安全保障国家である。

敵対的なアラブ諸国に囲まれ人口で劣るイスラエルは、兵器と兵員の質で国家を守ろうとしてきた。技術的な優位が国家生存の条件であった。ハイテク化は、そうした国家的な要請の中で進展した。

［ゴルバチョフのプレゼント］

もともと教育熱心な人々であるユダヤ人の国家である。イスラエルにはハイテク産業を育成する強い基盤があった。しかも、その成長の勢いを強めるような大きな国際政治上の地殻変動が、一九八〇年代に起こり始めた。きっかけは、ゴルバチョフのペレストロイカであった。この改革は、第七章で言及したように一九八五年に始まった。これが、イスラエルのハイテク産業への強い追い風となった。

なぜか。

ゴルバチョフは国内改革に精力を傾注するために対外緊張の緩和を望んだ。この外交面でのゴルバチョフの新しい姿勢につけられたスローガンが「新思考外交」であった。その新思考の新しさは、具体的にはアメリカとの関係改善であった。アフガニスタンからソ連軍を撤兵させ、ベトナムへの援助を停止した。こうした一連の政策がゴルバチョフによって実施された。

もう一つ、ゴルバチョフが取り組んだ問題がソ連のユダヤ人の出国問題であった。ソ連にはアメリカとイスラエルに次ぐ数の、多くのユダヤ人が生活していた。その数は二〇〇～三〇〇万と推定されていた。その多くが、ソ連からの出国を希望していた。ソ連は、高度な教育を受けた層の多いユダヤ人の流出を望んでいなかった。ユダヤ人の出国を認めるように、とアメリカはソ連に要求し続けており、これが両国関係の阻害要因の一つとなっていた。

ところがゴルバチョフは、対アメリカ関係の改善政策の一環としてユダヤ人の出国を許した。多数のユダヤ人がソ連を出た。そして、多くがイスラエルに向かった。

さらに一九九一年にソ連邦が崩壊すると、混乱を嫌ってイスラエルへ移民する人々が増えた。もうイスラエルへの人の流れを遮《さえぎ》る障害は何もなかった。ユダヤ人と結婚した非ユダヤ教徒や、ユダヤ教徒の振りをする「普通の」ロシア人までもが流入した。

現在、イスラエルで生活する旧ソ連出身の「ロシア系」ユダヤ人は一二〇万人程度である。イスラエル中央統計局の二〇一七年五月の発表では、同国の総人口が約八六八万人なので、一五パーセント弱を「ロシア人」が占めている計算になる。

その多くがソ連で高度に教育を受けた人々である。日本で最近よく耳にする「高度人材」という言葉で言及されるような人々である。ペレストロイカとソ連の崩壊が、旧ソ連からイスラエルへと人材の宝の山を動かした。ゴルバチョフのイスラエルへのプレゼントであった。

【ユダヤ人とペルシア人】

第二のポイントに話を進めよう。イランとイスラエルの中東における対立が議論されることが多い。イランの首都テヘランに行くと「イスラエルの破壊」という看板を見ることがある。またイスラエルのネタニヤフ首相はイランの脅威を説いてやまない。トランプ政権をイランとの核合意から離脱するように説得したのはイスラエルである。現在はシリアを巡ってイランとイスラエルの両国が厳しく対立している。

そのシリアは二〇一一年から内戦状態にある。その内戦で、イランはシリアのアサド大統領の政府を様々な形で支援した。逆にイスラエルは反政府側に肩入れをした。そして、その内戦が、二〇一九年には、ほぼ終結に近づいている。アサド大統領の政権側の勝利に終わりそうである。これまでに述べてきた通りである。

イランはアサド政権支配下のシリアに自国の影響力を残そうとしている。少なくともイスラエルは、そう認識している。シリアにおけるイラン関連の軍事施設などにイスラエルは大規模な爆撃を行っている。イランとイスラエル両者の間での本格的な軍事衝突が懸念される状況である。

さてイスラエルは、イランの脅威を煽《あお》ることで、同国と対立するサウジアラビアやアラブ首長国連邦などと外交的に接近した。現在、イスラエルと正式な外交関係を維持しているアラブの国はエジプトとヨルダンのみであるので、イスラエルにとっては外交上の成果といえるだろうか。またアメリカのマイク・ポンペイオ国務長官などトランプ大統領周辺には対イラン強硬路線で知られる人々がいる。対イラン強硬路線は、トランプ政権との関係強化にも寄与しているのだろうか。

こうしたイラン・イスラエル両国間の対立の構図にもかかわらず、両国の国民がお互いに憎み合っているという感触や感覚は、筆者にはない。確かにイランのエリート層は反イスラエルの言辞を使う。しかしながら、庶民の間に強い反イスラエル感情が存在するとは思えない。

イランでデモがあると、多くの場合、パレスチナやレバノンやシリアの支援に批判的な声が上がる。周辺諸国への介入に、つまりイスラエルと対決する勢力への支援にではなく、イラン国民のために政府は力を傾注すべきだとの議論である。第一一章で紹介した通りである。こうした状況を見ると、イスラエル憎しでイラン国民が燃え上がっているとは、とても思えない。

イスラエルにおいても、同様に強い反イラン感情は見えない。もちろんイランの核開発は脅威であるし、シリアにおけるイランの影響力の拡大を歓迎するイスラエル人はいない。

だが深い反イラン感情は見えない。たとえばイスラエルの人気歌手のリタはイランからの移民であり、ヘブライ語や英語の歌はもちろんのこと、イランの国語であるペルシア語の歌も大ヒットさせている。イスラエルには、イランからの移民と子孫などを含めて、それなりの数のペルシア語を母語とする人々が存在する。しかし大ヒットするからには、ペルシア語を母語としない人々の間での人気も広く深いはずだ。政府が敵国と呼びシリアでイランの軍事拠点を爆撃しているのに、国民の方は、その国の言語の歌を聴いているわけだ。

なぜ憎しみが、指導層レベルでのレトリックの激しさにもかかわらず、今ひとつ燃え上がらないのだろうか。一つには、やはり両国民にとっては、敵はアラブ諸国だ、との意識が共有されているからだろうか。イスラエルは周辺のアラブ諸国と何度も戦ったし、イランはイラクと一九八〇年代に八年間もイラン・イラク戦争を戦った。歴史を振り返っても、七世紀にアラブ人に征服された苦い記憶も含めアラブ人との戦いは数知れない。

また両者の間の深い歴史的なかかわりも背景にあるだろう。ペルシア人とユダヤ人の関係は、遠くはるかに古代まで遡《さかのぼ》る。キリスト教が旧約聖書と呼ぶユダヤ教聖書には、ユダヤ人のバビロン捕囚からの解放の話が語られている。解放の前に、まず捕囚の方から解説しよう。紀元前五八六年、バビロンの王ネブカドネザル二世がエルサレムを征服し、住民を自らの首都バビロンに強制移住させた。これがバビロン捕囚として知られる事件である。

ユダヤ人たちはバビロンの傍らを流れるユーフラテス川の川辺で故郷を想い泣き崩れていた。「われらはバビロンの川のほとりにすわり、シオンを思い出し涙を流した」と旧約聖書の詩篇一三七篇の第一節の言葉にあるようにだ。

紀元前五三八年に、そのバビロンにアケメネス朝ペルシア帝国のキュロス大王が入城し、ユダヤ人のエルサレムへの帰郷を許した。そればかりか、エルサレムのユダヤ神殿からバビロンに運ばれていた様々な財宝を返還した。さらにネブカドネザルによって破壊されたエルサレムのユダヤ神殿の再建のための資金援助までキュロスは提供した。こ

キュロス大王の墓
〔ユニフォトプレス〕

キュロス大王の円筒印章

〔ユニフォトプレス〕

の時に建設されたのが第二神殿である。

　そのバビロンの遺跡で、一八七九年に大英博物館の発掘隊がラグビーのボールくらいのサイズの粘土板を発見した。キュロスの円筒印章として知られる遺物である。その円筒印章には、キュロス大王の支配地の住民に信仰の自由を保証するとの言葉が高らかに謳《うた》われている。ユダヤ教徒への言及はないものの、その文言は聖書の記述の傍証である。キュロスはユダヤ人にとってはメサイア（救世主）であった。現代のユダヤ人もキュロスに感謝している。その証拠にイスラエルでは円筒印章の切手が発行されている。

円筒印章の切手

〔courtesy of the Israel Philatelic Service - E-Israel/ לארשי-E - יאלובה תורישה תובידאב ：ユニフォトプレス〕

　イランは、そのキュロスの子孫たちの国である。憎しみも燃え上がりにくいだろう。過去と現在が交差してイラン・イスラエル関係に見かけ以上に微妙な光彩を与えている。

【アメリカとの関係】

　アメリカのユダヤ人が、この国とイスラエルをつなぐ太い絆の一つである。しかし、両者の間のギャップが目立つようになった。その背景にはいくつかの要因があるようだ。まず第一は世代の交代である。第二次世界大戦中にドイツ占領下のヨーロッパ大陸でユダヤ人の大虐殺が起こった。これはホロコーストとして知られる。

第二次世界大戦末期から、この事実が知られるようになると、アメリカのユダヤ人たちは強い衝撃を受けた。ヨーロッパの同胞を救えなかったという悔悟の念にとらわれた。その反動でもあるかのようにユダヤ人はイスラエル支持へと立ち上がった。ナチスの迫害から逃れられる安全なユダヤ人の国があれば、ナチスのガス室で焼かれた六〇〇万人のユダヤ人の命を救うことができたのにという認識である。悔悟の念が深ければ深いほど、イスラエルへの支持は熱かった。

しかしながら、この世代が今や段々と第一線から退き、世を去りつつある。若い世代にとってはホロコーストが遠い記憶となりつつある。また迫害と弾圧を生き抜いてきたユダヤ人にとっては、いざという時に避難所となるイスラエルという国が必要だとの議論も、説得力を失いつつある。アメリカでユダヤ人は大変な成功を収めており、ユダヤ人ゆえの差別にあうという経験も稀《まれ》になりつつある。少なくとも、後に語るようにトランプが大統領になるまでは。

アメリカとイスラエルのユダヤ人の間の距離感を広げている要因の一つに宗派の違いがある。これはユダヤ教の伝統をどのくらいまで厳格に守るかどうかの問題である。アメリカのユダヤ人の間では改革を受け入れる人々が多い。たとえば女性のラビ（導師）がいたりする。ところがイスラエルでは伝統を守ろうとする考えが強い。となると両者の間に心理的な隙間が生まれやすくなる。

具体的な事例を紹介しよう。イスラエル占領下のエルサレム旧市街の「嘆きの壁」がある。ユダヤ教の聖地である。ここでは壁に向かって左側で男性が祈り、女性は右側で祈る。ところがアメリカの改革的なユダヤ教徒の間では、両者は一緒に祈るべきとの主張がある。保守的なユダヤ教徒は、こうした「改革」を拒絶しており、祈りの形式を巡って両者が対立している。

もう一つ例を挙げよう。ユダヤ教への改宗の問題である。現在のユダヤ教は宣教の宗教ではない。つまりキリスト教やイスラム教のように布教によって信徒を増やそうとはしていない。日本の神道のように、その宗教の家庭に生まれたから、その宗教の信徒になるのである。

しかし、それでもユダヤ教への改宗を希望する人もいる。最も普通なのは、キリスト教徒がユダヤ教徒と結婚して改宗する場合である。たとえばトランプ大統領の娘のイバンカはジャーレド・クシュナーというユダヤ教徒と結婚した。そして改宗している。そのユダヤ教への改宗は、イスラエルにおいては正統派と呼ばれる宗派のラビによるものしか認められない。つまりアメリカの改革的な宗派のラビによる改宗を受けても、イスラエルではユダヤ教徒として認められないわけだ。これでは、イスラエルが、アメリカの改革的なユダヤ教徒を本物のユダヤ教徒として認定しない、と言っているようなものである。

←右側が嘆きの壁
〔2015年9月　筆者撮影〕

壁の前面が左右に区切られており、向かって左側で男性が、右側で女性が祈っている。〔2015年9月　筆者撮影〕

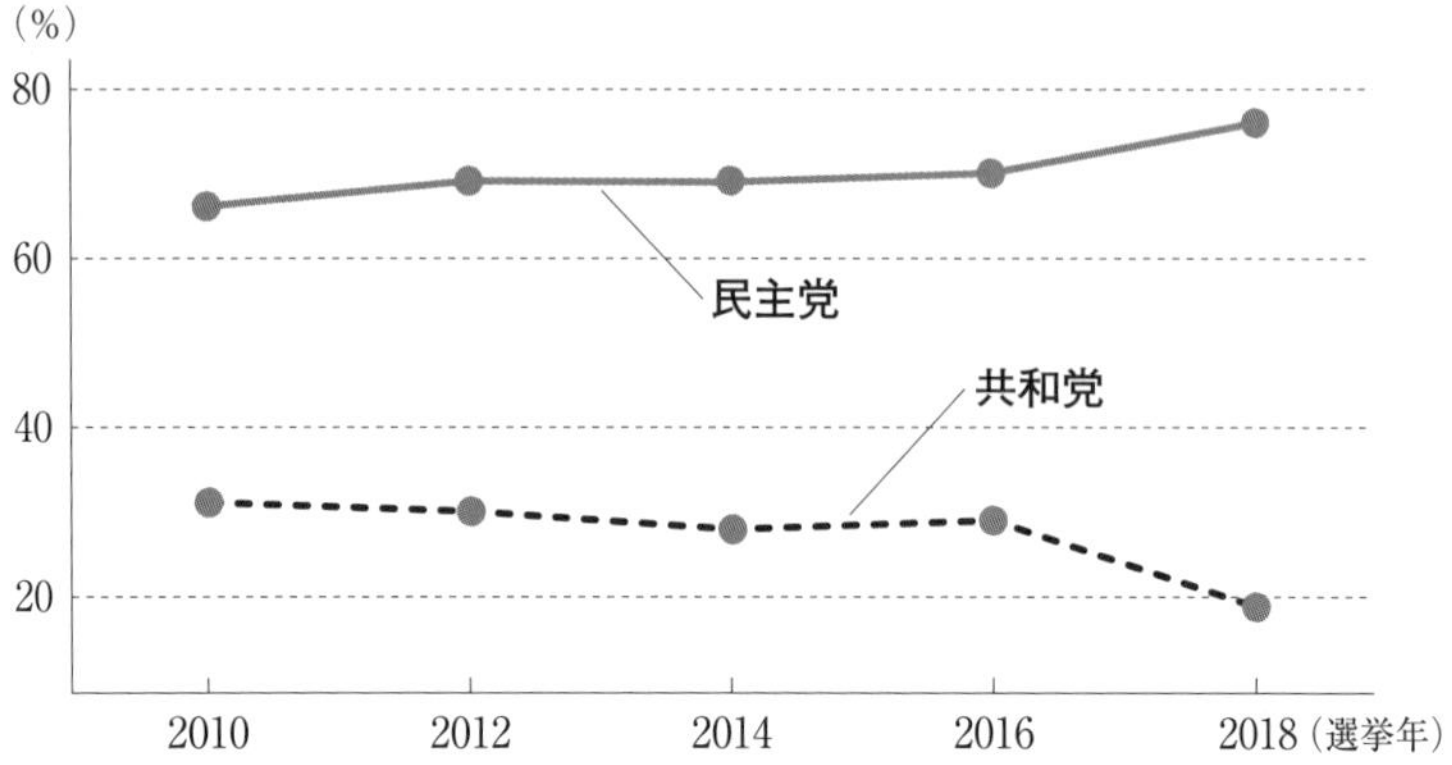

出所）J-streetのホームページより。

ユダヤ人は連邦議会の選挙で民主党・共和党のどちらを選んだか。

長年にわたってイスラエルを支持してきたアメリカのユダヤ教徒を偽物扱いしているわけである。これがイスラエルとアメリカのユダヤ教徒の間の溝を深めている。

そして第五章で見たようなキリスト教福音派によるイスラエル支持に、アメリカのユダヤ教徒は居心地の悪さを覚えている。というのは、アメリカのユダヤ人の大半はリベラルであり民主党支持である。共和党支持の岩盤であるキリスト教福音派とは違う世界観を抱いている。やはり前半の章で見たように、福音派の支持を受けるトランプを大半のユダヤ人は嫌っている。トランプの人種主義的な言辞が反ユダヤ主義を煽《あお》っていると感じている。それが二〇一八年と二〇一九年のシナゴーグ（ユダヤ教の礼拝所）での銃の乱射事件につながったと考えている。

二〇一六年の大統領選挙では、ユダヤ人の大半は民主党のヒラリー・クリントン候補に投票した。また二〇一八年の中間選挙でも民主党を支持した。ちなみに、この選挙では民主党が下院を押さえた。既に見た通りである。そしてトランプ大統領を評価していない。そのトランプ大統領と福音派の支持を受けるイスラエルに、白けた感覚を持ち始めたユダヤ人は多い。

［民主主義とユダヤ人国家］

そして何よりもアメリカのユダヤ人のリベラルな価値観と相いれないのがイスラエルのヨルダン川西岸の占領である。

そのハイテクもあり、確かにイスラエルは外部からの軍事的な脅威に対しては十分に対応する力を有している。しかし、現在のイスラエルを何よりも脅かしているのは、内部的な要因である。それは何か。人口動態である。人口動態に関する議論は二つに分けて考える必要がある。まず第一に、国際的に認められた国境線の内側での人口動態である。そして第二に、それに占領地であるガザ地区とヨルダン川西岸地区を加えたイスラエルの支配する地域全体での人口動態である。

最初に、占領地を除いたイスラエル国内での人口動態を見ておこう。既に見たようにイスラエルの中央統計局の二〇一七年五月の発表によれば、この国の総人口は約八七〇万人である。その四分の三がユダヤ人で、他がアラブ人などである。実数にするとユダヤ人が六五〇万。イスラエルの成立時に先住のパレスチナ人が故郷を追われて難民となった。その数は七〇万人以上である。現在、その子孫を含めると数百万人が難民としてヨルダン、レバノン、シリアなどの周辺国を中心に生活している。しかしながら、イスラエルの成立にもかかわらず、故郷に踏みとどまったパレスチナ人もいた。現在もイスラエル市民として生活している。その子孫を含めると人口の二〇～二五パーセントを占めている。したがってイスラエルの約四分の一はアラブ人が構成している。キリスト教徒やイスラム教徒のアラブ人である。実数にすると二二〇万になる。

イスラエル国内の合計特殊出生率は、三・一程度である。これは一人の女性が生涯に産む子供の数である。これが二・一程度であれば、人口は安定し、それ以下であれば減少し、それ以上であれば増加する。不遜にも自らを先進工業国と自称する国々の大半では、日本も含め、この数値が二・一を切り、人口の減少を経験している。ところがイスラエルは例外である。

背景には何があるのだろう。一つは、好景気が持続しているという経済要因があるだろう。第二に、不妊治療が広く行われているという医療の水準の高さがあるだろう。この面でもイスラエルのハイテクが大きな役割を果たしている。第三に、宗教の力があるだろう。実は、これが一番重要な説明だろう。

宗派別の出生率を見ると、イスラム教徒の方が高いものの、近い将来にイスラム教徒がイスラエル国内での人口比を大幅に増やす可能性はない。注目すべきはユダヤ教徒内での出生率の比較である。ユダヤ教の超保守派と呼ばれる人々の間の出生率が極端に高い。数値は七を超えている。ということは長期的には非常に宗教的な層の人口比が高まって行く。これが、比較的に宗教的には改革派的な傾向の強いアメリカのユダヤ教徒とイスラエルとの間の心理的な距離をこれまで以上に広げかねない。

イスラエルにとって、そしてイスラエルを支持してきたアメリカのユダヤ人にとって、より重大な問題はヨルダン川西岸の占領とガザ地区の封鎖、そして、その両方での人口動態である。ヨルダン川西岸には三〇〇万の、そしてガザ地区には二〇〇万のパレスチナ人が生活している。そして、その合計特殊出生率は四を超えている。

さて、国際的に認められたイスラエル国境内、ガザ地区、ヨルダン川西岸の人口を合わせると、一三七〇万になる。そのうちの六七〇万はユダヤ人である。そして七〇〇万はパレスチナ人になる。数値は、いずれも概数である。そして占領地での出生率の高さを考慮すると、聖地パレスチナ、つまりイスラエルとガザ地区とヨルダン川西岸を合わせた地域の人口の過半数は、ユダヤ人ではない。そして、パレスチナ人の比率は高まっている。これが人口動態的な実態である。

ガザ地区はイスラエルとエジプトによって経済封鎖状態が続いている。世界最大の監獄といった状況である。二〇〇万人のパレスチナ人を、ここまで追い詰める政策に世界の非難が集まっている。

そしてヨルダン川西岸では、ほんのわずかな土地がパレスチナ人の自治に委ねられているだけで、大半の地域がイスラエルの支配下にある。つまり占領下にある。その占領下ではパレスチナ人の土地を奪ってのユダヤ人の入植活動が行われている。

そしてパレスチナ人の移動の自由などが制限されており、重大な人権の蹂躙《じゅうりん》が日常化している。聖地という土地にユダヤ人が特権階級として君臨し、二級市民としてのイスラエル国籍を持つパレスチナ人がいる。さらに、その下に占領下のパレスチナ人が生活している。

どこかで見たような社会構造である。そう、かつて少数派の白人が支配した南アフリカの支配構造と類似している。南アフリカの人種隔離と差別の構造にはアパルトヘイトという名称がつけられていた。このまま占領を続ければ、イスラエルが新たなアパルトヘイト国家になってしまう。いや既に、そうなっている。そうした議論が盛んである。

つまり現在の占領政策を続ける限り、イスラエルがユダヤ人国家であり同時に民主主義であることは不可能である。もしイスラエルの支配地域全体で民主主義を実施すれば、つまりパレスチナ人にも投票権を与えれば、この国をパレスチナ人が支配することとなる。しかし、現状を続ければアパルトヘイト状態の継続である。民主主義を実践してユダヤ人国家を止《や》めるか、ユダヤ人の支配を続けてアパルトヘイト国家となるのか。ユダヤ人国家で民主主義というのは占領を続ける限りありえない。イスラエルが直面するジレンマである。

これがイスラエルに対するアメリカのユダヤ人の支持を掘り崩している。リベラルな傾向の強いアメリカのユダヤ人にとっては、アパルトヘイトのような体制を維持するイスラエルの支持は困難だからだ。こうして見ると、イスラエルにとっての最大の脅威は、イランでもなければハマスでもない。イスラエルのリベラルな新聞の『ハーレツ』のブラッドレー・バーストンが語るように、自らの占領政策が生み出している人口動態である。この問題を解決できるのは軍事力でもハイテクでもない。政治的な叡智のみである。

略年表

紀元前五八六年　バビロン捕囚の始まり
　　五三八年　キュロス大王のバビロン征服
紀元後
一八七九年　バビロンでキュロス大王の円筒印章を発見
一九八五年　ペレストロイカの始まり
一九九一年　ソ連の崩壊
二〇一一年　シリア内戦の始まり
二〇一六年　アメリカ大統領選挙でトランプ当選
二〇一八年　アメリカ中間選挙で民主党が下院を押さえる

14 サウジアラビア／石油大国の幻想

「苦しい。息ができない！」

カショギの最後の言葉

【ワッハーブ派との同盟】

サウジアラビアという国は、その国名が特異である。つまり「サウド家のアラビア」という意味である。一家族が国家を所有しているような名前である。事実、その国名が実質を表している。サウド家が、この国を支配している。つまり、この国はサウド家のファミリー・ビジネスである。アラビア半島の大半を統一し、一九三二年にサウジアラビア王国を打ち建てたのは、アブドル・アジーズ・イブン・サウドである。ここでは、この初代国王をアブドル・アジーズと呼ぼう。

サウド家がアラビア半島を統一するにあたってアブドル・アジーズが掲げた大義はワッハーブ派の布教であった。サウド家は、イスラムを厳格に解釈するワッハーブ派と呼ばれる流れの宗派と同盟関係を結んだ。ワッハーブ派は、サウド家にアラビア半島を統一する大義名分を与えた。そして王家となったサウド家は、この宗派の指導層に社会を規定する権限を与えた。これによって厳格なイスラム解釈が社会に押し付けられた。ムタワと呼ばれる宗教警察が街を巡回し、礼拝を強制し、ワッハーブ派の規範からの逸脱を罰してきた。学校ではワッハーブ派の解釈によるイスラム教育が重視された。婚姻によってサウド家とワッハーブ派の創始者の家系であるシェイフ家は、同盟関係

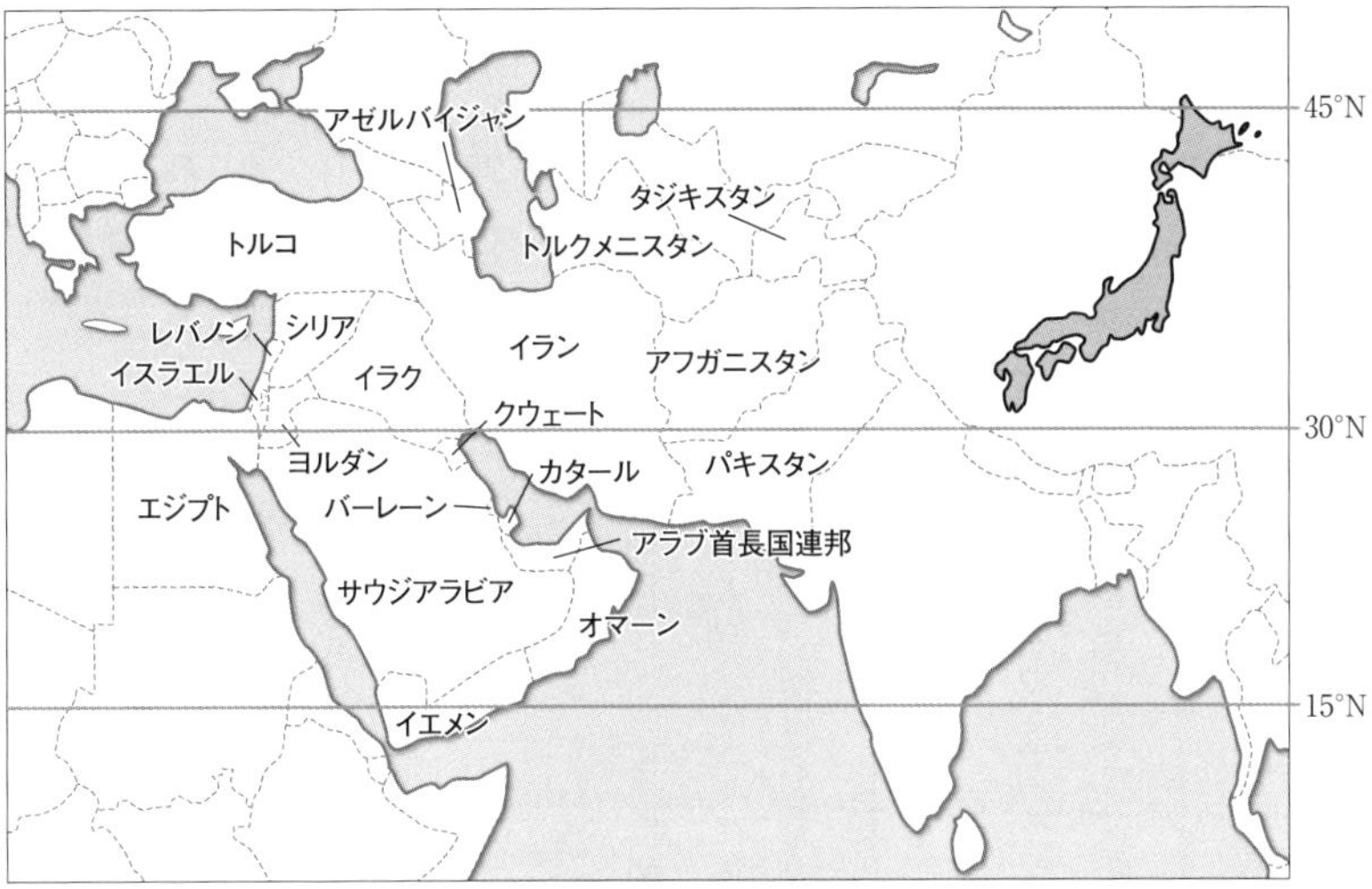

日本と中東各国の面積の比較

サウジアラビア

を固めた。赤い血が、両家の同盟関係を裏書きしていた。

［新たな契約］

貧しい砂漠の王国だったサウジアラビアを劇的に変えたのは、一九四〇年代の石油の発見だった。第二次世界大戦後に本格的な石油開発が始まると、この国は突然に豊かになった。この石油の富が、政治を牛耳るサウド家と国民の間に暗黙の契約を可能にした。そして、この国の王制を支えた。

その暗黙の契約とは何か。それは、一方で政治はサウド家の一族が独占する。つまり国民は政治には口を出さない。他方でサウド家は国民に超福祉国家を提供する。つまり、医療、教育、住宅、公共サービスをタダ同然で提供する。また税金などという野暮なお金の支払いを政府は国民に求めない。しかも、国民は実際には働かなくてもよい。公務員になってお役所に通い書類に署名して働いている振りをしていればよい。後はお茶を飲んで新聞を読んでおしゃべりをしていれば済む。これが王家と国民の間の取引であった。王家と国民の間の黒い原油で書かれた暗黙の契約であった。

それでは実際には誰が働いて社会を動かすのだろうか。それは外国人労働者である。肉体労働の大半が外国から輸入された労働者によって行われた。石油の富によって雇われた外国人たちが、この国の全てを建設した。『アラビアン・ナイト』にアラジンの魔法のランプの話がある。この不思議なランプを擦《こす》ると魔物が出てきて、何でも希望をかなえてくれるという話である。まさに石油の富が魔法のランプである。この国は、石油収入によって魔物ならぬ労働力を輸入して社会を回してきた。そして、砂と石油以外の全てが輸入された。現代のサウジアラビアができ上がった。

サウジアラビアに掛けられた石油の魔法が一九七〇年代に強くなった。目もくらむほどに、である。一九七三年の第四次中東戦争が引き金となった第一次石油危機は価格を四倍にした。そして一九七八年にイランが革命状況に突入して石油輸出が止まると、価格は、さらに倍になった。第二次石油危機であった。二回の石油危機を経て、一九七〇年代に石油価格は八倍になった。

この石油価格の高騰は、消費国にとっては危機であったが、輸出国にとってはボナンザであった。このボナンザが産油国の社会を骨の髄まで油漬け体質にした。働かなくとも食べていける。そうしたメンタリティーが強められた。

[もう一つの輸出「品」]

一九七〇年代の奔流のような石油収入の流入が、サウジアラビアの影響力を様々な形で強めた。これが、長期的に国際政治の上で大きな意味を持った。というのは豊かな資金力を背景にサウジアラビアのワッハーブ派が世界に宣教活動を強めたからである。その対象は、非イスラム地域ばかりでなく、イスラム地域も含んでいた。つまり、穏健なイスラム解釈の人々への働きかけを強めた。多くのモスクやマドラサ（イスラム神学校）がサウジアラビアの資金援助で世界中に建設された。また多くの留学生がサウジアラビアでイスラムを勉強し、ワッハーブ派の思想に染まった。たとえばワッハーブ派は、同じイスラムでもシーア派を異端視する。またスーフィズム（神秘主義）的なイスラムにも敵対的である。その厳格な急進的なイスラム解釈が石油収入に支えられて世界に広がった。

良い例がインドネシアである。インドネシアのイスラムは、歴史的には寛容な実践で知られていたからである。「なーんちゃってイスラム」と呼べば叱られるかも知れない。あるアフリカ研究者は、ブラック・アフリカの柔らかなイスラム信仰を「田舎イスラム」と表現した。この言葉を借りれば、インドネシアのゆるいイスラム信仰も田舎イスラムであり、厳しい戒律からは距離のある信仰であった。ところが、この四〇～五〇年の間に、中東の本場のイスラムに触れ周辺部分のイスラムが急進化してきた。アフリカでもインドネシアでも共通の現象である。幼年期をインドネシアで過ごしたアメリカのオバマ前大統領も、大統領としてこの国を訪問した際に、そのイスラムの厳格化に驚いている。この「なーんちゃって」から「厳格化」の背景にあったのは、サウジアラビアの資金力によるワッハーブ派の影響力の拡大である。一九七〇年代以来、サウジアラビアは石油以外にワッハーブ派を輸出してきた。

これが、もう一つのサウジアラビアの輸出品である。そして、それがテロの文化の拡散の背景となった。二〇〇一年九月一一日のアメリカ同時多発テロの実行犯の大半はサウジアラビアの市民であった。

【蜃気楼《しんきろう》上の王国】

議論をサウジアラビアの国内に戻そう。王族と国民の暗黙の契約は、サウジアラビアだけの例外的な現象ではない。アラビア半島の産油国の典型である。クウェートでもアラブ首長国連邦でも、あるいはカタールでも、こうした暗黙の契約が石油や天然ガス輸出からの収入によって裏書きされてきた。

最初にサウジアラビアを訪問した時に、英語の話せるエリートが「ウエルカム・トゥー・ザ・キングダム（王国へ、ようこそ）！」というあいさつで迎えてくれた。何だかマジック・キングダム（魔法の国）のディズニーランドに着いたような気がした。このサウジアラビアにしろ、ドバイにしろ、カタールにしろ、クウェートにしろ、この地域の産油国を訪問して受ける感覚が、まさにディズニーランドに入園したような現実感の薄さである。蜃気楼の遊園地に入ったような感覚にとらわれる。魔法が解けると、また砂漠に戻ってしまいそうな幻覚がする。

【アラビアン・カクテル】

ところが、本当に魔法が解けそうな雰囲気が二〇世紀末から出てきた。というのは、いくつかの不安定要因が交差し始めたからである。一つは、石油価格の乱高下である。第二が、人口の増大である。そして第三が、指導者の交代である。この三つの要因を混ぜ合わせると爆発性が高くなり既存の体制を吹き飛すのでは、と懸念される。この三つの組み合わせを、ここでは「アラビアン・カクテル」と呼ぼう。

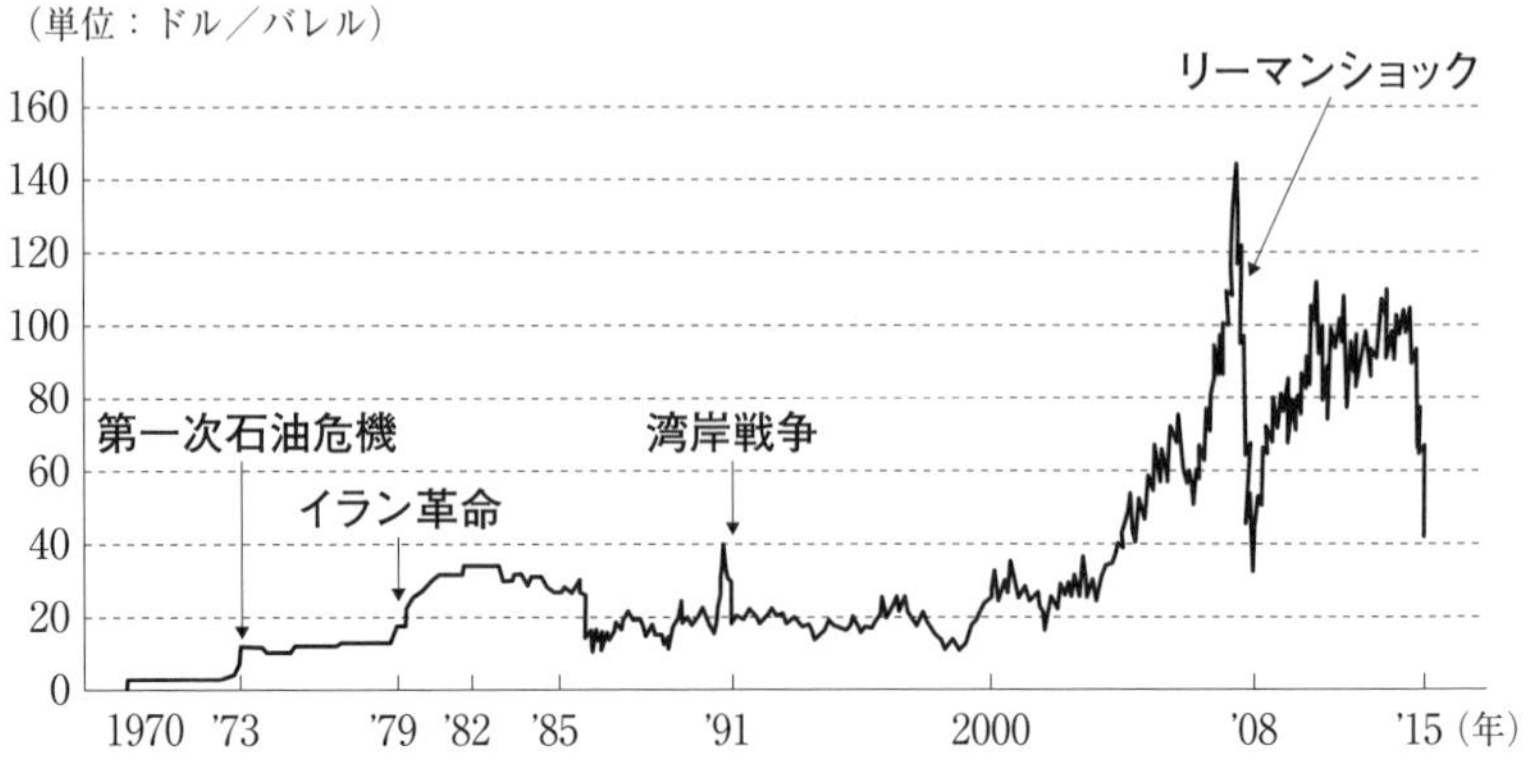

出所）経済産業省エネルギー庁総合資源エネルギー調査会（2015）「エネルギー基本計画の要点とエネルギーを巡る情勢について」

石油価格の歴史的推移（1970−2015）

まず、第一の石油価格の動きについて説明しよう。一九七〇年代から一本調子で右肩上がりで上昇を続けた石油価格が一九八〇年代に入ってから下落した。上がった物は落ちるしかない。石油価格を含めて地上では普遍の真理なのだが、それでも産油国にとってはショックであった。

国際会議で石油輸出国の代表が、輸入国の代表者を前にミネラルウォーターのペットボトルを振りながら、産油国の輸入する水の方が輸出する原油より高価だと語るような場面が見られるようになった。石油価格の下落は産油国の社会全体を揺さぶる。

そして第二の要因が人口の増大である。医療も教育も無料であるならば、国民は安心して子供を産み育てられる。福祉体制の完備は人口増を引き起こした。次頁のグラフを御覧いただきたい。サウジアラビアの統計には高い信頼感がないといわれる。しかし、それでも大きな流れはわかる。一九六〇年代からの半世紀で

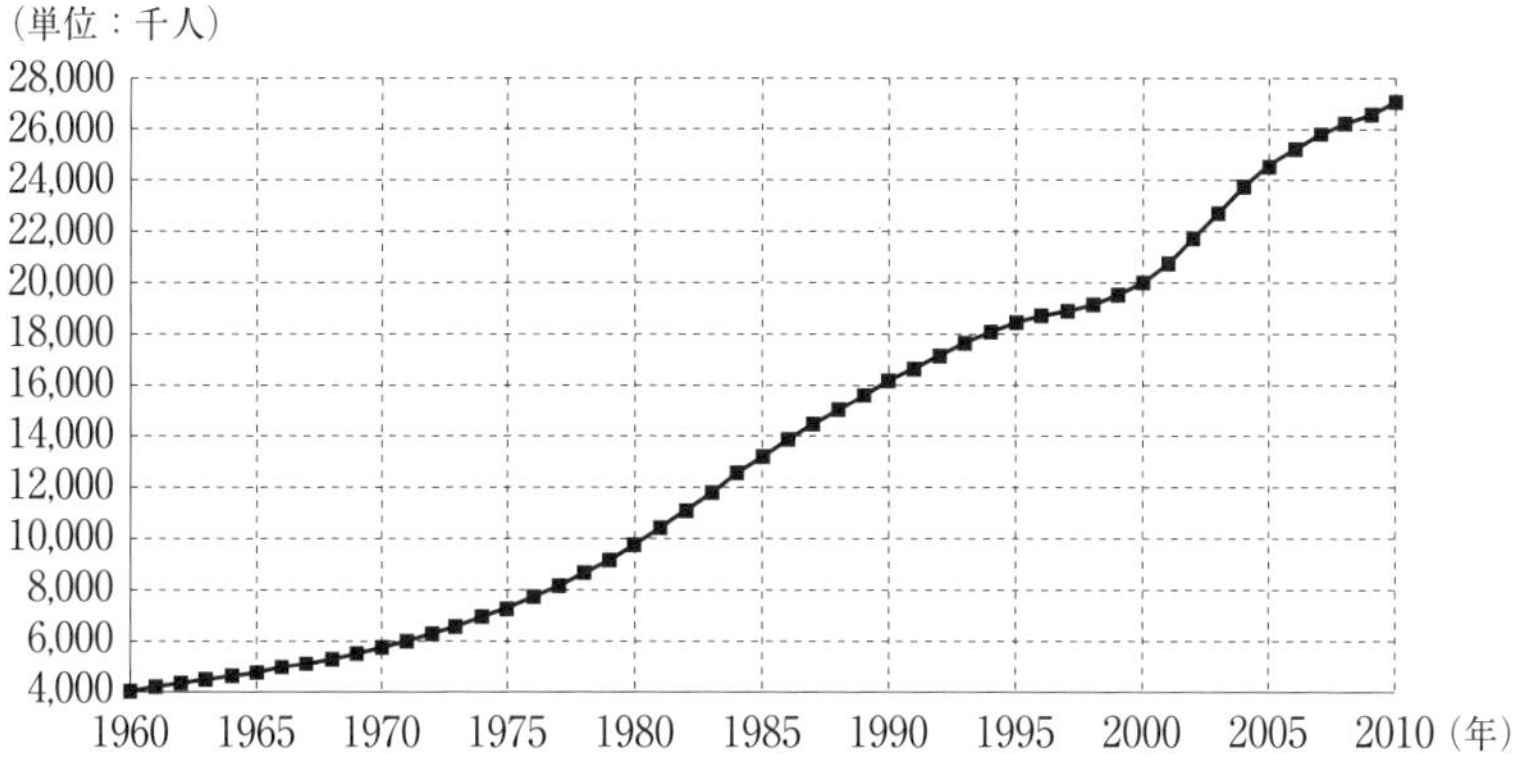

出所）国連食糧農業機関（FAO）のホームページより。

サウジアラビアの人口の推移（1960－2010）

人口は七倍になっている。つまり四〇〇万から二八〇〇万に増えている。この数字の精度を論じることは可能だが、意味がない。しかし、大きな流れは明白である。人口が急増した。そして、その急増した人口を石油収入で食べさせて行く必要がある。段々と福祉体制に無理が見えてきている。

【横パスから縦パスへ】

そして三番目の問題が指導者の世代交代の時期がきている点である。中東の指導者の多くは、独裁者か君主で、なかなか退陣しない。交代がない。その結果、賞味期限が大昔に過ぎたような指導者が多い。サウジアラビアの場合もそうである。現在のサルマン国王は一九三五年生まれである。八〇歳を超えている。決して若くない。

サウジアラビアの王位継承というのは、これまで親子ではなく兄弟間で行われてきた。初代のアブドル・アジーズが亡くなると、王位は息子のサウードが継いだ。一九六四年にサウードが退位すると、兄弟のファイサルが第三代の国王となった。そして現在の第七代のサルマン国王まで兄弟間で王位が移動してきた。いわばラグビーのボール回しのように横へ横へと王位をつないできた。第二世代の兄弟間での王位の移動であった。したがって王位に就いた時には、皆それなりの年齢で、それなりの経験を重ねていた。

この世代は、石油時代前のサウジアラビアを覚えている。豊かになる前の社会を覚えている。それなりの身の程を知った慎《つつ》ましさと謙虚さがあった。どの国王も基本的には大向こうを張るような外交はしなかった。背後からお金を使って根回しをして目的を達してきた。実は取るが花を取ろうとはしてこなかった。国民の教育レベルや外国人労働者への依存などを踏まえると、とても大国として振る舞うだけの国力がないと認識していた。

ところが、いよいよ王位を次の第三世代に渡す時期が近づいている。二〇一七年にサルマン国王は息子のムハンマド・ビン・サルマンを皇太子に指名した。英語の頭文字を取ってMBSとして知られる人物である。次の王が誰になるべきかに関して現国王としての意向を明らかにしたわけだ。このムハンマドは一九八五年生まれなので、まだ三〇代である。二〇一五年に副皇太子になって権力に近づき、二〇一七年には前述のように皇太子になった。

第二代から第七代目の現国王までのような兄弟間の王権の継承でなく、次の世代へ王権が渡されようとしている。これまでのラグビーのような同世代間の横パスに代わり、初めてサッカーのように世代を越えた縦パスが出されようとしている。そして、この皇太子が実権を掌握して改革に乗り

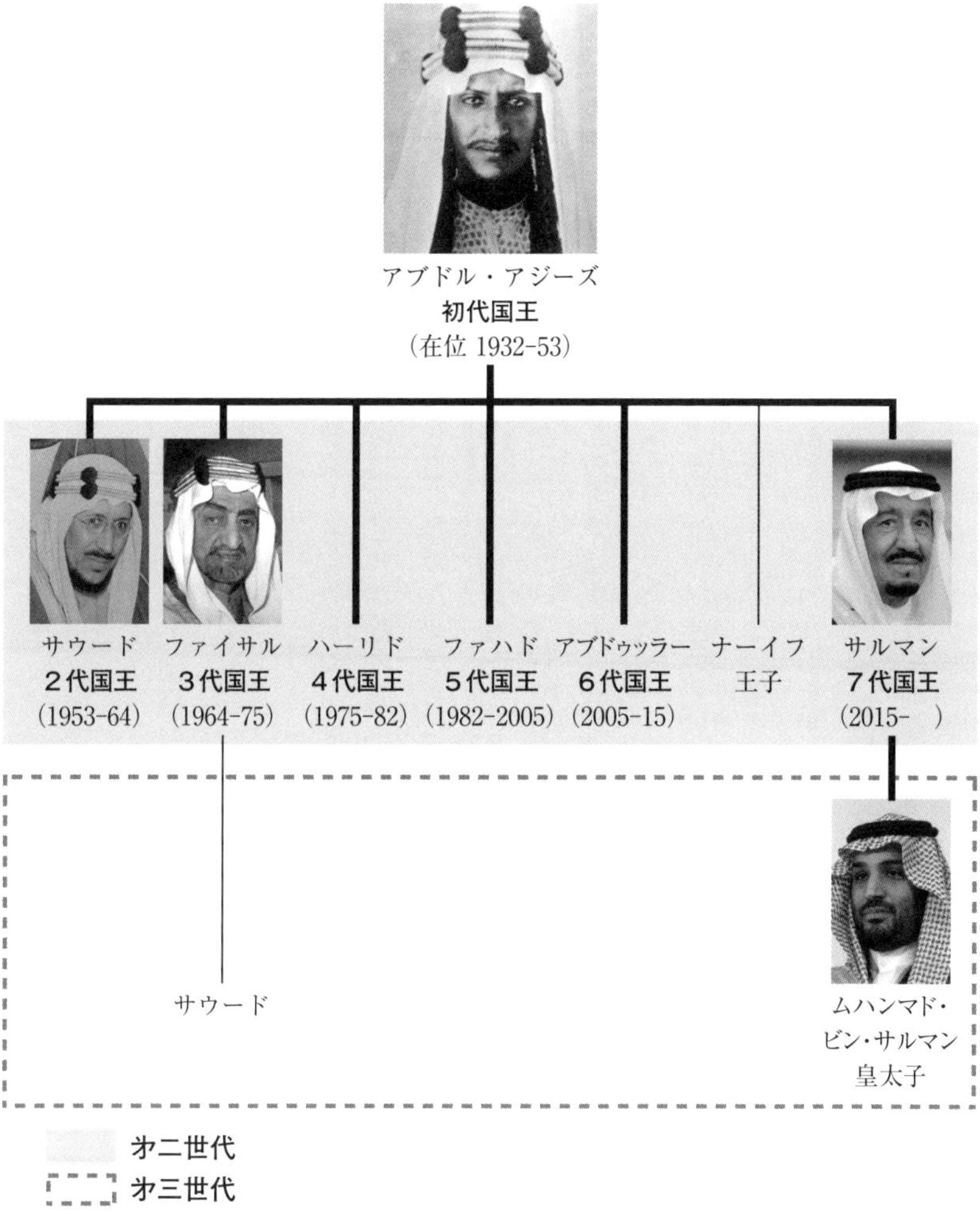
アブドル・アジーズ
初代国王
（在位 1932-53）
サウード
2代国王
（1953-64）
ファイサル
3代国王
（1964-75）
ハーリド
4代国王
（1975-82）
ファハド
5代国王
（1982-2005）
アブドゥッラー
6代国王
（2005-15）
ナーイフ
王子
サルマン
7代国王
（2015-　）
サウード
ムハンマド・
ビン・サルマン
皇太子
第二世代
第三世代

サウド家　家系図

出している。パスは上手《うま》くつながるだろうか。

サウジアラビアが石油で抱えている問題は、その価格の問題であり資源の枯渇の懸念ではない。この点を強調しておきたい。

【サウジアラビアの新しい道】

というのはサウジアラビアには、将来ともに恐らく一〇〇年単位で石油の生産を続けるに十分な埋蔵量が存在するからである。サウジアラビアの懸念は、石油資源の枯渇ではなく石油価格の不安定であり、石油経済の終焉《しゅうえん》である。もし世界の人々が何らかの理由で石油を使わなくなってしまえば、石油には何の価値もなくなってしまう。石炭から石油へ人類にとっての主要なエネルギー源がシフトしたのは、石炭がなくなったからではない。石油の方が使い勝手が良いからである。石器時代が終わったのは石ころがなくなったからではなく、鉄器が登場したからである。

という理由から、サウジアラビアは石油価格の過度な上昇は望んでいない。高価格が代替エネルギーの開発と利用を後押しするからである。二〇〇〇年代初めの1バレル＝一〇〇ドルという高価格の時代にシェール石油が開発されるようになったのを想起されたい。石油価格はサウジアラビアが十分な収入を得られるくらい高く、同時に消費者が石油を見捨てないほど安いのが理想である。江戸幕府の「百姓は生かさぬよう殺さぬよう」搾取するという政策と類似している。

さて、皇太子が改革者としてのイメージを勝ち得たのは、サウジアラビア国内での社会改革を実施したからである。たとえば、女性が自動車を運転できるようになった。これまでは、許されていなかった。競技場でのサッカーの試合の女性による観戦も許されるようになった。さらには映画館が次々とオープンしている。これは、一九七〇年代以来である。他の社会では当たり前のことながら、保守的で知られたサウジアラビアでは、革命的な事件である。歴史的な進歩である。そうした表現がおおげさならば、少なくとも画期的な展開である。これまで礼拝を強制したり、男女の隔離を徹底したりと「活躍」していたムタワと呼ばれる宗教警察の権限を皇太子は制限した。若年層では、皇太子は大変な人気だと報道されている。恐らくは宗教界の反発を実力で抑え込んで、こうした改革を進めているのであろう。

【脱石油の蜃気楼《しんきろう》】

だが、こうした社会面での開放化は、実は皇太子の改革の本丸ではない。本丸は、経済改革である。つまり石油依存体質からの脱却である。具体的には経済の多様化である。

その意味は何か。それは、これまでサウジアラビアで存在していた暗黙の社会契約の変更である。つまり前に触れた、王族が権力を独占し、国民は政治に口をはさまない。だが同時に国家は国民の生活を保障する。

ところが石油価格の低迷が、そして人口の増加が、こうした経済体質の維持を難しくしている。

皇太子が改革へ乗り出した背景である。そして皇太子の改革は、国民に本当に働くことを求めている。

最初の課題は、国民への十分な雇用の提供である。海外からの投資を誘致して大規模な雇用の創出が語られている。ハイテク企業を誘致し、サウジアラビアを一気に先端産業の基地にしようという壮大な計画が提示されている。しかし、実際には、少なくとも現段階までには、そうした投資の流入は起こっていない。後に触れるような外交と内政の舵《かじ》取りの手荒さも外国企業を尻込みさせている。

第二の問題は、実際に政府が国民に雇用を提供した時に始まるだろう。つまり国民が働き始めた時にである。というのは、皇太子の改革は、国民の政治参加への道は示していないからである。これで、本当に改革が成功するだろうか。国民に勤労と納税を求めるならば、政治参加も許す必要がある。

しばらくの間は、女性のサッカー観戦や自動車の運転で満足するかも知れない。しかしながら、長期的には政治参加の道を開かない限り、やがて国民の不満が爆発するだろう。皇太子の改革に一番欠けているのは、国民の政治参加への道筋である。

一八世紀の北アメリカ植民地のイギリスからの独立運動のスローガンは、「代表なければ課税なし」であった。アメリカの植民地の人々の意見が本国の政治に反映されないのであれば、課税は不当であるという議論であった。サウジアラビアの改革にも同じ議論が当てはまるのではないだろうか。国民に労働と納税を求めるならば、国民は税金の使い道に口を出す権利があるだろう。政治改革なき経済改革は根本的な矛盾をはらんでいる。この国の暗黙の社会契約の一方的な変更を迫っている。国民に労働を求めながら政治参加を許そうとしていない。ムハンマド皇太子の改革に楽観的になれない根拠である。

思い出すのは、既に紹介した一九八〇年代にソ連で進められた改革の試みである。そして、その失敗である。共産主義のソ連と絶対王制のサウジアラビアには共通点がある。どちらも国民に本当の意味での政治参加を許せない体制である。もし、それを許せば体制の存続が難しい。

［「黙っておれについて来い！」］

一九六四年の東京オリンピックのバレーボールで日本女子チームを金メダルに導いた大松《だいまつ》博文という監督がいた。その著書に『おれについてこい』がある。当時のベストセラーである。大松監督風に言えば、皇太子の改革は「おれについてこい」の前に「黙って」が付く。一切の批判を許さないからである。

批判者たちは、次々と拘束されたり消息が不明になったりしている。その一番有名な例が、二〇一八年一〇月にトルコのイスタンブールにあるサウジアラビアの総領事館での、ジャーナリストのジャマール・カショギの殺害である。サウジアラビア市民でジャーナリストのカショギは、身に危険を覚え、アメリカに亡命して『ワシントン・ポスト』紙などで執筆を続けていた。もともとはサウジアラビアの体制派とみられていた人物であるが、皇太子の政治の手法への違和感から母国を離れアメリカに亡命していた。

この事件の黒幕は誰か。トルコとアメリカの諜報《ちょうほう》機関の提供した情報に基づいて、ムハンマド皇太子の指示によって殺害が行われた、と広く報道されている。驚くべき事件である。だが同時に驚くべきでないようにも思える。というのは、この皇太子は権力を掌握して以来、政権の手荒な舵取《かじ》りを繰り返してきたからだ。

国内で、批判者を拘束している事実には既に触れた。女性の運転を解禁してものの、これまで女性の権利のために活動してきた人々を拘束した。女性の活動家を、である。またシーア派の宗教指導者を処刑した。さらには、二〇一七年末に多数の王族や企業経営者を首都リヤドの高級ホテルに拘束した。不正な蓄財を追及して多額の資金を政府に供出させた。もし本当に不正な蓄財があったのならば、公開の法廷で裁かれるべきである。突然に監禁してお金をゆすり取るようなまねは、投資家を不安にするだろう。海外にいた王族の中にも、体制に批判的だった者が消息不明になったりもしている。皇太子の手は海外にも伸びていた。

「苦しい。息ができない！」が殺害されたカショギの最後の言葉であったと伝えられている。象徴的である。皇太子を批判できないという重い空気が王国を覆っている。息のできない雰囲気である。

　こうした手荒さは、外交にも出ている。二〇一六年にイランと断交し、二〇一七年にはカタールと断交した。両国との関係が悪いからであるが、実は関係が悪い時こそ意思疎通を確保するために外交関係が重要である。米ソ冷戦の最中でさえ両国が外交関係を断絶することがなかったように、である。そして、この年には、サウジアラビアを訪問中のレバノンの首相が突然にテレビ・カメラ前で辞任を表明した。実は皇太子に拘束されて強制されての表明であったともいわれている。一国の首相を拘束して外国から辞任を表明させるなど前代未聞であった。

　そして何にもまして問題なのは、イエメンの戦争への介入である。二〇一五年からサウジアラビアがイエメンの内戦に軍事的に関与している。この関与にアラブ首長国連邦なども参加している。短期間での勝利の目算だったようだが、戦争は今日まで続いている。その過程でサウジアラビア空軍による誤爆が続発している。病院が、結婚式の会場が、学校が、スクールバスが爆撃された。多数の子供たちを含む数知れない民間人が殺害された。

　さらに、イエメンへの食糧の輸入が戦乱によって影響を受けている。そもそも食糧を自給できない貧しい国だけに、混乱が庶民の生活を直撃している。穀物の値上がりで、満足な食事のできない人々が急増した。その結果、多くの子供たちが栄養不良で十分に成長できなくなっている。また数百万の人々が飢餓線上をさまよっている。イエメンの戦争は、中東ではシリアの混乱と並ぶ悲劇である。この戦争がイスラムの守護者としてのサウド王家の正統性を傷つけている。何百万人ものイスラム教徒を飢えさせているのだから。

【トランプ政権とサウジアラビア】

このムハンマド皇太子の行状に関して、トランプ政権は見て見ぬ振りをしている。アメリカ自身の諜報《ちょうほう》機関であるＣＩＡが、カショギ殺害の裏で糸を引いていたのは同皇太子だと結論づけているのに、トランプ大統領は「誰が犯行を命じたのかは、わからない」との立場を取っている。

剣を持って踊るサルマン国王（左から２人目）**とトランプ大統領**

〔ユニフォトプレス〕

またイエメンの戦争においても、空爆に使われる兵器も爆弾もアメリカ製であるし、目標の設定などにもアメリカ軍の顧問が関与している。さらに爆撃機の整備もアメリカの民間会社が担当している。アメリカの支援なしには戦えない戦争をサウジアラビアは遂行している。

さらに一番トランプのサウジアラビア重視の姿勢を鮮明にしたのは二〇一七年五月の同国訪問であっ

た。同年一月に大統領に就任したばかりのトランプにとっての最初の外国訪問であった。大統領就任の最初の訪問国には、隣国のカナダかメキシコが選ばれるのが慣例である。ところがトランプはサウジアラビアを選んだ。

これほどまでにトランプがサウジアラビアを大切にするのは、なぜなのか。トランプ自身によれば、まず第一にお金の問題である。サウジアラビアはアメリカから日本円にして一二兆を超える額の兵器の輸入を表明している。それはアメリカの兵器産業での多数の雇用を意味する。

ムハンマド皇太子（左端）**との会談で兵器の商談のリストを指さすトランプ大統領**

〔ユニフォトプレス〕

第二に、中東戦略のためである。具体的にはアメリカはイランに対して強い圧力を掛け、その政策を変更させようとしている。あわよくば体制の転覆までも視野に入れている。そのための中東における重要な協力者がサウジアラビアである。この国が大切なわけである。

第三に、アメリカという国家にとっての合理性以外の要因が絡んでいるのではないかとの疑念である。それは、トランプの不動産事業に多額の資金がサウジアラビアから流れ込んでいるからではないか、との推測である。トランプ自身が二〇一六年の大統領選挙で、サウジの金持ちが不動産をトランプから購入していると明言している。またトランプの娘婿のジャーレド・クシュナーの不動産業にも同様に多額のサウジアラビアの資金が投下されているのではないかとの疑惑である。こうした個人的な利害が、アメリカのサウジアラビア政策に影響を与えているのであろうか。

二〇一八年のアメリカ中間選挙で野党の民主党が下院で過半数の議席を獲得した。これによって、下院の各種委員会の主導権を民主党が押さえた。こうした委員会が、トランプ家とクシュナー家のサウジアラビアとの関係の調査を始めれば、現段階での推測や疑念や懸念の実態が明らかになるだろう。前にも言及した通りである。

【アメリカを動かすサウジ・マネー】

サウジアラビアはお金の力でアメリカの政策へ影響を与えようとしている。トランプ家やクシュナー家に関する疑惑のみではない。アメリカの首都ワシントン全体が、少しおおげさに言えば、サウジアラビアがらみの資金の流入でジャブジャブになっている観さえある。

たとえば、シンクタンクと呼ばれる研究所の多くがサウジアラビアからの直接・間接の寄付を受けている。それはサウジアラビアの石油会社のアラムコからだったり、あるいは同国への兵器売却で天文学的な売り上げを誇るアメリカの兵器製造企業からだったりである。なるほど、こうした研究所の報告書でサウジアラビアを厳しく批判するものは多くない。

サウジアラビアのロビー活動は、こうした研究機関への寄付行為のみに止《とど》まらない。最近、注目されているのは、イランの反体制派組織への資金提供である。「モジャヘディネ・ハルク機構」という組織がある。「人民の聖戦士機構」という意味である。ここでは長いのでモジャヘディンとして言及しよう。

モジャヘディンは欧米で活発な反イランのロビー活動を展開している。この組織は気前の良さで知られてきた。二〇一八年六月にパリで大きな集会を開いたが、東欧にいる多数のシリア難民を集会への参加を条件にパリに無料で招待した。また架空のツイッター口座を使って反イラン運動をネット上で大規模に展開していた事実も知られている。

さらに、高い謝礼を支払うことで知られている。イギリスの高級紙『ガーディアン』の報道によれば、トランプ大統領の安全保障問題の補佐官を務めたジョン・ボルトンは、二〇一七年、四万ドルの報酬をモジャヘディンの集会での演説の謝礼として受け取っている。それまでも何度も演説しているので、これまでに受け取った総額は一八万ドル程度に上るのではないか、とも同紙は解説している。演説は、モジャヘディンこそが現在の政権に代わってイランを統治すべき民主勢力だという内容であった。

この組織の集会で演説している著名人は、他にルドルフ・ジュリアーニ元ニューヨーク市長がいる。現在のトランプ大統領の顧問弁護士である。そして故ジョン・マケイン上院議員も名を連ねている。二〇〇八年の共和党の大統領候補である。この組織を裏から資金面で支えているのが、サウジアラビアである。

そもそもモジャヘディンは一九六〇年代にイランで当時の王制に反対する運動として始まった。武装都市ゲリラとして名をはせた。この組織を有名にしたのは一九七〇年代にイランで働いていたアメリカの軍事顧問の暗殺であった。革命後はホメイニ師に従う勢力と激烈な権力闘争を演じた。モジャヘディンは爆弾テロでホメイニ派の指導層の多くを爆殺した。しかしながら徹底的な弾圧を受けて、イラクに逃れサダム・フセインと協力した。この段階でイランでの大衆レベルでの支持基盤は消失したと考えられる。フセインの手先となってイランと戦ったのだから。そして今はサウジアラビアに資金援助を受けて反イラン活動の先頭に立っている。

アメリカ市民を暗殺して有名になった組織が、今や対イラン強硬策の応援団長になっている。そしてボルトンによれば、イラン国民を代表する民主的な勢力である。テロ組織が民主勢力になった。サウジのお金の力の成せる業である。

【王族民主制】

サウジアラビアという国の将来が多難であると論じてきた。その未来は常に過去と現在の延長線上に位置するという視点に立てば、この国の将来を考える際のヒントも過去にあるだろう。つまり歴史である。サウド王家の未来を考える際に参考にすべき歴史は何だろう。三つの事件を思い出す。第一は、一九六〇年代のイエメンの内戦である。二つ目は、二代目の国王サウードの廃位である。そして三つ目は、三代目の国王ファイサルの暗殺だ。いずれも、サウジアラビアの現状を踏まえると示唆に富む事件である。

一九六二年に北イエメンで軍部によるクーデターが起こり、共和国の樹立が宣言された。伝統的にイマームとして知られてきた君主が追放された。そのイマームは北部のサウジアラビアとの国境地帯に逃れて反撃を試みた。軍部をエジプトのナセル大統領が七万の兵力を派遣して支援した。イマームの方にはサウジアラビアなどの王制国家が肩入れをした。内戦は長期戦となり、ナセルのエジプトを疲弊させた。イエメンはエジプトの「ベトナム戦争」だった。これが一九六七年の第三次中東戦争でのエジプトの敗北の伏線となった。

この戦争を背景にして、一九六四年にサウジアラビア国内では王族によって二代目の国王が廃位された。サウジアラビアを建国した初代のアブドル・アジーズが一九五三年に世を去ると、その跡を継いだのは、サウード王子だった。しかし、浪費と無能で知られたサウード国王の下では王制が維持できない、と王族の大多数が判断した。その結果の追放劇だった。

三代目の国王となったのはファイサルであった。そのファイサルが、一九七三年の第四次中東戦争では石油禁輸という剣を抜いてオイル・ショックを引き起こした。このファイサルは一九七五年に王族の一員に暗殺された。その詳しい動機は不詳だが、その近代化政策への反発であったとも伝えられている。これが第三の事件である。

この三つの事件は、何を示唆しているのだろうか。以下が筆者の拡大解釈である。まずアラブ民族主義の英雄ナセルでさえイエメンでは勝てなかった。イエメンは、アフガニスタンと同じように野心の墓場である。二〇一五年から本格的な軍事介入を始めたサウジアラビアとアラブ首長国連邦の皇太子たちが心に刻むべき教訓だろう。

第二の示唆は何だろう。それは、サウジの王族が、無能な指導者の下では体制の生き残りが困難だと判断した時の行動である。王子たちは、国王でさえ廃位した。王族の間で最も有能なファイサルを王子たちが国王に選んだわけだ。王室の中での民主主義が機能したといえるだろうか。現在のサルマン国王の胸中にも、その記憶がよぎっているだろうか。

第三の示唆は、国王が近親者に暗殺されたという前例である。現皇太子は、部下にカショギ事件の責任を転嫁して生き延びようとしている。しかし、それが治安・軍当局に送るメッセージは何だろうか。この皇太子のために体を張っても、結局は見捨てられる。忠誠を尽くした人物さえ裏切られる、という風に皇太子の周辺が思ったとすれば、どうだろうか。自分を守るべきボディガードに暗殺される指導者というのが、歴史上は少なくないのを思い出す。

もう一つ気になるのが、一九七五年のファイサル国王の暗殺の実行犯の動機である。それは、ファイサルの近代化政策への反発だと一部では報道されている。ファイサルの時代には映画館が開かれていた。以後に映画館は閉鎖され、ムハンマド皇太子の改革によって再び許された。同皇太子がムタワと呼ばれる宗教警察を抑え込んだ事実には既に言及した。

しかし、抑え込まれた宗教界の反感は消えてはいないだろう。また同皇太子がイスラエルと接近しているのも気にかかる。メッカとメディナに次ぐイスラムの第三の聖地であるエルサレムを占領するイスラエルとの関係改善を、宗教界はいかにとらえるだろうか。国民の中でも宗教心の強い層はどのような思いだろうか。沈潜した宗教界の反感と国民の宗教感情の反発が懸念される。

【日本のメディア】

最後にサウジアラビアの反体制派ジャーナリストのジャマール・カショギの殺害の件に戻りたい。この事件で筆者が最も驚いたのは、その殺害の残虐性ではない。何に驚いたのか、それは、その残虐性に日本人が驚いた点である。というのは、この皇太子の乱暴ぶりは、この事件の前から広く知られていたからだ。本章でも述べてきた通りである。

ところが日本のメディアは、なぜか、皇太子の乱行に関しては、ほとんど報道してこなかった。特にイエメンの悲劇に関しては、全くと言っていいほど報道していない。これほどの悲劇が無視されている。

シリアの内戦に関しては、それなりの量の報道があったのとは好対照であった。考えてみると不思議な現象である。というのは、シリアの内戦が、どう転ぼうが、日本の国益への影響は限られているからだ。しかしイエメンの戦争は違う。サウジアラビアやアラブ首長国連邦がかかわっているからである。この二つの国が日本への第一位と第二位の石油供給国である。日本にとって死活的に大切な両国である。この両国が関与している戦争は日本にとっても関心事項であるべきだ。ところが日本のメディアは無視しているのである。

イエメンの墓地の風景

〔ユニフォトプレス〕

もし、この戦争の悲惨な実情が広く伝えられていたとしたら、カショギの殺害は、これほどまでの「驚き」は生まなかっただろう。あれほど悲惨な爆撃を命じている人物ならば、さもありなんとの反応だったのではないだろうか。

二〇一八年一〇月にカショギの殺害事件の後に開かれたサウジアラビアでの経済会議に関して、日本の経営者の何人かは直前になって出席を取りやめたり講演を中止したりなどした。もう少し日ごろから、まともな中東情報に触れていたならば、ムハンマド皇太子という人物をもう少し冷静な目で見ることができたであろう。まともなメディアを持っていないのは、国民にとっても企業の経営者にとっても、誠に不幸である。日本人はカショギの事件に驚く前に、自国のメディアの実態について驚くべきだろう。

略年表

一九三二年　サウジアラビアの成立
一九五三年　アブドル・アジーズ死去
一九六二年　北イエメンで軍のクーデター
一九六四年　二代目のサウード国王の廃位
一九七三年　第四次中東戦争
一九七五年　三代目ファイサル国王の暗殺
一九七九年　イラン革命
二〇一一年　「アラブの春」
二〇一五年　ムハンマド・ビン・サルマン、副皇太子へ
　　　　　　サウジアラビア、イエメンの内戦に介入
二〇一七年　ムハンマド・ビン・サルマン、皇太子に
二〇一八年　カショギ殺害

15 クルド民族の戦い

「死ぬ国ある人はよしクルドらは
死ぬ国を求め今日も死に行く」

【山の民】

クルド人を語る際によく使われる形容詞は、「国を持たない最大の民族」である。確かにクルド人の人口は三〇〇〇万と推測されているので、この形容詞が当てはまる。たとえばシリアの総人口は二二〇〇万人なので、三〇〇〇万人という数値の重みが想像できる。

なぜクルド人は国を持っていないのか。クルド人の間に民族主義が起こり、クルド人の国を求めた際には、既にクルド人の土地は中東各国に分割されていた。第一次世界大戦後に、その国境線を引いたのは、域外の大国のイギリスとフランスであった。現在の国境線は基本的に、第一次世界大戦後の両大国間の交渉の産物である。その結果、クルド人はイラン、イラク、シリア、トルコの国境地帯に国境をまたいで生活している。というか、クルド人の土地に国境線の方が後からやってきてクルディスターンを勝手に切り刻んだのだが。クルディスターンとは「クルド人の土地」という意味である。「スターン」には、ペルシア語系の言葉で「～人の土地」という意味がある。前にも紹介した通りである。

それぞれの国々では、程度の差こそあれ、多かれ少なかれクルド人の独立や自治を求める運動がある。そして、それが近隣国や域外の大国の政策と連動して地域の変動要因となってきた。となれば、この民族についての知識が、中東の将来を考える際に必要となるだろうか。本書の最後の章のテーマにクルド民族を取り上げた理由である。

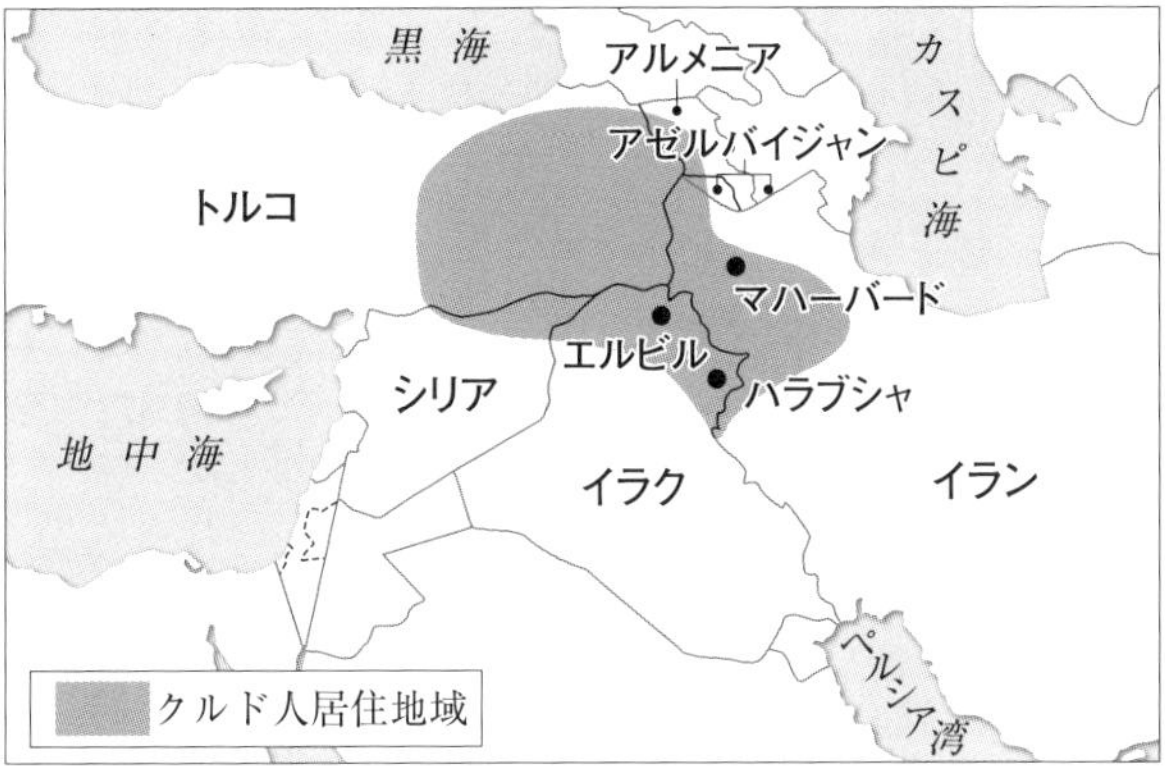

クルド人の居住地域

クルディスターンは山岳地形である。そこは、伝統音楽の宝庫として知られる。そして、そこに住む山岳民族のクルド人は、多くの他の山岳の民と同じく、武勇で名をとどろかせてきた。ヨーロッパのスイス人、アフガニスタンのパシュトゥーン人など山岳の民は戦に強い。

その輝かしい武勇の歴史の中でも、ひときわ輝く人物がいる。ヨーロッパでサラディンとして、そして中東ではサッラーフディーンとして知られる人物である。中世にヨーロッパから中東に押し寄せた「十字軍」と自称する暴力集団を撃退したからだ。サラディンはイスラム世界のスーパーヒーローである。そしてクルド人である。

この武勇の伝統は今でも引き継がれている。イラクではクルド人の兵士を「ペシュメルガ」という。クルド語で「死に向かう者」という意味だ。決死隊ほどのニュアンスだろうか。勇ましい限りである。この武勇がクルディスターンの山岳地系と相まって外部からの侵略からクルド人を守ってきた。山はクルド人の友であった。「クルド人には友はいない。山を除いては」という諺《ことわざ》さえ存在する。

しかし山岳地形は、同時に人々が力を合わせるのを困難にしてきた。山々は人々の往来を妨げる。盆地ごとに強い部族主義が生まれがちである。クルド人の団結は容易ではない。

【裏切りの系譜】

さてクルディスターンの人々は独立を求めてきた。そのクルド人の独立の願いに光がさすのは、混乱によって既存の秩序が動揺する時である。そうした場面のいくつかを振り返って見よう。

第二次世界大戦の頃から一九七〇年代までクルド人の独立運動の中心にいたのは、ムッラー・ムスタファ・バルザーニー（二〇世紀初頭〜一九七九年）であった。バルザーニーはイラク北東部のバルザーンを拠点とする部族名である。そのシェイフ（指導者）は、伝統的にナクシュバンディーという流れのスーフィー（イスラム神秘主義）教団を主宰する家系であった。

この家族は、オスマン帝国の支配への抵抗運動を指導して一九世紀に歴史に登場する。ムスタファ・バルザーニーは、そうした家系に二〇世紀の初頭に生を受けた。

若くして軍事的な才能を発揮したムスタファは、一九四〇年代からクルド人の独立を求めて戦い続けた。第二次世界大戦でイラクやイランが混乱すると、その隙を突いてムスタファなどはイランに入った。そしてイランの北西部でマハーバードを首都とするクルディスターン共和国が成立すると、その軍事部門で重責を担った。しかしながら一九四六年一二月にイラン中央政府軍がマハーバードへ侵攻してくると、同共和国は瓦解した。ソ連占領下でのイラン北部でのマハーバード共和国の成立と崩壊に関しては、既に第六章で触れた通りである。

ムスタファは部族民を率いてイラン軍からイラクへと逃れた。そしてイラク軍に追われるとトルコへ逃れた。さらにトルコ軍に追われるとソ連領へ入り亡命生活を始めた。イラン軍、イラク軍、トルコ軍を振り切ってのムスタファの「長征」であった。この長征によってムスタファは生きながら伝説となった。ムスタファらは、その後一二年間をソ連で過ごすこととなる。この間にロシア女性と結婚している。

一九五八年のクーデターでイラク王制が崩壊すると、ムスタファらは帰国を許された。首都バグダッドに居を構えて、クーデターを起こしたアブドル・カリーム・カーセム将軍と協力した。しかし、北部にまでカーセム将軍が自らの支配を及ぼそうとすると、ムスタファと対立するようになった。ムスタファは、北部のクルド地域に居を移して中央政府の力の浸透に抵抗した。クルド地域に戻ると、ムスタファは、たちまちのうちに北部のクルド人の指導者としての地位を確立した。具体的にはイラクのＫＤＰ（クルディスターン民主党）の党首となった。イラクのＫＤＰは、イランでのクルディスターン共和国樹立を主導したイランKDPに触発されて、クルドの知識人などによって設立されていた。

一九六一年から七〇年までの間、北部のクルド人と中央政府の間で内戦が戦われた。そして一九七〇年に両者間にクルド人の自治に関する合意が結ばれた。しかし、この合意は実施されることはなかった。

というのは、一九七二年にイランがムスタファに武器援助を提案し、クルド人がイラク政府と戦闘を再開するように、とそそのかしたからである。当初クルド側は懐疑的であった。戦わせておいて、最後にはイラクからの譲歩と引き換えにクルド人を裏切るのではないか、と懸念したからであった。そこでシャーのクルド人支援にアメリカが関与することとなった。ある意味ではワシントンが保証人となってクルド人を安心させたわけだ。親ソ連のイラクの混乱はアメリカの望むところでもあった。

この秘密作戦にはイスラエルも関与した。イラクの弱体化は、イスラエルにとっても国益にかなっていたからだ。イスラエルがアラブ諸国との戦争で奪った兵器が、イランに運ばれクルド人に渡された。実はイスラエルには、イラクのクルド地域から移民したユダヤ人がいる。イスラエルは、もともと、この地域には詳しかった。そして一九五〇年代からクルド人を密かに支援していた。

クルド人のゲリラたちが、供与された武器でイラク政府に対して戦いを再開した。戦闘が始まると直ちに密かにイランはイラクに次のように申し入れた。両国の国境問題でイラクが譲歩すれば、クルド人への支援を即座に停止すると。

国境問題とは、シャットル・アラブ川の領有を巡るものであった。チグリス川とユーフラテス川はメソポタミア地方の南部で合流してシャットル・アラブ川となってペルシア湾に注ぐ。この川がイランとイラクの国境をなしている。一方でイラクは、この川の全体が自国領であると主張した。つまり国境線はイラン側の岸というわけだ。他方イランは、川の中で船の通れる一番大きな流れの部分が国境線という主張であった。平たく言えば、川の半分はイラン領であるとの認識であった。ちなみにイランでは、この川の呼称はアルバンドである。

武器供与の開始から三年後、つまりイラクでのクルド人の武装闘争が再開されてから三年後の一九七五年に、ＯＰＥＣ（石油輸出国機構）の総会がアルジェリアの首都アルジェで開催された。出席したシャーとフセインが会談し、以下の合意に達した。一方で、イラクは国境問題でイランの主張を受け入れる。つまり川の半分はイラン領との主張を受け入れた。

イランとイラクの国境問題

領土面でのイラクの譲歩と引き換えに、他方で、イランはクルド人への支援を打ち切ると約した。合意成立の直後にイラク軍が大攻勢を開始した。イランは約束通りに直ちに武器供与を停止しクルド人への支援を打ち切った。不意を突かれたクルド側は総崩れとなった。ムスタファは、必死になってアメリカの仲介を依頼した。シャーを翻意させるようにとの訴えであった。

ムッラー・ムスタファ・バルザーニーの肖像画
〔2008年8月　筆者撮影〕

しかしアメリカは動かなかった。当時の国務長官のキッシンジャーは、「秘密作戦を伝道事業と間違えてはいけない」と発言したと伝えられている。つまり冷酷にもクルド人を見捨て切り捨てたわけだ。クルド人の多くがイランへと亡命した。ムスタファ自身は一九七九年三月に治療中のアメリカの病院で死亡した。革命でイラン王制が終焉《しゅうえん》した翌月であった。

ロシア人の妻は子供を産まなかったが、他の妻の産んだ息子のイドリスがＫＤＰの指導者となった。イドリスの死亡後は、弟のマスウードがその跡を継いだ。現在、イラク北部を支配するクルディスターン自治政府の指導者である。

クルディスターン自治政府議会の建物のロビーには

巨大なムスタファの肖像画が飾れており、儀仗兵《ぎじょう》がその両脇を固めている。マスウードの率いるKDPに批判的な人々の間でさえ、ムスタファのクルド民族運動に与えた巨大な影響は評価されている。

なおムスタファの遺体は、イラン革命後にアメリカから同国に運ばれて埋葬された。そして、その後に遺体は故郷のバルザーンの美しい渓谷を見下ろす地に移された。死してなお、ムッラー・ムスタファ・バルザーニーは何度も国境を越えた。

【革命から戦争へ】

クルド人を裏切ったシャーが一九七九年のイラン革命で没落した。その前年の一九七八年に始まったイランの革命状況は、中央政府のイラン周縁地域での支配力を弱めた。クルド人の地域も例外ではなかった。そして地下活動を続けていたイランKDPなどが公然と活動するようになった。しかも中央政府軍の武器庫から兵器が流出すると、クルド人の武装勢力が力を増した。

クルド人は「イランに民主主義を、クルディスターンに自治を！」というスローガンを掲げて自治を求めた。

クルド人の自治の問題に関しては、革命勢力の内部でも議論があったようだ。一九七九年二月の革命勢力の権力奪取の直後に首相や外相のポストに就いたリベラルとされた人々は、独立は問題外としても、自治に関しては交渉の余地を示唆していた。

しかしながら、結局は革命政権はクルド人に自治を付与しなかった。革命の指導者であったルーホッラー・ホメイニは、武装組織の統一を求めていた。つまり革命政権の支配する軍隊にクルド人の軍事力も統合されるべきだとの意向であった。クルド人がこれを拒否すると、革命政権は軍事力でクルド人の動きを押さえ込もうとした。最初に送り込まれたのは革命防衛隊だった。だが結成直後の革命防衛隊は、十分な装備と戦場での経験を持っておらず、クルド人の武装勢力との戦闘で苦戦を強いられた。

革命政府は、次に正規軍を動員した。アメリカ製のＦ４ファントム・ジェット戦闘爆撃機まで投入した大規模な作戦が展開された。そして革命政権がクルド人の運動を鎮圧した。

革命政権の強硬な対応の背景には、内部での権力抗争で宗教勢力が優位に立ったという事実があった。つまりテヘランでの権力闘争と影絵のように連動しながらクルド地域での内戦が戦われた。

そして、このクルド地域での内戦が、その後のイランの歴史に大きな影響を与えた。というのはアメリカ製の兵器の使用は、その交換部品の補給を必要としたからだ。これが革命政権のリベラルな部分がアメリカとの接触を開始した理由の一端であった。

一九七九年秋、アメリカとイランの要人が会談した。これがイラン国内のイスラム勢力と左翼勢力の強い反発を引き起こした。さらに反発を強めたのが、シャーのアメリカ入国であった。シャーのアメリカ入りと革命政権とカーター政権の幹部の接触が、ちょうど同じタイミングであった。シャーはガン治療のためにアメリカに入国したのだった。だがイラン人の多くは、これをアメリカがシャーを使って反革命の陰謀を計画している証左だととらえた。誰もが一九五三年のＣＩＡによる反モサデクのクーデターを想起していた。そのアメリカと革命政府の閣僚が接触したのだ。この二つの組み合わせは、爆発力が強かった。

一一月四日にアメリカ大使館が急進派学生に占拠された。その後四四四日間続く人質事件の始まりだった。この事件を受けてイラン革命政権内でリベラルな勢力が没落した。そしてホメイニに従うイスラム勢力が権力の独占へと近づいた。こうして見ると、クルド地域での内戦の余波が、アメリカ・イラン間の接触、そして大使館員人質事件の遠景にあった。

ところで、なぜイランの革命政府はクルド人の自治の要求に応じなかったのだろうか。一つには、革命の指導者のホメイニの歴史観があった。それによると、民族主義という考え方は、イスラム世界を分断し弱めてきた。民族ではなく宗教を統治理念として建設されたオスマン帝国が解体したのは、民族主義の流入によって支配下の人々が民族主義に目覚めたからであった。イランのイスラム革命が目指すべきは民族主義ではなく、それを超えた宗教の理念によるイスラム教徒の統合である。イスラム革命政権の最高指導者が、こうした歴史観と世界観を抱いていたのでは、マイノリティー

（少数派）の民族との交渉は困難である。

さらに重要な要因はイランの多民族性である。イランにはクルド人以外のマイノリティー民族も数多く生活している。北東部から時計回りに指摘するとトルコマン人、南東部のバローチ人、南西部のアラブ人、北西部のアーゼリー人などである。イランの総人口の約半分はペルシア語を母語としない人々である。もし仮にクルド人に自治を与えるとすると、他の民族にも同様な対応が必要になる。それではイラン国家が、ほどけてしまう。イランの革命政権には、クルド人に自治を与える用意はなかった。

こうして革命後の激しい内戦と権力闘争の繰り広げられていたイランに対して、一九八〇年九月、イラクが戦争を開始した。開戦理由の一端は、国境問題であった。前述した一九七五年のアルジェ協定で、イラクは両国の国境線はシャットル・アラブ川の中心だと認めた。しか

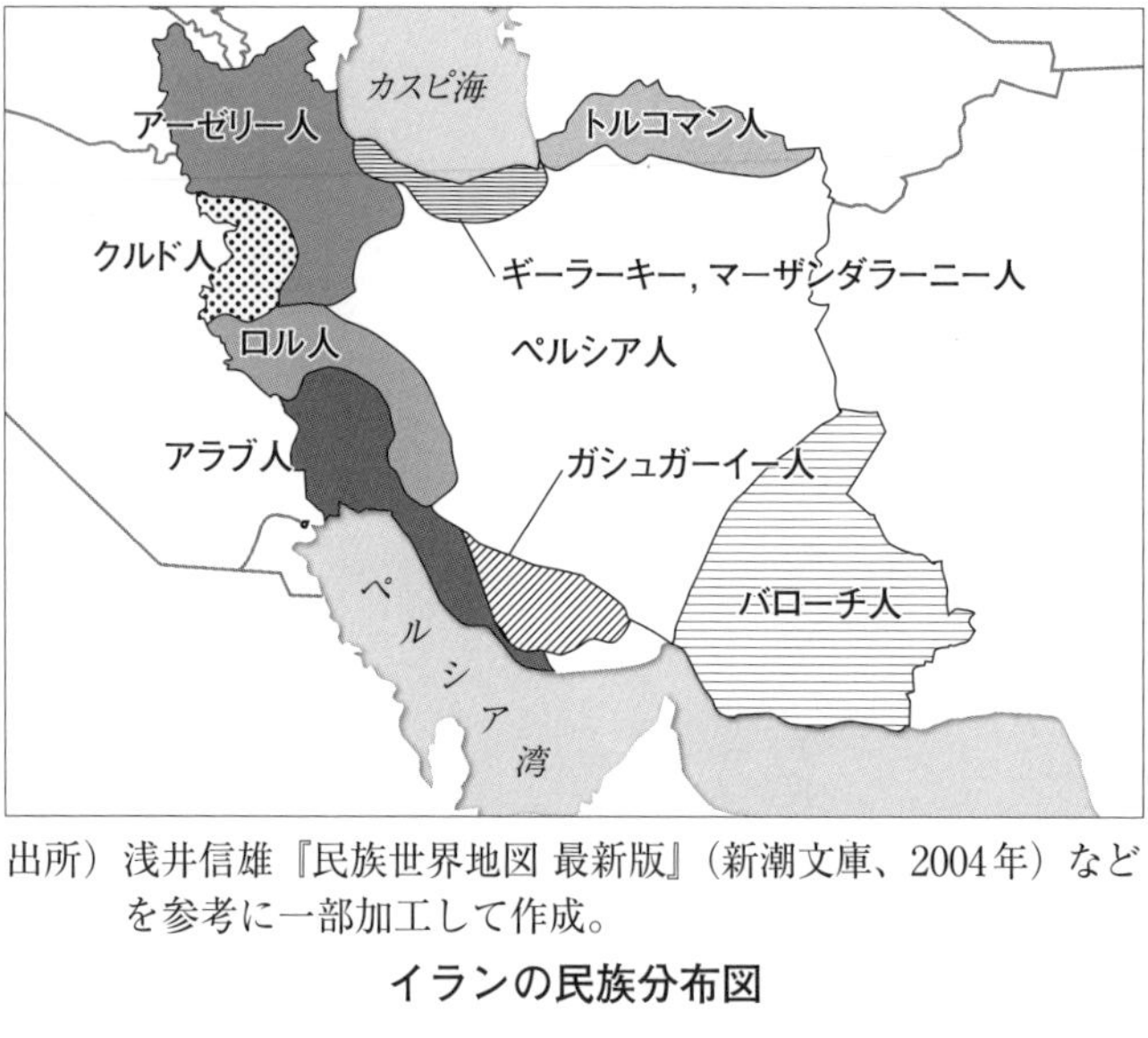

出所）浅井信雄『民族世界地図 最新版』（新潮文庫、2004年）などを参考に一部加工して作成。

イランの民族分布図

し、この協定を破棄し、シャットル・アラブ川の全てがイラクのものだと再主張した。

この戦争、つまりイラン・イラク戦争が始まると、イラクはイランのクルド人を、イランはイラクのクルド人を支援した。革命後のイランの混乱とイラン・イラク戦争が、イラクとイランのクルド人に活動の余地を与えたといえるだろう。

この戦争の当初はイラクが優勢でありイラン領の一部を占領した。しかし、やがてイランが反攻に出て奪われた領土を奪回した。そしてイラクの首都バグダッドと南部の大都市バスラを結ぶ地域への攻勢を開始した。イラクは化学兵器を多用するなどして、繰り返されるイラン軍の攻勢に耐えた。南部の戦線が膠着《こうちゃく》すると焦点が北部に移った。イランはイラクのクルド人勢力と協力して北部で圧力を強めた。そうした中で、一九八八年三月にイラクのクルド人地域の都市ハラブジャにイラン軍が入った。そこで化学兵器によって虐殺された多数の遺体を発見した。イランが世界のジャーナリストを招いたので、ハラブジャの悲劇が世界に知られるようになった。

これはイラン・イラク戦争末期からイラクのフセイン政権が開始していたアンファル作戦の一環であった。これは、クルド人に対するジェノサイド（民族絶滅）であった。一九八八年夏にイランとイラクの間に停戦が成立すると、イラクは、イランからの圧力を覚えずに、クルド人を虐殺し、その村落を破壊し、生き残った住民の強制移住を行った。クルド人地域のアラブ化が進められた。

【湾岸戦争と裏切り】

押さえ込まれたはずのクルド人が、もう一度、立ち上がるきっかけとなったのは、湾岸戦争であった。この戦争についても既に語った。簡単に振り返っておこう。一九九〇年八月、イラクはクウェートに侵攻して、たちまちのうちに制圧した。これが湾岸危機である。

アメリカを中心とする国際社会はイラク軍の撤退を求めた。イラクが要求を拒絶すると、一九九一年一月、アメリカ軍を中心とする多国籍軍がイラクを攻撃した。これが湾岸戦争の始まりであった。圧倒的な空軍力による爆撃と巡航ミサイルによる攻撃が一か月以上にわたって続けられた。その後、多国籍軍側の陸上部隊による侵攻が始まり、一〇〇時間の戦闘でクウェートが解放され、停戦が成立した。アメリカ軍などの多国籍軍は、イラク軍をクウェートから追い出したことで満足し、イラク本国への侵攻は行わなかった。

しかしながら、ブッシュ(父親)大統領はイラク国民に対して、立ち上がりフセインの独裁を倒すように呼び掛けた。アメリカなどが始めた仕事をイラク国民が自ら成し遂げるように訴えたわけだ。

この呼びかけを受け、またイラク政府軍の惨敗を見て、イラク南部のシーア派と北部のクルド人が蜂起した。ところが、フセインは温存していた精鋭部隊を繰り出して南北での反乱を鎮圧した。

だがアメリカ軍は動かなかった。ブッシュ大統領が期待していたのはイラク軍によるフセインに対するクーデターだったのだろう。呼びかけに応じたシーア派とクルド人はアメリカに裏切られた格好であった。クルド人は一九七〇年代から数えて二回目の経験であった。

中東の「台湾」

イラク軍による報復を恐れるクルド人が百万単位でトルコ国境へと殺到した。その惨状がCNNで報道されたこともあって、アメリカ政府が動いた。イラク北部を飛行禁止区域に指定し、イラク空軍の飛行を禁止した。しかもトルコの基地からアメリカ空軍などが警戒飛行を行った。イラク軍の進撃は止まり、クルド難民の流れが止まった。以降、クルド地域はアメリカ空軍に守られた実質上の独立状態を享受してきた。

それ以来、二〇〇三年のイラク戦争の開戦前までに、クルド人は、既に一二年間の国家運営の経験を蓄積した。そしてイラク開戦を迎えた。クルド人はアメリカによる対イラク攻撃を歓迎した。北部でアメリカ軍の特殊部隊と共にクルド人は戦った。北部の戦闘での犠牲はアメリカ兵よりもクルド人の兵士ペシュメルガのほうが多い。

イラク戦争はクルド人にとって望外の結果をもたらした。フセイン政権が崩壊したばかりでなく、バグダッドの中央政府にとってのクルド地域支配の道具が全て破壊されたからだ。軍、治安、諜報《ちょうほう》機関、バース党の全てが消えた。中央政府は地方を支配する手立てを失った。

フセイン没落後のイラクでは何度も選挙が行われた。その選挙の全てでクルド人は高い投票率を示した。クルド地域ではクルド人の政党が圧勝し続けている。クルド人が民主化のプロセスに求めたものは、一九九一年以来のクルド地域での自治という既得の権利の擁護であった。つまり、自らの実質上の独立を維持するためにイラクの民主化プロセスに関与したのであった。イラク国家の直接の支配が再度クルド地域に及ばないようにするための鍵は、イラクの新しい憲法である。この憲法に、いかにして自らの権利の擁護を書き込むか。これがクルド人にとっての主要な関心事であった。各勢力間の綱引きの中で、クルド人は巧みに交渉を行った。

クルディスターン自治政府の旗
〔2008年8月　筆者撮影〕

まずクルド人は、中央政府が様々な権限をクルド自治政府に与えるという前提を拒否した。クルド側の前提とは、自治政府がそもそも全ての権限を持っており、その中の一部を、たとえば外交を、中央政府に代行させるという発想である。上から下へのトップ・ダウンではなく、下から上へのボトム・アップである。地方への分権ではなく、中央への一部権限の委譲である。

クルド側のもう一つの戦術は、先手を打つことであった。つまりイラクのクルド人は、自治地域の憲法をイラクの新憲法より先に起草した。前もって立場を鮮明にし、譲歩の余地と用意のないことを交渉相手に知らしめる作戦であった。先手を打って起草されたクルド地域の憲法は軍事・警察力の自治政府による独占を謳《うた》った。またクルドの憲法とイラクの憲法の間に齟齬《そご》が生じた場合には、クルド側の憲法が優越するとの条項も挿入された。

クルド地域の首都アルビルのショッピング・モール
〔2010年8月　筆者撮影〕

二〇〇五年に起草されたイラクの新しい憲法は、このようなクルド人の姿勢を反映した内容となっている。つまり自治政府の力が強くなっている。たとえば、徴税権さえ自治地域が保持している。また自治政府は独自の軍事力を保持し、中央政府の軍隊はクルド自治地域には自治政府の同意なく入れない。またクルド人の軍隊が自治政府の同意なく他の地域で戦うこともない。石油に関しても、既存の油田こそ中央政府が管理することとなったが、自治地域内における新規の石油開発は自治政府が管理する。この解釈に基づいて、既に北部では外国の石油会社が石油の生産を開始している。

イラク北部のクルド人の地域の現状を表現するには、二つの言葉で足りる。安定と繁栄である。クルド地域は安定し繁栄している。たとえば、あるＮＧＯの提供している資料によれば、二〇〇三年のイラク戦争の開戦から現在までの間にクルド人の支配する北部の三つの県でのアメリカ兵の死者は、わずか四名である。イラク全体では既に言及したように四五〇〇名を超えるアメリカの将兵が戦死している。ところがクルド地域は、カリフォルニアで車を運転するよりアメリカ兵には安全そうである。安定は繁栄をもたらしている。北部では大変な建設ブームが起こった。ホテルが、官庁が、ショッピング・モールが立ち上がった。

クルド地域は実質上は独立している。しかし、周囲の反対もあり、公式には独立していない。東アジアで言えば、台湾のような存在である。北京の中華人民共和国政府の支配は台湾に及んでいない。台湾には独自の軍隊もあれば、外務省もある。実質上は独立国家であるが、中国の反応を恐れ、台湾は独立宣言を控えているし、周辺諸国も台湾が中国の一部であるとの建前論にお付き合いをしている。同じような状況下にあるクルド地域は中東の「台湾」である。

だが、もちろん台湾とイラク北部は同じではない。台湾と中国大陸は、台湾海峡で隔てられているが、イラクには台湾海峡は存在しない。イラク北部のクルド人の自治地域、正確にはクルディスターン自治政府の支配地域と、アラブ人の地域、つまり中央政府が支配する地域との境界が明確ではない。クルド人とアラブ人の混住する地域が、どちらの管轄下に入るべきかで対立がある。

なかでも重要都市キルクークの所属に関しては対立が厳しい。この都市の地下に世界的な規模の石油資源が横たわっている。住民投票によって帰属を決定する。そこまでは決まっているが、フセイン体制の没落以降、一五年以上を経て未だに投票は行われていない。

フセイン時代に先住民であったクルド人が追放され、アラブ人が南部から入ってきた。これが、誰が投票権を持つべきかとの議論を複雑にしている。クルド人とアラブ人の軍隊がにらみ合う状況で、治安も十分には確保されていなかった。アメリカ軍が、双方の間に割って入り衝突の表面化を押さえていたような状況であった。

こうした国家の枠組みに関しての基本的な事柄も依然として決定されていない状況であった。しかもイラクの治安を担ってきたアメリカ軍が、二〇一一年一二月にイラクからの撤退を完了させた。

IS（「イスラム国」）の衝撃！

アメリカ軍が撤退してから二年半ほどたった二〇一四年六月に、自らイスラムの預言者ムハンマドのカリフと名乗るアブーバクル・バグダーディなる人物がイラク北部の大都市モスルでIS（「Islamic State：イスラム国」）の成立を宣言した。この「イスラム国」には、その英語のIslamic Stateの頭文字を取って、ここではISとして言及しよう。そして、その直後に、

アブーバクル・バグダーディ
〔ユニフォトプレス〕

このＩＳは急拡大してシリアとイラクにまたがる広い領土を支配した。カリフとは後継者という意味である。この場合は、預言者ムハンマドの正統な後継者である。このＩＳについては既に触れてきた。

【ＩＳの後に】

ＩＳ（「イスラム国」）は、全イスラム圏を統一する大帝国の樹立を野心として掲げた。自らの一方的なイスラム解釈によるカリフ制の支配をねらっていた。しかし筆者の認識では、そもそもＩＳはイスラムでもなければ国でもない。しかも、その後のアメリカに率いられた有志連合諸国の攻撃を受け、イラクとシリアでの支配領域を失った。このＩＳとの戦いで大きな役割を果たしたのがクルド人であった。

欧米各国がクルド人に対して軍事援助を与えた。まずクルド人はＩＳの攻勢を止め、次に反攻に出た。ところがＩＳの攻勢の前にイラク中央政府軍が壊走したので、北部のクルド人は、バグダッドの中央政府と領有を争っていた地域を制圧した。中央政府軍が放棄した領域をクルド人とＩＳが分け合った格好であった。

その後にイラク中央政府軍の立て直しが進んだ。その流れを押さえておこう。アメリカは、二〇〇三年にイラク戦争でフセイン体制を崩壊させて以来、新しいイラク軍の育成に努めてきた。しかしながら、先に触れたマリキ政権は、軍の司令官の人事を、軍人としての資質ではなく、マリキ首相への忠誠心を基準に進めた。これが、二〇一四年六月にＩＳ（「イスラム国」）が成立を宣言し、スンニー派がＩＳと共に蜂起すると、イラク軍が潰走した背景にあった。イラクの政府軍の将軍たちが兵士を残して前線から逃走したからだ。そして指揮官を失ったイラク中央政府軍は一夜にして崩壊した。

それから約三年をかけて、マリキの後を継いだハイダル・アバディ首相の下でイラク軍の再建が行われてきた。そして、そのイラク軍が段々と実力をつけてきた。その証拠に、ＩＳに奪われた都市を順に奪回しイラク国内でのＩＳの支配地域を消滅させた。

イラク中央政府軍が頼りにならない間は、ペシュメルガに対する国際世論の支援と期待が大きかった。特にアメリカでの支持は絶大であった。二〇一六年の大統領選挙では民主党のクリントン候補と共和党のトランプの両候補が、共にクルド人への支援の強化を主張した。

そうした状況下で二〇一七年秋、イラク北部のクルディスターン自治政府は独立の可否を問う住民投票を実施した。投票の結果は圧倒的な多数の独立への賛成票であった。

しかし国際社会は、この動きに冷淡であった。国内にクルド人を抱えるトルコやイランは当然のように拒絶反応を示した。またアメリカもロシアも、誰もクルド人の独立の願望を支持しなかった。唯一の例外はイスラエルであった。

そして、もちろんイラク中央政府の反発は激烈であった。中央政府軍が油田の都市キルクークをはじめ係争地域へ進撃して制圧してしまった。内紛もあり、クルド側はたいした抵抗もできなかった。

住民投票後の国際社会の冷淡さの背景は何だったのだろうか。それは、ひとたびイラクでＩＳが掃討されてしまうと、ある意味で国際社会はクルド人を必要としなくなった。しかも再建されたイラク軍が強ければ、ますますクルド人の存在感が薄れていった。同じような情勢の展開がシリアでも繰り返されることとなる。

【シリア】

シリアにおいては二〇一一年に始まった内戦は、やがて膠着《こうちゃく》状態に入った。アサド政権には反アサド勢力を鎮圧する力はなく、逆に反アサド勢力にも、アサド政権を倒す力はなかった。

そして二〇一四年に入ると反政府勢力の内部で大きな動きがあった。ＩＳがシリアで支配地域を広げた。そして、シリア北部の都市ラッカが、その「首都」であった。

それでは、なぜＩＳがシリアで勢力を伸ばしたのだろうか。その理由は、前に述べた通りである。アサド政権の戦術を指摘できる。二〇一一年以来のシリアの内戦は、まずアサド政権側と反アサド政権側の対立である。その反アサド陣営は、実は一枚岩ではない。比較的に穏健とされる自由シリア軍とイスラム急進派に二分される。アサド政権は、内戦においては反アサドの陣営の中で比較的に穏健とされる自由シリア軍などに対して攻撃を集中させてきた。しばしば「反体制派」として言及される諸勢力である。その隙《すき》にイスラム急進派が力を伸ばした。

もう一度シリア内戦の勢力図を振り返ろう。二〇一五年頃の情勢だと、シリア西部をアサド政権が掌握し、中部から東部にかけてを反体制勢力とイスラム過激派が制圧していた。ところがシリア内戦はアサド政権と反アサド勢力の対決という単純な図式ではなかった。第三の勢力がいた。クルド人である。シリアの総人口が二二〇〇万人程度である。クルド人の数は、その一割弱の二〇〇万人ほどと推測されている。クルド人は親アサドでも反アサドでもなかった。単に親クルドであった。

これまで押さえつけられていたクルド人が内戦を機に立ち上がった。そのＰＹＤ（クルディスターン民主統一党）と呼ばれる地下組織が公然と活動を始めた。ＰＹＤはシリア北部のクルド人地域を支配するようになった。

その軍事部門はＹＰＧ（人民防衛隊）として知られる。女性兵士の活躍でも知られる武装組織である。ＹＰＧは勇敢に戦った。ちなみにクルド人の兵士は、その勇敢さゆえにペシュメルガとイラクでは呼ばれる。「死に向かう者」といった意味のクルド語である。この点については前にも言及した。しかしトルコやシリアでは、この言葉の持つ「封建的」な臭気が嫌われてか、ＰＫＫやＰＹＤのような「進歩的な」組織は、ペシュメルガとは自らの兵士を呼ばない。

このＰＹＤがアメリカ軍などの支援を受け、対ＩＳ掃討作戦の先頭に立った。アメリカ軍は空軍の支援、訓練、情報提供などを行った。実際に陸上戦闘で血を流したのは女性兵士を含むクルド人たちだった。その犠牲は、一万人以上の戦死者と二万人以上の負傷者だった。アメリカ軍の特殊部隊が称賛するほどのあっぱれな戦い振りであった。そのアメリカ軍の戦死者は六名のみであった。

クルド人は、シリア北部からＩＳをほぼ一掃した。さらにＩＳを追って南下した。現在、シリアの三分の一弱を支配下に置いている。

反政府諸勢力への対応に追われていたアサド政権には、クルド人と戦う余裕はなかった。したがってクルド人は、アサド政権に邪魔されずに自らの支配地域を確立した。

さて、このクルド人のＹＰＧを中核にアラブ人などを加えた軍事組織がＳＤＦ（シリア民主軍）である。アメリカは形の上では、このＳＤＦを支援している。現在、シリア中央政府軍とクルド人勢力を中心とするＳＤＦは、ユーフラテス川を東西に挟んで対峙している。東側がアメリカに支援されるＳＤＦの制圧下であり、西側がロシアとイランの支えるアサド政権軍の支配地域となっている。

［トルコの懸念］

このシリアのクルド人たちの台頭を懸念の目で見ている国がある。北の隣国のトルコである。というのはトルコとシリアのクルド人の間には強い関係があるからだ。両国のクルド人の運動を指導してきた二つの組織が密接な関係にあるからだ。トルコのクルド問題に関しては、第一二章で説明した。そのトルコでは、一九八〇年代からＰＫＫ（クルディスターン労働者党）が独立や自治を求めて戦ってきた。トルコの認識は、このシリアのクルド人たちは、トルコのクルド人組織ＰＫＫと一心同体であり同じ組織である。つまりトルコにしてみれば、「テロ組織」である。こんな組織が影響力を拡大させるのを見逃すわけには行かない。「テロ組織」への支援を止《や》めるように、とトルコがアメリカに強く働きかけた。

対ＩＳ作戦で大きな役割を果たしたシリアのクルド人勢力を今後どうするのか。アメリカはジレンマに直面している。もし見捨ててしまえば、道義的な責任を問われるばかりでなく、シリアでの足場を失う結果となろう。しかし、支援を続ければ、シリアのクルド問題の自国への跳ね返りを恐れるトルコとの関係の改善は望めない。まさにジレンマである。これが二〇一八年秋くらいの情勢であった。ある意味トランプ大統領が、この問題に結論を出した。第五章でも触れたように、二〇一八年末にシリアからのアメリカ軍の撤退を発表した。ところが周囲の反対を受けて、少数のアメリカ軍が残留することとなった。そして二〇一九年秋、トランプ大統領が、もう一度シリアからのアメリカ軍の撤退を発表した。そして、その直後に同国の国境地帯にトルコ軍が侵攻した。

［あらかじめの予期された裏切り］

予期されたクルド人への裏切りであった。一九七五年のシャーとキッシンジャーのバルザーニーに対する裏切り、湾岸戦争直後のブッシュ（父親）大統領のイラクで蜂起したクルド人への裏切り、それらに続くアメリカによる三回目のクルド人への裏切りである。

しかし、考えてみると、これほど予期され予想され想定されていた裏切りも珍しい。アメリカが永遠にクルド人を守り続けるとは、クルド人やアメリカ軍自身を含め誰も考えてはいなかった。

トランプの撤退の声明が出ると、クルド人はすぐに動き始めた。アメリカ軍の保護を受けられなくなれば、トルコ軍のクルド人に対する攻撃が予想されたからである。クルド人はアサド政権と接近して、トルコを牽制しようとしている。そもそもクルド人とアサド政権は内戦において砲火を交わしていない。

またクルド人はアメリカの保護を受けつつも、ロシアとの関係を維持してきた。ロシアがクルド人とアサド政権の交渉を仲介する立場にある。クルド人とアサド政権の交渉が始まった。トルコの軍事的な圧力にさらされているクルド人の立場は弱い。焦点は、クルド人の軍事力の扱いだろう。トルコは、自らの国境の南にクルド人の半独立地域が成立するのを阻止したい。必要とあらば軍事力を行使してでも、である。

クルド人、アサド政権、トルコの思惑が錯綜《さくそう》する状況である。この三者の利害の調整を期待されているのが、ロシアである。唯一、この三者との関係を維持している。アメリアは、アサド政権の打倒を看板に掲げシリアの首都ダマスカスの自国の大使館を閉鎖している。ロシアとアメリカの外交的な立ち位置の対比が鮮明になってきた。

湾岸危機に始まり湾岸戦争、イラク戦争、シリア内戦、ＩＳの台頭と続く混乱が中東の既存の秩序を揺さぶった。この秩序の下で苦しんできたクルド人にとっては、これは好機であった。しかしながらＩＳの支配地域の消滅と視野に入ってきたシリア内戦の終結は、クルド人にとっての好機の終わりなのだろうか。

しかし、クルド人の自治や国家を求める願望が満たされない限り、それは一つの季節の終わりを意味するだけで、問題は残る。クルド問題はエネルギーを蓄積しながら、次の爆発の時を待ち続けるだろう。

略年表

一九四六年	イランでマハーバード共和国成立
一九五八年	軍によるクーデターでイラク王制崩壊
一九七九年	イランで革命政権が成立

一九八〇年九月　イラン・イラク戦争開戦（～一九八八年）
一九八八年三月　クルド人の都市ハラブジャに対する化学兵器の使用
一九九〇年　湾岸危機
一九九一年　湾岸戦争
二〇〇三年三月　アメリカのイラク攻撃の開始（イラク戦争）
　　　　四月　バグダッド陥落
二〇一一年　シリア内戦の始まり
　　　　　　アメリカ軍のイラクからの撤兵完了
二〇一四年　ＩＳ（「イスラム国」）の成立
二〇一七年　トランプ政権の発足
二〇一八年　トランプ大統領、シリアからの撤兵を発表

●ま　行

●な　行

●は　行

●た　行

●さ　行

●か　行

索引

●配列は五十音順。＊は人名を示す。

著者紹介

高橋　和夫（たかはし・かずお）

福岡県北九州市出身
大阪外国語大学ペルシア語科卒
コロンビア大学国際関係論修士
クウェート大学客員研究員、放送大学教員などを経て二〇一八年よりフリー
ブログ　http://ameblo.jp/t-kazuo/
ヤフー個人ニュース（不定期）　http://bylines.news.yahoo.co.jp/takahashikazuo/
ツイッター　http://www.twitter.com/kazuotakahashi

著書など

『ハジババの冒険』上下（平凡社東洋文庫、一九八四年）共訳
『アラブとイスラエル／パレスチナ問題の構図』（講談社現代新書、一九九二年）
『燃えあがる海／湾岸現代史』（東京大学出版会、一九九五年）
『アメリカとパレスチナ問題／アフガニスタンの影で』（角川ワンテーマ21、二〇〇一年）
『イスラエル・パレスチナ平和への架け橋』（高文研、二〇〇二年）監修
『アメリカのイラク戦略／中東情勢とクルド問題』（角川ワンテーマ21、二〇〇三年）

『図解　アメリカが描く新・世界地図』（青春出版社、二〇〇三年）監修
『異文化の交流と共存』（放送大学教育振興会、二〇〇九年）共著
『世界の中の日本』（放送大学教育振興会、二〇〇九年）共著
『なるほどそうだったのか!! パレスチナとイスラエル』（幻冬舎、二〇一〇年）
『市民と社会を考えるために』（放送大学教育振興会、二〇一一年）共著
『一瞬でわかる日本と世界の領土問題』（日本文芸社、二〇一一年）共著
『いま知りたい学びたい日本の領土と領海』（日本文芸社、二〇一二年）
『イランとアメリカ／歴史から読む「愛と憎しみ」の構図』（朝日新聞出版、二〇一三年）
『世界の中の日本／グローバル化と北欧からの視点』（放送大学教育振興会、二〇一五年）
『イスラム国の野望』（幻冬舎、二〇一五年）
『パレスチナ問題』（放送大学教育振興会、二〇一六年）
『中東から世界が崩れる／イランの復活、サウジアラビアの変貌』（ＮＨＫ出版、二〇一六年）
『現代の国際政治（三訂版）』（放送大学教育振興会、二〇一八年）
『国際理解のために（改訂版）』（放送大学教育振興会、二〇一九年）
『イランｖｓトランプ』（ワニブックスＰＬＵＳ新書、二〇一九年）
『パレスチナ問題の展開』（左右社、二〇二〇年三月、刊行予定）

放送大学担当科目
・テレビ科目　「現代の国際政治」、「世界の中の日本」、「中東の政治」
・ラジオ科目　「国際理解のために」
・ネット科目　「イランとアメリカ」

一般メディア出演のご案内
・ＮＨＫラジオ『三宅民夫のマイあさ！』「三宅民夫の真剣勝負！」7週間に1回の予定　金曜日　午前7時25分～40分
・ＴＢＳラジオ『伊集院光とらじおと』「伊集院ニュース」月1回程度　水曜日　午前9時台

雑誌等連載中
・『経済界』「中東を読む」毎月
・『まなぶ』「キャラバンサライ」毎月

放送大学教材　1548590-1-2011（テレビ）

中東の政治

発　行　　2020年3月20日　第1刷
　　　　　2021年1月20日　第2刷
著　者　　高橋和夫
発行所　　一般財団法人　放送大学教育振興会
　　　　　〒105-0001　東京都港区虎ノ門1-14-1　郵政福祉琴平ビル
　　　　　電話 03（3502）2750

市販用は放送大学教材と同じ内容です。定価はカバーに表示してあります。
落丁本・乱丁本はお取り替えいたします。

Printed in Japan　ISBN978-4-595-32202-0　C1331